高齡者休閒規劃

張樑治、余嬪、郭金芳、張伯茹 著

五南圖書出版公司 印行

序

　　人口高齡化是所有先進國家共同面臨的社會問題。隨著年齡的增加，高齡者的身體機能開始明顯衰退，同時罹患慢性疾病，諸如糖尿病、高血壓、類風濕性關節炎等之機率也增加。換言之，高齡化問題不僅攸關高齡者健康福祉，更大幅增加國家醫療保健支出而影響政府財政。因此，幫助高齡者盡可能維持健康著實重要。

　　許多研究證實，高齡者從事休閒活動可維持身心健康，應鼓勵他們多參與休閒活動。然而，高齡者參與休閒活動不必然能從中獲得效益，有時本身的休閒能力不足而無法勝任其中，反而形成參與壓力。是故，欲透過休閒參與而幫助高齡者維持健康，則必須協助他們選擇本身能力可及的休閒活動。

　　如果只考量休閒活動的可及性，則看電視必為高齡者最適合的休閒活動。不過，看電視屬於消磨時間的休閒活動，在短時間內也許有放鬆的效果，但每天長時間看電視反而會產生內心空洞的負面結果，無法發揮休閒活動的健康效益。因之，高齡者休閒規劃不宜使用可及性作為唯一的考量。

　　假如要幫助高齡者從休閒活動中獲得身心健康效益，則必須引導他們參與結構性休閒活動。所謂結構性休閒活動，即具有明確的目標與回饋的休閒活動。例如，長期固定時間打太極拳具有明確的健康目標與實際維持健康的回饋，所以長期定時打太極拳屬於結構性休閒活動，可產生健康效益。換言之，欲發揮實質的休閒活動效益，則提供高齡者的休閒活動必須同時涵蓋可及性與結構性。

　　儘管許多研究指出，高齡者從事結構性休閒活動可維持身心健康，但高齡者規律從事結構性休閒活動的比例卻不高。換言之，欲透過休閒活動幫助高齡者維持健康，則規劃高齡者休閒活動除了考量可及性與結

構性之外，亦必須思考如何引發高齡者的參與動機，引導他們規律參與結構性休閒活動，才能從中獲得最大的健康效益。

目前坊間的休閒規劃書籍以高齡者為對象並不多見，欲從中發現可及性、結構性以及動機促進三個面向理論與實務兼備的書籍更如鳳毛麟角。因此，為有效規劃高齡者休閒活動，引導高齡者參與，則撰寫一本同時考量可及性、結構性以及動機理論與實務的「高齡者休閒規劃」專書，迫切需要。

基於坊間的需要，我們嘗試撰寫一本回應這項需要的「高齡者休閒規劃」專書，由於目前相關文獻仍不足，假若本書有疏失或錯誤之處，尚請先進不吝指正。現階段，本書的相對完整性對於想遨遊休閒規劃領域的學子，有絕對之助益，值得再三品味。

本書得以出版，我不敢居功。首先，要感謝科技部經費補助。其次，要歸功余嬪老師、郭金芳老師與張伯茹老師從不同的概念和應用層面切入，娓娓帶出豐富的內容。最後，要感謝五南圖書出版股份有限公司大力支持本書出版。

張樑治 謹識

CONTENTS
目　次

第一章

高齡者休閒規劃與成功老化

余嬪

學習目標

1. 瞭解人口高齡化趨勢與成功老化的意涵
2. 瞭解以下五個非生理的重要老化理論與高齡者活動參與關係
   (1) 瞭解撤離理論對高齡者的影響
   (2) 瞭解活動理論對高齡者活躍生活的影響
   (3) 瞭解持續理論與高齡者選擇和維持活動參與的關係
   (4) 瞭解成功老化的創新理論—晚年生命的持續與改變創新的重要
   (5) 瞭解選擇、最佳化與補償理論如何能促進成功老化
3. 瞭解不同類型休閒參與的多元效益，並透過合適的規劃來促進高齡者成功老化，包括：
   (1) 瞭解體能活躍、社會性、生產性、認知以及得到生命意義感的休閒參與對高齡者的重要
   (2) 瞭解認同維持與懷舊活動，紓壓、預防性活動與積極調適策略，以及學習活動、藝術表達活動，有助高齡者認同維持、積極調適與創新老化
   (3) 瞭解提升高齡者的能力與休閒教育和輔導的介入對成功老化的重要

摘　要

　　休閒參與能促進生活滿足感、全方位健康、自主獨立與成功老化，提供各種機會鼓勵高齡者休閒參與，是許多國家因應人口老化趨勢重要策略。成功老化包括個人生理、心理與社會健康的狀態，而近年來，除了主觀身體與認知功能的維持以及減緩失能、失智等客觀指標外，以生活滿足感與意義感來評估成功老化的主觀指標受到更多的重視，也加深了休閒專業者的工作挑戰。休閒參與和成功老化關係密切，非生理的老化理論，如撤離理論、活動理論、持續理論、成功老化的創新理論及選擇、最佳化與補償理論的觀點，都會深刻影響休閒規劃者對高齡者活動參與的看法以及活動的設計。規劃者不僅要提供高齡者活動參與的機會，更要重視參與的過程。針對高齡休閒規劃應重視：1.提供高齡者體能活躍以及社會性、生產性、認知與得到生命意義感的活動，要鼓勵高齡者多元與積極的休閒參與以促進全方位健康；2.生命是延續的也是發展的，高齡者休閒中的認同維持、積極調適與創新老化並重，能提供高齡者認同維持與懷舊活動、壓力調適策略與預防性活動、鼓勵高齡者學習新的活動與藝術表達等有助創新老化；3.加強選擇、最佳化與補償理論的策略學習以及休閒教育與休閒輔導的融入，以協助高齡者破除休閒阻礙，覺察休閒控制。

　　由於經濟的發達、科技的快速進步、醫療衛生與環境的改善，使人類平均壽命延長，加上戰後龐大嬰兒潮族群陸續邁入晚年期，使得全球老年人口數持續增加，加上少子化現象，人口高齡化已是全球趨勢。高齡者的生活品質與健康照顧成為全球關心的議題，臺灣人口高齡化速度極快，在1993年65歲以上高齡人口達7%，進入高齡化社會（aging society），2018年高齡人口達14%，進入高齡社會（aged society），

2025年高齡人口將高達20%，進入超高齡社會（super-aged society）；而至2060年臺灣65歲以上高齡人口將高達42%，也就是10個人有四位是高齡者，而其中一人是85歲以上。而目前我國退休年齡平均為61歲，平均餘命80歲（男77歲，女83歲），退休後約有二十年的時間需要重新安排與規劃（國家發展委員會，2016）。

根據世界衛生組織（WHO）於2004年推估人類長期照護之潛在需求為7至9年，依據前行政院衛生署照護處2010年報告顯示，國人的平均壽命和疾病型態等變數推估，國人一生中的長期照護需求時段約為7.3年；男性平均需要長期照護的時間為6.4年，女生平均需要長期照護的時間為8.2年。又依國人的平均壽命和疾病型態等變數推估，國人一生中的長期照護需求時段約為7.3年（陳桂敏，2014）。其中個人、家庭與社會的照護負擔十分龐大，這還不包括臥床前的身心各種相關疾病與退化失能的支出與相關工作。鼓勵成功老化（successful aging），延遲臥床階段與保持健康活力的晚年生活，是所有先進國家重要的高齡政策，而晚年閒暇時間多，休閒品質提升與成功老化密切相關。

第一節　成功老化的意涵

一般的老化（aging）是生理器官與組織長久累積的改變過程，針對人則指生理、心理與社會多面向的改變過程，有些面向隨老化而增加，有些隨老化而減少。人到晚年因成熟、退化或角色改變，生理、認知和心理上都面臨很大的挑戰與壓力。成功老化是指高齡者成功的面對這些挑戰，與同年齡的人甚至更年輕的人相較，有更高的功能表現或較低的缺損。成功老化也是一種晚年階段生理、心理與社會幸福（well-being）的狀態，這概念始於50年代，而在80年代受到廣泛注意。它反映了西方國家過去把高齡者視為社會負擔的負面看法的轉變，相關研究也由過去誇大只有高齡者才罹患的疾病，如糖尿病、骨質疏鬆症等與忽略高齡者的異質性，轉而開始注意仍能維持高功能與貢獻社會的高齡者，來探討

成功老化的人如何不同，瞭解他們如何以有效的策略與醫療保健來維持晚年的身心與社會的健康與成長。

　　研究者探討成功老化的一些指標，早期偏重生理功能的指標，關心的焦點在4D：疾病（disease）、失能（disability）、死亡（death）、失智（dementia）；也有健康老化（healthy aging）一詞，探討高齡者每日生活如何能維持較好的生理或身體功能，以及人口與社經變項的影響（Strawbridge, Cohen, Shema, & Kaplan, 1996）。Rowe與Kahn（1987; 1997）在區別一般老化以及成功老化時，特別強調好的健康與高的功能；患病和殘疾的風險低、有高的生理和認知能力，以及這樣才能和他人產生有意義的互動與活動參與。

　　在80年代之後，漸漸有研究顯示客觀外在成功老化的條件，如疾病和失能對高齡者來說，反而不如適應與心理健康（如復原力、樂觀、心理與情緒狀態）的主觀生活品質來得重要，認為成功老化是個人內在對目前與過去生活的快樂和滿足感。如Ryff（1989）以及Ryff與Keyes（1995）強調，晚年生活滿足感即是成功老化的指標，他們提出心理幸福感模型，以一種社會心理發展的態度來看，認為成功老化還要加上晚年的成長與進步，應有六個正向功能，包括：自我接納、與他人的正向關係、自主、掌控自己的環境、生命意義、與個人成長。Takkinen與Ruoppila（2001）亦特別指出，探討生命意義對高齡者的重要性遠勝過任何其他的年齡族群，因為生命意義是建立高齡者幸福感的基礎點。Wong（2017）也強調，生命意義與晚年的靈性發展有關，會影響高齡者的生活品質。人的身心靈是一體的，成功老化不只是沒有身體疾病的困擾，心理的幸福感與意義感也是個人定義成功老化的重要指標，個人心智與心靈的成長進步與提升，對晚年的健康與生活品質十分關鍵，個人有效的調適策略及社區或社會的聯結，可能都比傳統的身體健康更重要。

　　目前提及成功老化大都同意由生理、心理與社會三面向來評估。此外，老化雖是由生理的改變而引起，但深受社會與文化的影響，在不同

社會文化背景中，不同世代、社經地位、種族、性別的高齡者扮演的社會角色不同，生長經驗不同，他們在成功老化面向的期望與經驗都會有差異（Freysinger, 1990; Ouwehand, de Ridder, & Bensing, 2007）。

　　以上成功老化的研究與觀點改變了傳統對老化的刻板印象，也提供了評估成功老化的具體指標，但較不重視成功老化的過程則受到批評。本章在下面提出的老化理論則有助於認識成功老化的過程以及與活動參與的關係。

第二節　非生理的老化理論

　　對老化過程持不同的觀點或看法，會對高齡者參與活動的態度及行為產生相當大的影響，相關理論說明如下。

一、撤離理論（Disengagement Theory）

　　這是最早關於老化的社會科學學者提出的理論，對高齡學（gerontology）影響甚大。他們主張人到晚年因能力衰退而減少外界的活動，並從現存的社會角色、人際關係及價值體系中撤離，他們認為這樣的看法對社會是有益的，因為它能維持社會的代謝與系統的均衡（Cumming & Henry, 1961）。有這樣想法的高齡者在此時的活動參與會減少，且態度消極退縮。舊社會的高齡者持這樣的想法較多，在現今社會，科技與醫療的進步與社會支持增多，許多退休者或高齡者仍能維持並期待投入活動。不同時代與不同社會條件會影響高齡者的想法與行為表現，撤離觀點現今受到的批評很多。

二、活動理論（Activity Theory）

　　活動理論認為晚年是中年期的繼續或延長，每個人需要表現合乎年齡的行為，晚年應以新角色取代失去的角色，以維持在社會中的地位。

這是功能主義者的觀點，認為一直活動能均衡生活，當晚年失去角色後，可以再找到替代的角色與活動。當高齡者保持活躍與維持社會互動時，在追求與關係中能得到最佳的老化（Havighurst, et al., 1963）。此理論假設活動與生活滿足感有正相關，持這種看法的人會認為高齡者退休後保持忙碌很重要，需要不斷鼓勵高齡者多參加活動，以維持正向的功能。這觀點容易忽略了有些高齡者會因健康、經濟等因素不能持續參與活動，或沒興趣學新活動的可能。

三、持續理論（Continuity Theory）

　　持續理論也是採功能主義維持均衡的觀點，將人的整個發展階段，視為高度銜接的。隨著年齡增長與生命週期的改變，個人會尋找可以替代過去的生活型態與角色，以維持穩定連續並融入整體社會（Neugarten et al., 1968; Maddox, 1968; Atchley, 1989）。此理論來自長期追蹤觀察研究，使用生命週期的觀點來看待一般的老化，把焦點放在個人層面，發現多數人面對老化的正常改變，會設法調適與維持內在持續性（如人格特質、想法、信念、關係、社會角色、認同等）與外在持續性（指物理與社會環境中體現的角色與活動），使有一致性的自我概念與生活方式以避免失衡，這基本上是人的一種調適策略。渴望持續（如退休後的活動參與還保持原來從事職業的特質）是受內在我的影響，與個人的自重感及晚年的幸福感有關，主要關心人的行為與內在功能的關係。高齡者通常會維持像他們早年時同樣的活動、行為與關係，而他們對生活調適的策略也和過去經驗有關，如在家庭休閒中，個人經常能夠得到勝任、控制與自由感，也常是個人表達性與過去重要關係的維持場域。在不同的生命週期中，可以觀察到個人家庭休閒活動的均衡與調適，以維持個人角色或生活型態內外在的一致性與穩定性。

　　依此觀點，瞭解年輕時活動參與的興趣與習性以及慣有的調適策略，可以推測晚年活動參與的態度與行為。Nimrod與Kleiber（2007）指出會維持的活動通常都是對個人特別重要、有意義或是每天的核心活

動，失去這些活動通常會有失落感，而個人通常會透過：(1)重新詮釋活動（如加強仍存在的活動意義與減少不能保留的活動的重要性）；(2)替代（對渴望的活動尋找相當的替代活動）來維持穩定。而人口與社經地位等變項的不同都帶來表現上的差異。

持續理論受到批評，認為其忽略高齡者慢性病與社會機構對老化的影響，使高齡者無法維持穩定的生活形態，並將高齡者分成能維持均衡的正常老化與不能維持的不正常（或變態／病態）老化兩種人。而女性主義者也認為這是男性模式，女性的生活形態在不同生命週期的改變可能非常大。

四、成功老化的創新理論（Innovation Theory of Successful Aging）──生命的持續與改變

持續理論重視生命的持續性，而Nimrod與Kleiber（2007）整理與歸納許多研究結果來說明持續理論並非忽視生命中的改變，他們指出許多研究發現生命週期裡，晚年休閒參與仍維持穩定性，但也有研究顯示在不同年齡階段，人都會尋求新奇。過去比較常研究高齡者如何能持續原有的活動，近年來才有較多研究探討新活動帶來的種種好處。年老退休收入減少，但時間增多，是發展新活動增進生活滿足感的好時機。Nimrod與Kleiber研究退休參與學習方案的人，發現退休帶來創新的動機與觸發（triggers）。參與學習活動通常包括內外在動機的觸發，內在的觸發如對很多活動早就好奇、有興趣和想要去做；外在的環境觸發如有錢、有閒、有活動機會；此外還有工具性的動機如打發時間、維持健康、增加收入、增加技巧等。有趣的是Nimrod與Kleiber認為這些內外在的引發原因基本上都是參與活動的內在動機（intrinsic motivation），而另外被迫性的一些原因如：健康問題、要照顧他人等，則多為參與學習活動的外在動機（extrinsic motivation）。

研究發現退休者有自我再發現（self-reinvention）與自我保留（self-preservation innovation）兩種創新。**自我再發現的創新**反應在當參與過

去從沒有過的新活動，或以新的形式參與，有新的角色與方向時，高齡者會修正自我知覺與認同，如男性退休後學習烹飪，為家人與朋友提供美食，新的活動帶來價值感、勝任感與尊嚴，讓他感到開心和享受；或高齡者學習使用電腦與網路，幫家人製作旅遊紀錄甚至做志工、和老同學聯繫起來，建立訊息的社群與共同規劃旅遊及相互支持。

自我保留的創新是當與過去的興趣、技巧與關係一致的活動，已無法獲得或找不到接近的替代活動時，個人發展出一個新技巧或方式來保留舊的興趣與從事舊的活動，使自我知覺與舊的角色與型態保持一種內在持續性但有更新感（a sense of renewal），如退休的老師當志工帶領讀書會、運動員退休後成為社區球隊顧問。在退休後自我保留創新的活動看得出個人在一個範圍中的一致性，通常是和過去的職業或角色技能、興趣、價值觀、人際關係有關，持續成長與保持自我的穩定性。而自我再發現的創新者則因學習而增加許多和過去無關的新活動技巧，通常在下列情況的退休人員特別需要自我再發現：

1. 退休前是以職業建立自我認同，對之前工作狂熱的人。他們過去休閒參與甚少，相關技能也缺乏。他們退休後的休閒活動參與對個人的再成長和發展有非常建設性的貢獻。
2. 需要轉移注意力或病痛的人，如罹患風濕關節炎，因疼痛無法打球，開始學習畫畫、園藝，參與新的活動有助調適轉移注意。
3. 在過渡期的人，如期望要走出喪偶陰霾。
4. 對之前的自己或生活所做的事有些不滿意的人，如退休電機工程師學習舞蹈（Nimrod & Kleiber, 2007）。

退休是人生重要的轉換期需要調適，明顯增多的自由時間是轉換期最大的挑戰與資源。無論個人退休後展現哪一種創新的風格，或受到哪一種創新方式吸引，都和他們過去的經驗是有某些一致性的，而他們的創新與退休後的幸福感有很高的正向關聯。高齡者做一些創新的事，讓他們感到積極、動態、有活力、大膽與年輕，而其中找到生命的意義與目標感是感到幸福最重要的理由。創新可被視為一種成長的機制，讓人

生活不無聊、生命有意義，引導走向幸福與滿足的生活創新，是企圖維持內在失衡與一致的工具。創新理論不是持續理論，但與內在企求持續與一致感有關，此理論尚未成熟，還有待更多的研究與建構，但它提出了晚年學習新的休閒活動或新的參與方式的重要，重視晚年內心渴望的改變與嘗試，鼓勵晚年創新、創意表達與自我突破，這對高齡者的休閒參與無異於開了一扇新的門窗。

Erik Erikson（Erikson's stages of psychosocial development）也說明晚年階段社會心理發展的重要任務是在統整與絕望中尋求平衡與智慧。高齡者會尋找生命意義及在疾病與失能中復原或調適，使繼續發揮功能與保持生產，這也是一種生命的創新。Howard McClusky提出邊際理論（theory of margin）也與高齡者的創新發展有關，他認為人的興趣、知識發展與專業投入一直在改變和進化，他呼籲一生中人類有無限的發展潛力，人的晚年在有限的調適資源裡，需要均衡壓力與負荷，在此邊際中，人的心靈能無限的領悟、轉化與超越。到了晚年許多功能退化，但心靈卻可以更加活躍發展（轉引自Roger Hiemtra）。Moore、Metcalf與Schow（2006）從高齡者生命故事訪談，瞭解他們尋找生命意義的經驗包括幾個層面：1.建立生活的哲學；2.自我感；3.與他人關聯；4.對神的信心；5.在逆境中生活；6.擁抱生命。他們指出追求健康的靈性，重建正向生命態度是高齡者因應老化的一項策略，人能成功的適應老化，是指在晚年能不斷的找到生命的意義與價值，超越與提升其靈性的生活層次，以建立其正確的生命態度。

五、選擇、最佳化與補償理論（Selective Optimization with Compensation；簡稱SOC-model）

Baltes與Baltes（1990）提出SOC理論，是目前解釋成功老化特別重要的理論，而Baltes與Mayer（1999）在《研究70至100歲的老化研究》一書中（Berlin Aging Study: Aging from 70 to 100）有更深入的闡

述。**選擇**（Selection）指對個人的目標發展、精進與承諾有選擇，成功的目標選擇需要符合個人的需求與環境的要求，對特定資源定向與發展，重新建構優先次序、調整與取代無法達到的目標。**極大化或最佳化**（**Optimization**）與高齡者的自我效能有正相關，強調能聚焦在自己的資源（如時間、精力、能力），擴大發展的潛能與補償損失，使個人保持功能、維持目標和較高的自我效能，而不把焦點放在失落上。老化的失落無法避免，持續維持相關的目標與最佳化投入的過程非常重要，研究發現能夠如此的高齡者，對老化有較多正向的情緒與更高的滿足感與健康。**補償**（**Compensation**）是指得到新的資源與提升內外在資源，以不同的、替代的方式或手段來追求目標。補償對晚年主觀判定滿足感與是否成功老化有很正向的影響。與極佳化或極大化相反，補償是以失落為基礎來重新建立個人目標系統，是設法轉換調整，或以替代目標或想法來讓自己有正向情緒。

　　Baltes與Baltes（1990）以及Marsiske等人（1995）提出一般生命發展的模式中，「選擇」引導人與環境的互動，之後主要產生兩種結果：(1)成功則目標達成，維持已有與發展新的勝任感與動機的來源；(2)失敗經驗（不如他人的表現或因退化表現不如從前或其他負面事件影響）使勝任感降低，產生補償的機制，而個人可能會不斷嘗試使保持或促進功能以維持勝任感與動機；(3)選擇的過程有調節行動目標的功能，使個人在不同的領域或生命階段能考慮得失、維持多元；(4)個人再針對選擇出來的目標，重新配置動機與行為資源（參考圖1-1）。

　　這模式之後，Schulz與Heckhausen（1996）有所補充（參考圖1-1），強調原生的控制（primary control）是個人原生的掌控動機，是生命週期發展調控的基礎。認為補償與選擇的過程是由生命中個人對基本掌控的渴望所激發。**選擇的原生控制**（**selective primary control**）是指聚焦在對一個被選擇目標的努力、時間、能力和技巧等資源的投入，個人能知覺到替代目標的價值與參與後的效果。而**補償的原生控制**（**compensatory primary control**）是指當個人認知或體能的能力不足，

高齡者休閒規劃

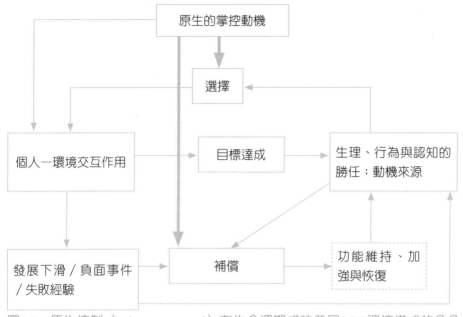

圖1-1　原生控制（primary control）在生命週期成功發展SOC調控模式的角色
（修改自Schulz & Heckhausen, 1996）

仍設法維持原來的目標，是一種如Baltes與Baltes（1990）所說設法自我復原（resilience of the self）的表現，但當嘗試不能滿足時也可能有酸葡萄、撤離等心理調適策略的次級補償產生，而使用後也可能對長期個人的基本掌控帶來不利結果。所以Schulz與Heckhausen強調判斷個人是否成功發展，要從整個的生命階段來看個人是否能夠及如何使用策略來極大化個人的基本掌控的潛力。

　　晚年的退化改變使資源獲得與效能減少，對晚年是不利的，高齡者必須重置更多的資源來維持功能與對抗失落的復原力，而不是持續成長。SOC重視個人與環境的互動，認為發展調控的過程對高齡者成功老化是非常重要的，因為SOC的調適，讓人的生命可以延續，得以將老化的利益或收穫最大化與損失最小化，因而促進成功老化。SOC簡單的來說，就是個人期望掌控自己的生命，而會放棄比較沒有意義的活動，列出參與的優先次序，集中資源使達到最佳效果。

許多學者認為SOC是一種生活管理策略，當使用SOC策略對全方位健康有最大貢獻（Freund & Baltes, 1998; 1999）。以SOC來預測全方位健康有兩類重要指標：⑴個人資源：如自重感（self-esteem）、自信或知覺到能掌控（perceived control）；⑵自我調控過程或生活管理策略的使用。生活管理策略是習得的實務技能，包括基於對資源現實的評估有能力修正目標，以及使用策略來補償個人的限制（Jopp & Smith, 2006），這使高齡者能在老化過程中的得失間得到正向均衡的復原力。人不只是適應環境，還會形塑環境來符合自己的需求，尤其是社會在目標的選擇與追求愈來愈自由時，人能更有智慧來聚焦與使用自己的資源與發展策略面對威脅。聚焦在自己的資源、擴大發展的潛能與補償損失，使保持功能與維持目標，積極的角色與態度對個人的成功老化有利。

　　實證研究發現隨年齡增長，SOC運用更自如，有助個人集中資源解決生活的問題或改善生活品質的能力。有研究針對200位72至103歲高齡者發現SOC與生活滿意度、年齡、正向情緒、控制信念、主觀的健康與人格有高度的正相關（Freund & Baltes, 2002）。SOC也有助於高齡者適應特別的情境困境，Chou與Chi（2002）研究421位60歲以上高齡者，檢查SOC如何在高齡者財物困窘與生活滿意間運作，發現當高齡者愈能使用SOC策略，經濟的困窘愈小。實驗研究針對40個60至75歲高齡者，要求他們一邊通過窄路平衡走路一邊記憶單字，發現高齡者會先選擇對他們來說比較重要的活動（走路與保持平衡）來幫助他們成功適應特別的困境。Lang等人（2002）研究195位70至103歲高齡者，四年長期追蹤研究發現存活者的表現是會將他們的精力選擇用在比較小範圍的休閒活動，而從中投入比較多的精力。Gignac等人（2002）研究248位50歲以上有骨質疏鬆與慢性病的高齡者，發現尤其是長期失能的高齡者，都有一些行為的策略，如使用輔具、從事一些活動以減少失能或減少疼痛情況。許多實證性研究發現SOC是解釋成功老化的重要理論模式，而且可從中年預測未來的成功老化和晚年對改變與困境的適應。而研究也發現中年人比青年人較會使用SOC，直到晚年初期（60至70歲），當年

老失去漸多而剩下的資源漸少時，SOC的使用策略也會減少（Freund & Baltes, 1998; 1999; 2002; Rothermund & Brandstadter, 2003），但是自主的選擇仍然持續增加，如社會網絡減少，而少數親密的朋友卻仍然能一直維持（Lang & Carstensen, 1994）。對目標的漸漸減少與撤離，是主動選擇或是老化過程已失去追求目標能力的結果，還有待探討，但擁有資源的多寡是SOC策略使用重要的調節變項（轉引自Ouwehand, Ridder, & Bensing, 2007）。

　　SOC模式最能解釋與預測不同人在不同情境下成功老化的樣態，以生命過程中調控的觀點來看成功老化，認為老化是持續與動態的，但每個社會都提供年齡分級的系統，限制與提供了生命階段型態的主要發展參考。而每當做選擇時，個人目標與士氣等主觀指標則又受時代與社會脈絡影響大，因此學者們建議從個人生命史來評估生理、認知、情意、創造力及社會關係等功能與表現，由此再來評估成功老化（Schulz & Heckhausen, 1996）最合適。也就是說，年輕時是否能多試探，發展多元的技能，開發多種的功能，建立生命週期中發展性的調控能力，這是成功老化的關鍵。

第三節　休閒參與和成功老化

　　一般人退休後還會活二、三十年，晚年休閒參與和生活品質有很大的關係，包括能促進生活滿足感、全方位健康、自主與獨立及成功老化。提供各種機會與鼓勵高齡者多參與活動，是許多國家因應人口老化趨勢非常普遍的作法。上節理論對高齡者休閒的規劃有諸多啟示說明如下。

一、鼓勵多元積極休閒參與促進全方位健康（wellness）

　　從活動理論來看，鼓勵高齡者投入有意義的活動、避免生病、維

持生理和認知的功能、表現創意、經歷成就感、愉悅經驗等，有助於高齡者維持積極活躍的身心健康。許多研究證實休閒活動是成功老化的重要因素，可幫助高齡者本身及其家庭和社會提升生活品質，調適生活壓力，參與休閒活動對高齡者社會互動、防止隔離、促進健康及養生保健方面更是發揮重要作用。Menec（2003）從1990至1996年以2291位高齡者的6年追蹤研究發現活動對成功老化的重要，高齡者活動參與愈多愈幸福且退化較緩，而且不同種類的活動帶來不同的效益。瞭解休閒活動對健康和疾病的全面和中介效果是重要的，Hutchinson與Nimrod（2012）說明休閒參與有三種方式幫助高齡者面對慢性的疾病：(1)休閒參與有助正向的轉移，因而改善情緒與產生希望；(2)多數休閒參與可提供機會改善或維持生理或心理健康，如積極的體能活躍與長壽、獨立、改善認知及生理功能有關，僅有少數一些被動性的休閒如看電視與低的心理健康有關。此外，許多形式的認知及社會性的休閒活動與晚年的體能與心智健康有關，社會性的撤離會顯著的增加晚年受傷害的風險；(3)休閒參與會貢獻個人幸福感與成功老化。休閒專業者需要瞭解高齡者積極參與活動的重要，以及不同類型活動的經驗與可能對成功老化各種主客觀指標帶來的獨特效益。

(一)體能活躍的多元效益

Iso-Ahola與St Clair（2000）強調決定健康的因素，超過80%不是醫學治療的議題，而是體能活動。體能活動的類型很多，如散步、爬山、騎單車、游泳、太極拳、氣功、瑜珈、舞蹈、體操、韻律、園藝、打球……等，有助身體的柔軟、放鬆、平衡、肌耐力、負重、防跌等。一般人對晚年的刻板印象是失去活力和能量，如果能夠利用體能活動和休閒去提升健康和適應改變，直到死亡之前，高齡者可以保持活力和高功能（Rowe & Kahn, 1998）。各種體能活動對高齡者健康正向影響的相關實證研究不勝枚舉，許多先進國家提出活躍老化（active aging）的政策，強調平日規律從事體能活動的重要，呼籲從青少年開始，到職場、再到晚年建立全民體能活躍的生活型態（active living）。

許多年輕時即愛好體能活動並參與競賽的高齡者，年老時也能保持並從中獲益。Heo與Lee（2010）調查長青運動會（Senior Games）50歲以上參與者的背景資料，發現他們平均參與的年資超過六年，為了賽事每天超過一小時的訓練，對他們而言已經是一種深度休閒（serious leisure）。另一個有關長青運動會參與者的研究，Cardenas、Henderson與Wilson（2009）發現活躍地投入參與競賽對於提升高齡者的健康和獨立是基本的因素。他們也發現參與者經驗了多項的好處，包括認識許多人、對自己的生活感覺良好、提升健康、增加自尊，並且變得更有活力。長期固定的參與運動能維持身心健康與減緩退化，對他們的知覺健康有明顯的影響，而競賽參與是讓他們會持續規律訓練和社會投入的原因。常青競賽活動是以社群為基礎的休閒活動，是持續激勵高齡者參與體能活動的方案計畫，能夠帶給高齡者許多身心健康之外的附加效益。一般人往往對高齡者的活動參與會有刻板印象，而忽略高齡者背景與經驗的差異，在規劃高齡者遊憩活動時，對活動能力與表現佳的高齡者也不宜忽略，要給予積極表現的機會。

(二)社會性、生產性、認知以及得到生命意義感的活動

　　許多研究發現寂寞增加晚年身體健康與認知下降的風險，有機會增加與家人、朋友、社區互動的量與質，與得到社會支持的活動，對高齡者滿意的生活品質十分重要。Hong與Duff（1994）透過訪問233位在退休社區中獨立生活的鰥寡者來瞭解是什麼因素影響他們的生活滿意，發現最強的預測因子是參與團體活動的次數及在社區與朋友互動的次數。團體活動中的投入與社會互動對晚年生活滿意度有很大的貢獻，實際上與高齡者接觸也可發現許多高齡者參與休閒活動僅是為了社會性的利益。Kurtz與Propst（1991）指出高齡者選擇社交導向與自我酬賞（self-rewarding）活動積極投入時，往往會覺察到較高的休閒控制，個人經驗到較高的休閒控制，生活滿意也較高。Menec（2003）研究指出高齡者參與社會性的休閒活動（如教堂活動、團體活動、社交活動和競賽）及生產性的休閒活動（如志工、園藝和花園工作）會帶來較多的體能效益

與繼而的長壽。而獨處的活動，如閱讀則能得到一種生命參與感，獲得的心理效益較高。此外，隨著年齡增長，高齡者對參與宗教相關活動與學習的興趣也增加，宗教旅遊、冥想、放鬆及靈性覺察與成長的活動與課程近年來在國內也大受高齡者歡迎。

　　有鑑於銀髮族的利他需求與追求生命意義的動機甚高，而其人力資源卻低度運用是普遍的現象，許多國家也積極鼓勵活躍、有行動力的年輕銀髮族從事志工貢獻社區／社群。呼籲發展活力社區／社群方案鼓勵活力老化（vital aging），並提供手冊與工具，幫助銀髮族自給自足、過著自我實現與有意義的生活，並能貢獻社區或社群。以建立活躍老化網絡為基礎，鼓勵高齡者嘗試新的方法，期望增強高齡者扮演社區公民事務領導與創新者，甚至創業者的角色，也是許多先進國家銀髮族休閒時間安排與深度投入的重要選擇之一。

二、晚年休閒中的認同維持、前瞻性調適（proactive coping）與創意老化（creative aging）並重

　　高齡者參與休閒活動種類多不一定生活滿足感就高，最主要是做他們有興趣的事或者是活動能滿足他們的需求，這是方案規劃者應注意的。Scott等人（2007）也提到遊憩活動專業化要注意參與者的背景，從成功老化的過程來理解高齡者的休閒參與，會更強調在生命週期中休閒的調適與策略運用，也更重視個人休閒參與時帶來的發展與改變，這對休閒方案的規劃會帶來不同的重點。

(一)認同維持與懷舊（reminiscence）活動

　　休閒對個人在晚年階段社會心理任務發展有重要的貢獻與益處，此外，高齡者也透過休閒帶來社群、社區、社會凝聚與文化統整。因此除一般休閒活動參與動機外，規劃者特別要重視提供高齡者表達性的休閒（expressive leisure）、自我決定（self-determination）、尋求與逃避（seeking and escape）、最佳激發（optimum arousal）、心流（flow）

與在休閒中尋找個人意義等休閒經驗的獲得。

　　Silverstein與Parker（2002）研究80歲左右的高齡者前十年的休閒活動參與（如園藝、嗜好與閱讀）類型與頻率和他們知覺的生活品質有正相關，晚年的休閒活動讓他們的認同得以維持和發展，提供替代的自我定義與自尊的來源。休閒活動的選擇和參與代表了「我是誰」，同一種活動高齡者參與的持續與一致是高齡者內在認同的表現（Turner & Reynolds, 2010）。許多高齡者不喜歡年輕人的饒舌歌、吃不慣西餐，而喜歡老手藝、聽老歌、舊地重遊等帶來熟悉感與延續感的懷舊活動，而高齡者在回味往事與當下生活的時空交融中反思，有助於體會與理解生命的變化與認識自我。重視與理解高齡者的成長背景與過去休閒參與經驗是提供合適休閒服務的基礎。

(二)紓壓、預防性活動與前瞻性調適策略

　　從成功老化的創新觀點來看，晚年仍然會有想積極改變與創新的渴望及行動，而健康促進是高齡者最常有的行為，Kahana, Kelley-Moore與Kahana（2012）長期追蹤研究發現72至98歲高齡者參與一些健康預防行為，如運動、戒煙等，改變了原有的生活型態，提升了他們八年後的生活品質。但健康促進並非高齡者僅有的預防策略，積極的參與休閒要依據老化過程中個人的目標與潛在老化壓力源而定，高齡者體力與認知活動的承擔不同，心理過程的結果不同，每位高齡者的調適策略也不同。積極調適或前瞻性的因應（proactive adaptation）是指個人運用策略來預防或減少未來潛在壓力源的影響，它是一個累積的心理過程，Aspinwall與Taylor（1997）指出這有五個階段：1.確認潛在壓力源；2.篩檢環境中的危險因子；3.找到因應的潛在壓力源或威脅行為線索（人需要有一點威脅意識才會產生積極的調適行為動機）；4.開始調適的努力行動，如規劃、調控負面情緒、找尋資源、面對與掌控問題；5.回饋，瞭解個人努力的結果。這個過程基本上與一般問題解決過程雷同，許多呼籲與研究證實預防性的一些活動參與是成功老化以及有效面對壓力的重要角色。成功老化一些內外在或主客觀指標與過程中積極調整策略的學習，

從發展延續的觀點，都可作為成人、退休前或年輕高齡者各種提早準備預防的行動目標，也是各類型休閒專業工作者可以介入及早協助退休者或高齡者規劃與改變晚年生活品質的重要參考。

(三)學習活動、藝術表達有助創新老化

晚年能創意表達與有新的學習也非常重要，關於認知、非正式的社會性與休閒的學習活動，能提供晚年認知刺激與提升自尊。Nimrod與Kleiber（2007）研究退休參與學習方案的人，瞭解在老化過程中創新的價值與活動中的創新形式和意義，他們表示創新活動是幸福的來源，甚至在晚年，創新是一種成長、生產與解放，在創新的同時保護個人一種內在的持續感。經常可以看到有人退休後不再生產與創造，很快就生病，甚至死亡。Lawton（1994）研究826位參與學習旅遊方案的高齡者探討心理健康與活動參與的關係，發現參與學習旅遊的頻率與活動類型愈多心理愈健康愈滿足。國內近年來在社區與各種機構經常性參與學習活動的長輩人數不斷增加，甚至旅遊中的參訪導覽與DIY活動也成為高齡者的新歡。透過學習活動，帶來晚年生命中的新鮮空氣。

許多研究發現文化和創造力相關的休閒活動，使個人參與生命、促進社會接觸與改善認知功能，特別有助於晚年的主觀幸福感。藝術性活動的參與對高齡者特別有意義，是因為提供社會互動、創意表達、有趣、好玩與學習的機會（Vaillant, 2002）。Hays、Bright與Minichiello（2002）研究平均79歲功能受損的高齡者，發現參與一年的藝文方案，使他們有更好的健康、士氣與保持每週的活動參與（引自Reynolds, 2010）。研究也發現音樂是一個從年輕到老都能從事理想活動，實證研究發現音樂能影響任何年齡的腦部發展與腦部結構的改變（Damasio, 2011; Wan & Schlaug , 2010）。高齡者參與音樂對幸福感有益，雖然年紀愈大可塑性愈低，但並未消失，任何一個年齡都能學習挑戰新的一種技能，如玩樂器（Rogenmoser, Kernbach, Schlaug, & Gaser, 2018）。此外，感受對人非常重要，音樂能提升我們的士氣和精神，是保持身心健康的有力工具。聽我們喜歡的音樂的愉快會釋放刺激中樞神經成長的因

子，能促進腦部細胞的活力、成長與代謝，只是簡單的沈浸在音樂中（包括悲傷的音樂），能幫助高齡者心理健康、活躍與對抗傷害與疾病（Habibi & Damasio, 2014）。

藝術性的創造能鼓勵發展問題解決技巧、動機與知覺，進而有助於轉換成實用性的創造力，而幫助個人掌控自己每天的生活。Fisher與Specht（1999）訪談36位60至93歲參加高齡者畫展的高齡者，發現參與繪畫活動能促進個人的勝任感、目的感與成長。Reynolds（2010）研究32位60至86歲退休後參與視覺藝術活動的年老婦女，發現有助於她們豐富心智生活、促進對顏色與材質的敏感和享受，帶來新的挑戰、趣味的實驗與鮮活的企圖心。藝術也讓她們保持家庭與外在世界有價值的聯繫。鼓勵對環境美感的注意，保有關係的平等與創造驗證的機會。藝術活動保護了年老婦女的認同，幫助她們對抗晚年生活常會碰到他人的刻板印象與排擠。

高齡者的創造力包括產生新的點子、對尋常的事有獨特的想法、鮮活的想像力、內省與直覺、自我探索，以及把不同的事物或領域聯結在一起發展新的點子。從Erickson的社會心理發展危機觀點來看，生命第八個階段——65歲晚年期的發展任務是統整或絕望，而其配偶與研究夥伴Joan M. Erikson在Erickson 90歲以後，提出八、九十歲的高齡者會有新的需求、會重新的評估與經驗每日的困難，需要「指派一個新的第九階段」在此時期，所有之前的每一個階段都彼此相關而且重新再來過一次，然後會再次得到最後統整的智慧，而回到最初的信任，相信「我們的生命是被祝福的」（Erikson's stages of psychosocial development）。

智慧與信念的統整與人的靈性發展有關，而從事藝術創作能積極幫助高齡者統整自己的生命經驗，找到生命意義、價值感與克服對老的恐懼、孤獨與失落。年老的藝術家能透過創造作品的過程來表現內在思考與對世界的想法和想像。創造的過程提供高齡者不只是參與過程的滿足感，也明顯地增進了他們的成就感及與他者的聯繫。當專注與陶醉在自己的創作時，會忘記了生活的瑣碎與自身的苦痛，感到生命的延伸，

產生美好、正向與樂觀的感覺。由於創造必須積極投入對自己有意義的事情當中，因此可以保持腦部與心智的活躍，提高注意力、感官的辨識力以及完成事情的毅力，並產生參與的興趣與對每日能做一些新的或不同的事情或活動的期待，會覺得自己更年輕、興奮與想冒險，也對生活的困難更有信心與動機去突破，這對減緩老化與晚年適應都有極大的幫助。

從事藝術性的活動類型甚多，如歌唱、樂器演奏、繪畫、雕塑、舞蹈、戲劇、寫作、書法、編織、手工藝、卡片、珠寶設計、插花、攝影、室內設計、服裝設計製作……等，由欣賞、學習、從事到創作，從新手到老手、老師或大師，其中有各種的參與方式及發展的可能。同時也可結合其他形式如展覽、義演、義賣、節慶等活動，使高齡者與他人及社區有更深的互動、貢獻與承諾，產生更深的成就感、價值感與自我實現的機會。經常可以發現當休閒經驗與生活其他層面如工作的結合，讓高齡者能如同年輕時投入工作中一般，有結構性或生產性的參與，會帶來經驗與認同的持續與創新發展，對高齡者有重大的意義。在社大、長青學院、樂齡中心、樂齡大學、晚年大學、社區高齡者活動中心、關懷照護據點、安養中心等，都可以看到高齡者對藝術、手工藝等課程的熱衷與因此而有的社群、社區聯結，這對長輩十分重要。

三、加強SOC策略與休閒教育與休閒輔導的介入

㈠SOC生活管理策略的學習與運用

多數提及高齡者休閒規劃，會特別強調如上述在體能、社會性、懷舊與藝術等不同類型活動的學習參與過程帶來的種種利益，而晚年時持續休閒參與也有其限制，要得到良好的休閒品質，高齡者需要善於運用SOC的策略。當年老時從體能活躍的休閒過渡到比較不費體力（如閱讀、桌遊、唱歌）但也算滿意的休閒時，可能是運用選擇補償最佳化的策略的結果，能使高齡者產生休閒控制覺察。Hutchinson與Nimrod（2012）研究慢性病高齡者的SOC過程，發現他們不得不放棄自己原來

喜歡和享受的活動。想要維持過去是一種挑戰，面對新的生理或認知狀況的限制，他們會放棄、減少或決定另外新的活動，如減少體能與社交活動；打球改為散步或使用室內健身器材、走樓梯；行動力減少，開始畫畫、學樂器、玩桌遊；減少外出，開始特定的一些家庭為主的活動，如閱讀、用電腦。烹飪、家事工作、唱老歌也變成懷念與休閒享受以及意義感的來源而受到高齡者歡迎。高齡者也儘量努力依自己財力與精力的限制來吃得健康，如從事園藝活動可以集中資源與極大化效益（如增進體能健康、利用廚餘堆肥、造景、攝影、畫圖美感、利他、挑戰與成就感等）；而幫別人修理東西、做志工奉獻等，覺得自己還有用，更是普遍讓這些高齡者得到生命意義感。在研究中也發現並不是每位高齡者都會運用SOC策略，有些高齡者士氣低落，而期待有他人的幫助來改善生活。

　　Hutchinson與Nimrod指出決定功能受損的高齡者，是否會尋求休閒的形式來積極管理他們的健康與幸福，有四種主要的個人資源：(1)相信個人應對自己的健康負責；(2)個人是否相信有照顧自己健康的能力；(3)接受自己的健康狀況；(4)過去休閒參與的情形，以及決定未來參與的技巧、態度與信念。有慢性病的高齡者往往對自己的能力沒有信心，也看不到自己的選擇，協助他們集中資源在有意向的活動中得到成功經驗十分關鍵。雖然年輕時發展SOC的生活調控能力十分關鍵，但晚年時一樣可以透過學習來增進SOC的勝任能力。

㈡休閒教育與休閒諮商輔導的介入與休閒控制覺察

　　休閒活動提供高齡者機會去經驗創新與多元，提供一個手段讓他們活躍與互動，體驗休閒參與做決策的自由感與控制感，以及投入自由選擇的活動帶來愉悅滿足，以及能幫助高齡者應付生活的壓力，可是當高齡者感受到休閒限制（如金錢、交通、覺察到的機會、同伴與健康）無法克服時，參與的興致或動機就被壓下，因此在環境中破除阻撓增加休閒機會，創造參與者的休閒選擇十分重要。個人休閒參與中覺察到更多的自由感，就有較多適應生活壓力的資源，覺察到休閒自由是減輕壓力

對健康負面影響的一個緩衝。改善環境，呼籲高齡者休閒機會的重要及協助高齡者破除休閒阻礙，也是方案規劃相關工作者重要的角色。

　　學者建議休閒教育方案能提供個人參與自己選擇的活動、感到有用與勝任，能有效加強休閒控制感，而有助於生活滿足（Kurtz & Propst, 1991; Searle et al., 1995; Chang, Yu, & Jeng, 2015）。許多高齡者年輕時缺乏足夠正式的遊憩與休閒活動，普遍對休閒認識不足及休閒參與經驗有限，導致他們晚年時彼此的差異很大。性別、種族、教育、婚姻狀況與社經地位都影響個人與休閒的知覺與價值，但如果高齡者本身對休閒的控制感很低，可能根本沒有覺察到他渴望的休閒經驗是可以得到的。休閒教育的實施過程能幫助高齡者發展自我覺察與休閒的覺察、擬定休閒目標，確認休閒阻礙或限制與發展出克服的行動；能幫助高齡者評估在個人資源與能力（包括健康狀況）中，選擇自己喜歡與建構可達成的休閒目標，以及使其相信休閒帶來的效益是能夠滿足其需求與興趣的，而使他們願意面對新的挑戰與持續在失去中再做選擇與調整，或面臨挫敗時能修正自己的目標以得到成功經驗。休閒教育實施的過程與SOC策略使用的過程是一致的，方案規劃者可將SOC融入休閒教育，增進高齡者生活自我管理的能力與激發自我掌控生活的動機，以成功應付晚年生活。

　　Searle、Mahon、Iso-Ahola、Sdrolias與van Dyck（1995）檢查休閒控制覺察在生活滿足感中的角色，他們認為覺察控制與自由感對生理與心理健康是十分重要的，覺察休閒控制會延伸到較全面的覺察控制的感受。而對晚年的退縮、絕望、空虛、失落、匱乏、缺乏目的感與價值感，休閒諮商與輔導的重點在促進休閒心理健康，透過幫忙高齡者規劃建構自己的休閒，鼓勵高齡者積極參與以及掌控自己的生活，能幫助高齡者適應退休後多出來的休閒時間，擴大高齡者從事時的自主與享受，幫助相關機構更有效地安排高齡者的休閒，幫助高齡者適應機構或離開機構回到社區，面對失能、親人死亡等創傷的生活適應，與建立對休閒的正向態度等，以破除參與的內在與人際阻礙，包括休閒態度、休閒動

機與需求、自由與掌控的概念、缺乏玩興及各種人格特質帶來的諸多限制。針對高齡者休閒輔導的適時介入，是休閒規劃者不能忽略的。

結語

　　休閒服務在鼓勵成功老化的高齡社會中扮演極重要的角色，隨著年齡之增長，晚年個人將面臨體能、心智及社會角色功能等多方面的衰退與改變，休閒活動的適當規劃與安排，將可協助高齡者重建生活次序及維護個人自信尊嚴，提升個人與社會福祉。休閒規劃者需瞭解老化的現象與成功老化相關理論，要打破對高齡者與老化的迷思、偏見與歧視。不要低估高齡者的能力，瞭解人有多方面能力，相信人類一生都能持續發展與學習。多去強調有的能力而不是失能，相信高齡者應被社區或社群視為寶貴的資產，能讚美欣賞高齡者的能力、潛力與對社會以及經濟的貢獻。實務工作者在方案設計時應該瞭解體能、社會與生產性活動、懷舊活動、靈性、藝文創造與學習活動對高齡者生活品質的貢獻，高齡者的背景多元經驗歧異，要重視高齡者一生與環境互動的休閒經驗，同時關注新的需求，除提供多元休閒活動機會，鼓勵不同背景的高齡者參與以及協助破除外在結構性阻礙外，還要能協助高齡者學習老化過程中個人壓力調適與SOC策略，一方面鼓勵與協助長輩積極調適與得到休閒控制的經驗以及生命意義創新統整的智慧，絕不能忽略興趣、能力與需求仍非常高的高齡者，要創造更多深度休閒與表現的機會，而對休閒限制較多的長輩，以考慮參與效益為主的活動規劃模式、遊憩治療、休閒教育、休閒諮商與輔導的概念與原則，特別適合融入高齡者休閒規劃與實施的過程，面對人口高齡化趨勢，促進成功老化是今日休閒專業工作者特別嚴肅的任務與挑戰。

自我評量題目

1. 請說明何謂成功老化？

2. 有哪些非生理的老化理論可以幫助瞭解高齡者活動參與的現象？

3. 高齡者本身對老化的看法對他們的活動參與會有哪些影響？請舉例說明。

4. 請說明規劃者若對高齡者老化持撤離理論的觀點，會如何影響他們對高齡者的活動規劃？

5. 請說明規劃者若持活動理論的觀點，他們對高齡者的活動規劃會有哪些特色？

6. 請解釋為何高齡者傾向選擇與維持類似過去的休閒活動以及保持一貫的活動參與模式？這對活動規劃者的啟示是什麼？

7. 請說明晚年生活中的改變與創新對成功老化的重要性，以及對活動規劃者的啟示。

8. 請以高齡者活動參與的情形為例來解釋「選擇、最佳化與補償理論（簡稱SOC-model）」，以及對活動規劃者的啟示。

9. 作為一位高齡活動規劃者，你對老化的信念是什麼？又請說明你會如何規劃活動來促進長者成功老化以及你的理由。

第二章

高齡者之特徵

張樑治

學習目標

1.瞭解高齡者之生理特徵
2.瞭解高齡者之心理特徵
3.瞭解高齡者之社會參與特徵

摘　要

　　本章首先介紹高齡者的生理特徵，包括皮膚系統的變化、感覺器官系統的變化、呼吸系統的變化、心臟血管系統的變化、消化系統的變化、泌尿系統的變化、生殖系統的變化、神經系統的變化、骨骼肌肉系統的變化、內分泌系統的變化、造血及免疫系統的變化等特徵。緊接著，一一說明自尊感、失落感、孤寂感、衰老感、懷舊感、空虛感、疏離感等心理特徵。最後，詳細敘述高齡者在退休蜜月期、憂悒期、重組期、穩定期以及終結期等五個階段的社會參與特徵。

　　在大多數人的印象中，「老」通常聯想到殘、病、弱，所以大眾對於高齡者的印象很可能是躺在搖椅上，凝視前方，無所事事的樣態。然而，晚年卻是人們一生中，同族群特徵最分歧的階段之一。例如，同樣是65歲的高齡者，有的人健步如飛，到處參加社交活動，但是有的人卻坐在輪椅上，足不出戶。

高齡者之間仍然有一些共同的生理、心理以及社會特徵。例如，高齡者的生理機能將逐漸退化（雖然退化的速率不同），以及大多數的高齡者都渴望親朋好友的陪伴與關心。理論上，高齡者休閒規劃必須依據高齡者的特徵設計不同的休閒活動，才能吸引他們參與，進而發揮最大的活動功效。因此，本書在第一章說明高齡者休閒規劃與成功老化，點出休閒規劃對於高齡者的重要性之後，緊接著將針對高齡者的生理、心理、社會特徵進行介紹，再進入休閒規劃的專業範疇，使全書的敘述脈絡更加清楚而容易閱讀。

第一節　高齡者之生理特徵

老化是高齡者必經的人生過程。雖然有些人透過道家的修練、運動或服藥，延緩老化的時間，但是高齡者最終還是要經歷這個階段。就像從臺北到高雄，高齡者可以選擇坐高鐵，也可以選擇坐臺鐵，雖然這兩種交通工具到達高雄的時間不一樣，但是最後都會抵達高雄。

老化也意味著高齡者某些生理機能將隨著年齡的增加而退化。不過，生理上的改變必須符合下列四種條件，才能算是真正的老化過程：⑴普遍性。儘管老化的程度可能因人而異，但是所有的高齡者都會發生類似的現象，諸如骨質疏鬆、牙齒脫落；⑵內在性。老化是源自於內在生理的改變，諸如重聽、重口味皆為高齡者生理的變化；⑶進行性。老化的因子會隨著年齡的增加而持續發展，且在某一年齡之後的發生率明顯增加，諸如攝護腺肥大、動脈硬化在晚年的盛行率將明顯增加；⑷有害性。老化現象與膠原纖維（collagen fiber）的跨鏈連結增加有關（彭駕騂、彭懷真，2014）。根據以上之說明，假如高齡者說：「我最近對看電影愈來愈沒有興趣了。」因為不是每一位高齡者都會對看電影變得興致缺缺，所以對特定事物缺乏興致不能算是老化特徵。但是，假如這位高齡者說：「最近我看電影時，視力變得愈來愈模糊，所以就變得不喜歡看電影了。」理論上，視力退化是所有高齡者都會面臨的問題。因

此，出現視茫茫的情況為老化之特徵。

　　一般而言，老化過程會有皮膚系統的變化、感覺器官系統的變化、呼吸系統的變化、心臟血管系統的變化、消化系統的變化、泌尿系統的變化、生殖系統的變化、神經系統的變化、骨骼肌肉系統的變化、內分泌系統的變化、造血及免疫系統的變化等特徵（吳方瑜、黃翠媛，2016）。因之，以下將針對這些特徵進一步介紹。

一、皮膚系統的變化

　　高齡者在老化過程中，皮膚系統將出現以下明顯的改變：(1)皮下脂肪減少、真皮層變薄、膠原變得鬆弛並失去飽和度、彈性纖維減少，使皮膚彈性變差，產生皺紋；(2)皮膚彈性變差，使高齡者容易產生下巴與眼皮下垂的情況；(3)表皮層的黑色素細胞（melanocytes）具有保護皮膚的功能，可以避免遭受紫外線灼傷，但是數量會隨著年齡的增長而減少，使得高齡者的皮膚不僅對日光敏感，而且容易受損而產生病變。常常受到陽光照射的身體部位，諸如額頭、臉頰以及手臂，因為局部黑色素細胞異常的增生，容易產生密集性的色素沉澱現象，即一般所謂的老年黑斑（age spot）或汗斑（liver spot）（吳方瑜、黃翠媛，2016）。簡言之，除了皺紋與下垂的情況之外，皮膚出現小黑斑也是常見的生理老化現象。

二、感覺器官系統的變化

　　一般而言，感覺器官系統包括視覺、聽覺、味覺、嗅覺以及觸覺。因此，下列將針對這五種感官加以介紹。

(一)視覺

　　高齡者在老化過程中，眼睛通常會有以下的變化而直接或間接影響視覺。首先，眼球周圍組織的彈性會隨著年齡的增加而變差，眼瞼會變得鬆弛，並且容易出現外翻或內翻的現象。其次，雖然角膜不受老化的

影響，但是結膜會逐漸萎縮且變黃；眼球前房（anterior chamber）的體積會變小；虹膜（iris）會變硬，並且造成瞳孔變小；水晶體（lens）內的蛋白質會變性及脫水，造成水晶體變硬、變黃且呈現不透明，使水晶體的調節能力變差，光線通過水晶體時，容易產生散射；視網膜變薄，其上的桿細胞（rod）數目逐漸減少；玻璃體（vitreous body）與玻璃狀液（vitreous humor）體積會變小；瞳孔對光的反應變慢；淚腺製造淚液的功能變差；角膜對觸覺的敏感度衰退可能高達一半；視力敏銳度（acuity）會變差，尤其是對動態的物體無法聚焦；眼睛對顏色深淺的感覺減退，對顏色對比的敏感度下降，對光線明暗變化的調適速度也變慢。此外，高齡者的眼睛容易罹患白內障、老花眼與青光眼等疾病，使視覺老化，視力變差（陳人豪、嚴崇仁，2003）。因之，高齡者視覺退化問題不容小覷。

(二)聽覺

音波透過空氣促動耳鼓（eardrum），進入中耳、內耳，然後產生信號，再經由聽覺神經傳達到腦部（彭駕騂、彭懷真，2014）。然而，隨著年齡的增加，高齡者接收與傳導聲音的能力愈來愈弱，聽力逐漸喪失（王嵐等人，2014）。一般而言，大約有一半的高齡者聽覺會明顯退化，他們聽覺退化的原因可能有以下三種：(1)高齡者的外耳道皮膚分泌功能較差，耳垢變硬，聲波的傳導受到影響；(2)中耳聽骨硬化，聽力關節活動範圍變窄，聲波傳導效能降低；(3)內耳細胞慢慢退化，對高頻率聲音的聽覺不斷減弱。高齡者聽覺退化是發生重聽，甚至耳聾的主要原因（彭駕騂、彭懷真，2014）。因此，高齡者聽覺退化問題必須格外注意。

(三)味覺

高齡者舌頭上的味蕾與味覺中樞神經元的數目會隨著年齡的增加而減少（陳人豪、嚴崇仁，2003）。一般而言，年輕人的味蕾大約有九千個，但是高齡者的味蕾大概只有三千多個，使他們對於味道辨識的敏感度降低。其中，又以甜味與鹹味的接受器影響最大（吳方瑜、黃翠媛，

2016）。因之，高齡者常常會抱怨食物清淡無味。

㈣嗅覺

高齡者的嗅覺神經元會隨著年齡的增加而減少，鼻腔中感受氣味的接受器萎縮，使他們的嗅覺敏感度降低，不容易分辨出不同的氣味（吳方瑜、黃翠媛，2016）。這也是為什麼高齡者不容易警覺瓦斯外洩而發生瓦斯中毒的原因。此外，一些疾病，諸如阿茲海默症（趙健儀、尹建忠，2012）與慢性鼻竇炎（劉丹、萬浪、王桃姣、岑瑞祥，2015），可能也會影響到高齡者的嗅覺。因此，高齡者嗅覺退化的問題不容忽視。

㈤觸覺

高齡者的觸覺也會受到老化的影響，使他們對於溫度、壓力以及疼痛等感受力減弱，同時造成一些需要手眼協調的精細動作在執行時，產生困難，諸如使用筷子、穿衣服、按電視遙控器時不協調。觸覺方面的減弱也會使高齡者對於危險情境的敏感度降低，諸如忽略過熱的烤箱、電熱氣以及洗澡水等，一旦不小心碰觸到，則受傷的程度將極為嚴重，故必須特別小心防範（吳方瑜、黃翠媛，2016）。

三、呼吸系統的變化

隨著年齡的增加，高齡者的呼吸系統的結構和功能會產生以下明顯的變化：(1)隨著年齡的增加，肺活量減少；(2)因為纖維性結締組織及淋巴結構增加的結果，使支氣管與肺的動作減小；(3)因為呼吸道阻塞及肺部收縮擴張能力變差，使換氣功能變差；(4)最大的呼吸量，亦即進出肺部的最大氣體量，會隨著年齡的增加而減少；(5)呼吸性氣體交換能力受損，肋骨的移動性變差；(7)呼吸速度減慢，呼氣時，呼出的二氧化碳量減少；(8)因肌肉張力變差的緣故，使咳嗽的能力變差（彭駕騂、彭懷真，2014）。在一般的情況下，這些變化可能還不會影響高齡者的呼吸與生活作息，然而當他們罹患呼吸系統方面的疾病時，將加劇病情。例如，支氣管發炎及咳嗽的高齡者不容易痊癒。此外，呼吸系統方面的疾病可能影響高齡者的心理，進一步造成焦慮與憂鬱的心理問題（徐治，

2016）。因此，高齡者呼吸系統的保養，不容偏廢。

四、心臟血管系統的變化

　　高齡者在老化過程中，心臟與心室的大小並不會有明顯的改變，假如有心臟與心室擴大或縮小的情形，可能是心臟疾病所造成（吳方瑜、黃翠媛，2016）。不過，心臟的功能明顯隨著年齡的增加而衰退。例如，心臟對於交感神經或其介質鄰-苯二酚胺（catecholamine）的刺激反應變差。另外，運動時，高齡者可達到的最快心跳速率會隨著年齡的增加而下降（陳人豪、嚴崇仁，2003）。在血管方面，會因為老化而有以下顯著的改變：⑴彈性蛋白（elastin）減少，但是膠原蛋白（collagen）增加，而失去了原有的彈性；⑵膽固醇及鈣質積存在血管內膜（intima），造成管壁變厚，管徑變窄，心臟必須用更大的力量才能將血液打到動脈裡，導致收縮壓增加；⑶狹窄的動脈血管管徑使末梢血管阻力增加，組織灌流減少；⑷血管彈性喪失時，靜脈回流不佳，使靜脈曲張（varicose vein）發生的機率增加；⑸皮下脂肪減少，皮膚變薄，使血管顯得格外凸出；⑹在心臟上的冠狀動脈血流會因為血管鈣化，彈性減小，而有阻塞的情形，所以冠狀動脈疾病的發生率往往隨著年齡的增加而提高；⑺老化會使血管內的壓力感受器敏感度降低，導致血壓的調節變得較為遲緩，進而造成姿勢變換的過程中，血壓調節無法因應，產生姿位性低血壓（orthostatic hypotension）情形（吳方瑜、黃翠媛，2016）。簡言之，高齡者的心臟血管系統功能會隨著年齡的增加而衰退。

五、消化系統的變化

　　高齡者的消化系統會隨著年齡的增加而改變，不僅影響營養的吸收，更降低生活品質（吳方瑜、黃翠媛，2016）。一般而言，高齡者的消化系統在老化過程有以下明顯的改變：⑴在口腔部分，除了牙齒脫

落，影響咀嚼之外，耳下腺唾液的分泌量會減少，無法有效潤滑食物，導致吞嚥困難；(2)在食道方面，橫紋肌與平滑肌會隨著年齡的增加而變得肥厚，使食道蠕動收縮的幅度減小；(3)在胃方面，進食時，胃放鬆以容納食物的能力變差，而且胃蛋白酵素（pepsin）與內因子（intrinsic factor）的分泌量減少，胃壁合成前列腺素（prostaglandin）的能力下降；(4)在腸道方面，腸道的絨毛會萎縮，黏膜細胞的增生能力變差。功能上，腸道的蠕動力變差；(5)在肝臟方面，肝臟質量會隨著年齡的增加而減少，流經肝臟的血流量每十年約減少10%，肝細胞的再生能力會減退；(6)在胰臟方面，胰臟的體積變小，血流量減少，總胰管的管徑變大，同時腺泡萎縮（陳人豪、嚴崇仁，2003）。

六、泌尿系統的變化

泌尿系統在晚年會出現以下明顯的變化：(1)高齡者的腎臟逐漸萎縮且腎臟的功能減退，而且腎小球和腎小管的數目減少，使腎小球的濾過能力、腎小管的排泄以及重吸收功能減退；(2)膀胱肌肉萎縮，容量逐漸減小，容易形成憩室，使夜尿次數增多與膀胱殘餘尿增加；(3)尿道會漸漸纖維化，彈性減退，使女性尿道老化而容易發生泌尿系統感染、尿失禁以及尿道黏膜脫垂等問題；(4)男性前列腺中結締組織增多，使前列腺出現不同程度的肥厚、腫大。當腫大到一定程度時，就會造成尿道的壓迫，從而引起排尿不順暢或急性尿滯留（張坤，2010）。

七、生殖系統的變化

高齡者的生殖系統會隨著年齡的增加而明顯衰退。在女性方面，停經之後，卵巢、子宮、輸卵管皆呈現退化的情形，陰道的彈性也降低並變得比較乾燥，生育功能幾乎停止。至於男性方面，睪丸會隨著年齡的增加而呈現體積與重量下降的趨勢，且陰莖的海綿體會逐漸動脈硬化，甚至有陽痿的跡象（林季緯，2010）。

八、神經系統的變化

　　高齡者的神經系統會隨著年齡的增加而活動性降低，使他們的知覺感受能力變慢，導致反應及動作時間增長。例如，相較於年輕人，高齡者要花比較長的時間才能區別眼前的酢醬草（三葉）與幸運草（四葉）。在老化過程中，中樞神經的功能會隨著年齡增加而加速衰退（彭駕騂、彭懷真，2014）。

九、骨骼肌肉系統的變化

　　在老化過程中，高齡者的骨骼強度會隨著年齡的增加而減低，尤其是女性，在停經之後，骨質疏鬆的問題日益嚴重。另外，隨著關節軟骨的退化與關節腔變小，約有六成的高齡者會罹患退化性關節炎。至於肌肉部分，隨著年齡的增加，脂肪組織的比例會增加，但肌肉會減少，使肌耐力變差（林季緯，2010）。

十、內分泌系統的變化

　　一般而言，高齡者的內分泌器官會發生不同程度的萎縮和組織結構的變化，使分泌的激素呈現不同程度的質與量的改變，從而引起相關疾病的發生。例如，高齡者的胰腺功能逐漸降低，抗胰島素的激素增高，周圍組織對於糖的利用水平也逐漸減少，使糖尿病的發生率隨著年齡的增長而逐漸提高（張坤，2010）。

十一、造血及免疫系統的變化

　　高齡者在老化過程中，造血組織的總量以及骨髓幹細胞的分化能力會隨著年齡的增加而明顯下降。老化也對T細胞的發育及功能有負面的影響，T細胞表面共刺激分子的表達減少，從而對B細胞激活的輔助功能下降，導致細胞免疫功能和體液免疫功能都減退（呂力為，2010）。

整體而言，隨著年齡的增加，高齡者的皮膚系統、感覺器官系統、呼吸系統、心臟血管系統、消化系統、泌尿系統、生殖系統、神經系統、骨骼肌肉系統、內分泌系統、造血及免疫系統等，皆呈現退化之現象。

第二節　高齡者之心理特徵

由於高齡者的人生經驗、人格特質以及心理需求的不同，所反應出來的心理狀態可能也有所不同。不過，大體而言，高齡者仍然可以歸納出以下共同的心理特徵：(1)自尊感、(2)失落感、(3)孤寂感、(4)衰老感、(5)懷舊感、(6)空虛感、(7)疏離感（黃富順，2002；彭駕騂、彭懷真，2014）。因此，以下將針對這些心理特徵加以說明。

一、自尊感

一般而言，有比較高的自我評價與自我肯定的人，會有比較高的自尊感（黃富順，2002）。所謂自尊感（self-esteem），即人們對於自身的感受，以及覺得自己有價值感和重要感而接納自己與喜歡自己（張春興，1998）。在傳統社會中，高齡者在社會上是長輩、在家中是家長，所以有比較高的輩份與權力而受到比較高的尊重，致使高齡者有比較強的自尊感（黃富順，2002）。

基本上，高齡者的自尊感是一種積極的情緒，具有自我約束與自我激勵的功能。當高齡者希望獲得他人的尊重時，他們為維護尊嚴和榮譽會盡量表現出適當的行為。此外，高齡者希望對於自己的生活擁有控制感與獨立感，也會儘量減少對於其他人的依賴，所以自尊感有利於高齡者增加獨立生活的能力（黃富順，2002）。簡言之，高齡者必須擁有適當的自尊感。

不過，高齡者身心功能的衰退，往往導致他們對於自己的信心愈來

愈低而怯於冒險，遇事則退縮（黃富順，1995）。同時，自尊感可能導致部分高齡者想在家裡或工作單位中，維持權威的角色，希望晚輩能言聽計從而由自己做主，進而變成不願意放手給年輕人，變得獨斷事行（黃富順，2002）。當高齡者的自尊感無法獲得滿足時，可能會表現出憤怒的情緒，甚至產生自卑感。因此，高齡者的自尊感必須維持在一個適當的水準。

二、失落感

失落感（loss）幾乎是每個人都經歷過的生活經驗。例如，一位小提琴比賽上的常勝軍，在某次重要的國際大賽上，因為腹痛而表現失常，最後連第三名都沒得到，則面對頒獎情景時，她可能會覺得十拿九穩的第一名不翼而飛，導致失落感的產生。又如，因為搬家，要與最好的同班同學分隔南北兩地，也可能會使人產生失落感。所謂失落感，即失去對自己深具意義的人或事物的主觀感受（楊月穎、李鳳屏，2012）。進入晚年之後，由於高齡者必須面對健康、容貌、工作、人際活動、自我認同以及生活型態等多重改變，所以對於高齡者而言，失落感的問題似乎更為普遍且嚴重（黃富順，2002）。試想，面對健康衰退與親朋好友相繼離去的雙重影響，高齡者除了力圖維持健康與哀悼這些去世的人之外，內心的失落感必定非常強烈（周怜利譯，2000）。

雖然失落情緒的表現強度與方式會因人而異，但是高齡者面對失落的人或事物時，常常會伴隨多種負面的情緒感受，諸如悲傷、焦慮、憂鬱、苦惱以及孤寂（楊月穎、李鳳屏，2012）。因此，協助高齡者調適人或事物的失去所產生的失落感著實重要。

三、孤寂感

由於高齡者從職場中退出工作角色，再加上親朋好友相繼去世，使他們的社交活動明顯減少，導致他們的孤寂感（loneliness）常常隨

著年齡的增加而增長。所謂孤寂感，即人們在社會互動中，失去歸屬感而產生的負面情緒（侯慧明、陳玉敏，2008）。事實上，孤寂感往往讓高齡者覺得日子無聊、不被理睬、不受關注以及不受重視（黃富順，2002），甚至影響到他們的情緒與身心健康（林正祥、陳佩含、林惠生，2010），諸如冷漠、無助、沮喪、厭食、失眠、憂鬱、頭痛、免疫功能下降（蔡英儀、許雅娟、楊燦，2013）。

　　表面上，孤寂感與先前所提到的失落感非常相似。不過，在本質上，孤寂感與失落感卻大不相同。例如，面對親人去世，高齡者的內心可能會同時產生孤寂感與失落感（相似面），但親人健在時，假如高齡者平日與這位親人的關係冷淡，無任何互動，則高齡者可能只會感覺到孤寂，不會有失落的感覺（不同面）。最主要的原因在於，孤寂包含孤獨與寂寞二個部分。孤獨指的是一種客觀事實，即孑然一人；然而，寂寞是一種主觀的內心感受。試想，在護理之家，即使有一群同年齡的人共同生活，假如某位高齡者與其他人話不投機，整日無對話，則仍然會有寂寞的感覺。換言之，孤寂感有相當高成分的主觀感覺。因此，高齡者在退出工作角色或親朋好友去世而減少社會互動之後，能調適內心的感受，重新結交好朋友，才是消除孤寂感的最佳方法。

四、衰老感

　　大體上，高齡者的皮膚系統、感覺器官系統、呼吸系統、心臟血管系統、消化系統、泌尿系統、生殖系統、神經系統、骨骼肌肉系統、內分泌系統、造血及免疫系統，皆呈現退化之現象（吳方瑜、黃翠媛，2016）。高齡者生理功能的退化將導致日常活動上的表現大不如從前。例如，原本爬五層的樓梯不成問題，但是到了晚年，可能才爬二層樓梯就氣喘如牛，膝蓋疼痛。面臨生理功能的退化，高齡者也可能產生「老了，就沒有用了」的感覺，這種感覺甚至造成他們自我暗示「真的老了」而加深大腦功能的衰退與病變，產生短期記憶的下降，臨時遺忘的情形經常發生，更嚴重的話，會在態度與行為方面背離常態，諸如變得

固執、過敏、多疑、怪癖、過度專注自己的生理變化，進而形成自我封閉、自我退縮於家中，最後不再與外界來往（黃富順，2002）。基本上，沒有人願意產生衰老感。因此，利用高齡者的通性，多鼓勵他們走出戶外（也許只是在居家附近的公園走一走），避免產生衰老感，著實重要。

五、懷舊感

一般而言，沒有一位高齡者願意看到自己衰老，因而面對己身的種種老化現象，比較會產生強烈的懷舊感，回憶過往的光輝歲月（黃富順，2002）。所謂懷舊感，即高齡者有意或無意地喚起自己過去輝煌經歷的過程（余利珍，2015）。換言之，這種喚起自己過去輝煌經歷的方式，在某種程度上，可以視為抗衡衰老的心理自慰方法。例如，很多高齡者聽到有人說他的外表比實際年齡看起來還年輕許多，通常內心會頗為高興。不過，過度懷舊，逢人就提當年勇，則不容易從現實中解脫出來（黃富順，2002）。因此，懷舊與現實必須取得一個平衡點。

理論上，退休之後，假如高齡者時常回憶自己過去的頭銜與職位，會比較難適應退休生活（黃富順，2002）。根據Cumming與Henry（1961）提出的撤離理論（disengagement theory），高齡者已經退出職場，完成生命中的重要責任，他們的社會角色與價值體系也不再發揮作用，所以他們應該將所扮演的角色交給新一代的接班人，然後從社會中撤離。假如高齡者想要享有愉快的退休生活，則必須減少職業性和社交性的活動，尤其是情感性的人際關係更要避免涉入，才能留下時間與精力安享晚年（周學雯，2014；張樑治，2015）。簡言之，高齡者不宜過度沉迷昔日的頭銜、職位等輝煌經歷。

六、空虛感與疏離感

高齡者除了以上的心理特徵之外，在晚年可能還會有空虛感與疏離

感。所謂空虛感，即高齡者在空閒狀態時，對於時間高估所產生的一種心理感受。具體而言，可能才過了三分鐘，高齡者主觀上卻感覺過了三小時，甚至有度日如年之感（黃富順，2002）。高齡者的空虛感通常是無所事事造成。例如，假如高齡者正做一件自己喜歡的事，則可能過了一小時，還覺得只是過了幾分鐘，但是當他們無事可做，只能坐在椅子上發呆時，可能就會覺得時間很漫長，心生空虛。因此，高齡者在退休之前，宜先做好退休生涯規劃，以避免退休生活真的很空閒而產生空虛感。

至於疏離感，即受到社會變遷與都市化的影響，使人們與自身的生活環境之間失去了原有的和諧，讓人們覺得自己不屬於這個社會或生活環境的一部分（周業謙、周光淦譯，1998）。由於高齡者退休後的生活改變和生理老化而減少社會活動的參與，使他們常常存有被社會孤立的感覺，進而產生疏離感。高齡者的疏離感通常有以下四個層面：(1)無意義感，即覺得個人的生活已經失去意義與價值；(2)無能為力感，即覺得凡事無法掌握之無奈；(3)社會孤立感，即覺得自己是被社會遺棄的人；(4)自我分離感，即顧及個人的尊嚴與相關因素，將自己劃地自限（彭駕騂、彭懷真，2014）。由於疏離感過度嚴重會導致各種心理問題，甚至自殺，故協助高齡者融入社會，避免疏離感的發生著實重要。

總結而言，高齡者在晚年很可能會產生自尊感、失落感、孤寂感、衰老感、懷舊感、空虛感以及疏離感而產生比較負面的情緒。基本上，以上這些感覺都與人的互動有關。因此，鼓勵高齡者在晚年擁抱人群且融入社會不容偏廢。

第三節　高齡者之社會參與特徵

雖然有少部分的高齡者仍然相當活躍，參與各種社會活動，諸如社團活動與志工服務，然而大部分的高齡者在參與社會活動的數量和頻率，皆逐年減少，尤其是體育活動類型的社會活動，譬如朝山與過夜的

團體旅遊，在身體機能迅速衰退之後，參與情形更是大幅的減少。

相較於其他社會活動，雖然從事休閒活動比較容易，但是高齡者休閒參與的情形也逐年減少（Iso-Ahola, 1980），最後可能只從事比較靜態的休閒活動。根據Ragheb（1980）的分法，休閒活動大致可以分為以下六種類型：(1)大眾媒體類型，諸如看電視、閱讀書報、去電影院看電影；(2)社交類型，諸如聚會、約會、拜訪朋友、室內遊戲；(3)戶外遊憩類型，諸如駕車兜風、野餐、釣魚、園藝、登山、露營、遊歷動物園；(4)藝文活動類型，諸如參觀博物館、參加音樂會、欣賞歌舞劇、參觀美術館；(5)體育活動類型，諸如觀賞運動賽事、體適能、個人運動、雙人運動；(6)嗜好類型，諸如繪畫、物品收集、購物娛樂、DIY活動。相關研究顯示，國內高齡者以看電視（包含視聽娛樂）作為主要休閒活動的比例高達71.4%-90.6%（李晶、姚大偉、羅雅馨，2012；莊婷婷，2013）。換言之，近三十多年來，無論是美國或臺灣，高齡者都趨向於從事靜態的休閒活動。

事實上，晚年只是一個統稱，精確劃分還可以再區別出不同的時期。Atchley（1976）指出，高齡者的退休生涯可以分成退休蜜月期（honeymoon phase）、憂悒期（disenchantment phase）、重組期（reorientation phase）、穩定期（stability phase）以及終結期（termination phase）等五個階段。因此，以下將針對這五個階段進一步說明高齡者的社會參與特徵。

一、蜜月期

第一階段為退休早期，即俗稱的退休蜜月期。在這個時期，退休高齡者會有如釋重負的輕鬆感覺，而且把退休以後的生活想得非常美好。例如，高齡者可能會想像，退休以後就可以不用再趕時間上班了。或者，心想將有更多的空閒時間可以拜訪老朋友與從事旅遊活動，進而將退休早期視為最令人快樂的時期。

由於高齡者在退休之後，將有一筆可觀的退休金，再加上空閒時

間的增加，可謂是有錢有閒之階級，所以在蜜月期，高齡者參與社會活動的情形反而比中年時期更踴躍，諸如更常拜訪老朋友、退休前想long stay的計畫也可以在這個時期實現、更積極尋找未來可以參與的團體。此外，在蜜月期的生理機能狀態與退休前並無明顯的差異，故一些體育活動類型的休閒活動，諸如與家人到鄰近公園散步、到各地健康中心運動、團體旅遊等活動，也都會繼續維持。簡言之，高齡者在蜜月期的社會參與頻率和數量不但未減少，反而大幅增加。

二、憂悒期

經過蜜月期之後，高齡者可能會發現退休並不如預期那麼美好而進入第二階段的憂悒期。在憂悒期，高齡者會開始對生活感到不適應，甚至會造成心理適應不良的問題，諸如產生沮喪、鬱悶、孤寂等負面的情緒。例如，退休高齡者可能會發現，一些還在職場上的老同事並無法放下工作與他們到處遊山玩水，所以他們的旅遊邀約通常無法成行，讓他們感到頗為沮喪。又如，雖然退休高齡者可以擺脫工作壓力且空閒時間大增，但是經常到相同的鄰里公園散步或做某一件事的熱度也開始消減，使他們的心情也開始鬱悶。因此，在憂悒期，高齡者的社會參與頻率和數量反而呈現迅速退衰的情況。

三、重組期

通常在經歷憂悒期之後，大多數的高齡者會力圖振作，讓自己脫離虛幻，實際地生活而進入第三階段的重組期。在重組期，高齡者會開始以比較實際的態度處理真實的晚年生活。例如，高齡者已經瞭解到，未退休的老同事並無法像他們一樣，到處遊山玩水，必須有適當的假期，大家才能相聚一堂，所以當未退休的老同事無法接受邀約時，不會再有太大的情緒反應。同時，他們也瞭解到，假如一直在同一處公園散步，勢必心生無聊，是以他們開始尋求其他的公園或登山步道散步，試圖發

掘不同的休閒體驗。換言之，高齡者在重組期已經體悟到現實的情況，將以比較務實的方式參與社會活動和休閒活動。因此，在這個階段，高齡者的社會參與頻率和數量又再次增加。不過，經歷蜜月期與憂惱期，高齡者的生理機能已經出現老化的訊號，能再參與體育活動類型的休閒活動的情形已大不如從前，致使他們的社會參與頻率和數量將略低於蜜月期。

四、穩定期

在重組期之後，緊接著即進入第四階段的穩定期。在穩定期，高齡者會發展出一套應變的生活模式，給予自己適當的期望，使自己安定下來而穩定生活。在社會參與方面，高齡者也清楚地瞭解到自己的能力、可運用的資源、親朋好友的作息時間。例如，高齡者會審慎評估自己的體能狀況，然後決定每週到鄰近公園散步的次數，以及每次散步的時間，比較不會設定不切實際的運動目標。又如，高齡者也已經明白親朋好友何時比較有空閒時間而可以拜訪，不會親朋好友正在忙碌時去打擾而讓他們為難是否要接待。換言之，高齡者在穩定期時，無論是社會參與或休閒參與，在參與目標上的設定，都相當務實且參與的頻率和數量也相當的固定。

五、終結期

晚年最後一個時期是終結期。在終結期，高齡者年事已高，疾病纏身且身體機能嚴重退化，對於死亡心存恐懼。目前，我們對於死亡的理解，至少有以下三者：(1)不可逆轉性，即一但活著的有機體死亡之後，肉體便不能重獲生命；(2)無功能性，即所有的機能在死亡之後，便全部停止；(3)普遍性，即所有的有機體都會死亡。由於這三項定義，使大部分的高齡者內心都存有死亡焦慮（樂國安、韓威、周靜，2008）。

理論上，對於高齡者而言，社會參與和休閒參與在終結期已經都不

是那麼重要，反而是他們對於自身的生命統整才是迫切需要。雖然大部分的高齡者常常想到死亡、關心死亡之議題，但是當面對死亡時，又難以接受，甚至把死亡當成人生最大的危機來看待。其實，在這個階段，高齡者的主要照顧者應該鼓勵他們大方地面對死亡，試圖統整自己的一生，喜悅地接納自己的生命歷程。主要照顧者也可以設計一系列生命回顧歷程中的重要事件問題，鼓勵高齡者思考並評價過去人生已經完成的事件中，有那些自己覺得滿意？那些值得讚賞？但是那些事件不滿意？不滿意的部分是否還可以補救？那些事件是自己想做而未完成的事？有那些方法可以圓夢（彭駕騂、彭懷真，2014）？簡言之，透過生命統整幫助高齡者度過終結期是晚年的首要任務。

　　總之，高齡者的生理機能將隨著年齡的增加而衰退，內心也產生比較多的負面感覺，進而影響他們在社會活動與休閒活動的參與頻率和數量，然後形成惡性循環，在參與頻率和數量減少之後，加速生理老化與造成更多的負面感覺。因之，高齡者在退休之前，必須先做好妥善的退休生涯規劃，以避免晚年無所事事。

自我評量題目

1. 請說明高齡者在老化過程中之生理特徵。
2. 請說明高齡者在老化過程中之心理特徵。
3. 請說明高齡者在老化過程中之社會參與特徵。

第三章

高齡者休閒參與和文化差異

張伯茹

學習目標

1. 從文化觀點瞭解高齡者休閒參與在性別上的差異
2. 從文化觀點瞭解高齡者休閒參與在社會經濟背景上的差異
3. 從國內外案例瞭解高齡者休閒參與之差異

摘　要

　　本章第一節先說明文化的定義，並介紹休閒與文化之間的相關理論，接著第二節由人類學的角度談論文化、休閒以及高齡族群之關係，然後在第二節後半段，進一步從文化層面的角度來探討休閒限制階層模型，瞭解文化為當地居民所帶來的休閒限制，以及亞洲文化下的休閒意義，在本章最後，利用相關論述及案例瞭解東西方的休閒差異。

　　在探討休閒行為時，許多學者針對個體差異的論點來解釋每個人不同的休閒選擇。然而，還有其他更大的力量來決定個人的休閒行為。種族與文化被認為是能夠持續影響個體行為的主要因子。當然，我們也可以說是年齡跟性別影響了休閒選擇，但為什麼不同的年紀被認為應該適合不同的休閒活動呢？為什麼我們認為女孩應該從事女性化的休閒活動，而男孩的休閒活動則應該要有男子氣概呢？這些我們因為個體年紀跟性別不同而對於休閒行為的既定印象，便是受到社會及文化規範所產

生的。雖然年紀與性別可以解釋休閒行為的選擇，但文化能夠更仔細的從最根本的社會歷史背景來解釋休閒行為的變遷。

　　在本章節中，我們將先解釋何謂「文化」？探討文化的重要性以及其如何影響個體的日常生活，接著，我們會深入解釋休閒與文化的相關理論，並提供國內外案例，深入淺出的瞭解文化差異與高齡族群休閒行為的選擇。本章節所探討的文化差異不只是東方與西方社會的差異，亦涵蓋了時間歷史所造成的文化差異，以及整體社會對不同年代的群體所投射的休閒行為規範與期許。除此之外，不同時代或地區的文化也會對不同性別產生不同的休閒行為刻板印象，進而造成針對某些群體的休閒行為限制。在本章節中將詳細針對高齡休閒參與和文化差異多做說明。

第一節　文化與生活

　　古羅馬哲學家馬庫斯‧圖利烏斯‧西塞羅（Marcus Tullius Cicero）為最早使用並定義「文化」一詞的學者，文化的原意為「靈魂的培養」，意思是說個體在生長及發展過程中，透過適應自然或周遭環境所累積的生活經驗與知識，而這種經驗與知識通常是來自於一群生活在相似環境中的群體共同分享的價值觀、信念或行為準則。這種價值觀、信念與行為準則基本上影響了個體的整個生活方式，從飲食、習俗到藝術等方面。Goodenough（1996）認為，文化包含兩大層面：一是現象性的（phenomenal），譬如不同群體所產生的文化會跟其他群體有所區隔。二為觀念性的（ideational），譬如一個群體中的成員必須知道這個群體的文化，以被群體接受。不同的地區會產生不同的文化，甚至不同的時代也會有屬於那個時代特有的文化，例如：近三十年來，隨著都市發展、國民所得提高、環境保護的概念興起，以及周休二日的政策發展，國人普遍認為騎乘自行車是一件愛護環境的運動休閒活動，在假日騎著自行車在郊外成為一種很流行的休閒文化。因為休閒是人類的基本人權，專家學者若能瞭解休閒社會心理學中文化與休閒的關係，便能確保

在同一社會文化中的不同群體能夠平等的行使享受休閒的這項權利，所以瞭解文化如何影響休閒行為是重要的。

對高齡者而言，因為在都市化之前，鄰里社區的居民生活緊密且彼此熟悉，高齡者的休閒方式或許包含坐在住家門口與來往的鄰居聊天，除此之外，社區能夠發展守望相助的功能，高齡者的兒女們能放心讓家中長輩沒有防備的與來往路人閒聊。然而，隨著都市化發展，社區互助的功能大為消失，高齡者的聚會移到了住家附近的公園綠地或居民活動中心，進而產生了不同的生活方式及休閒文化，若在都市中看見高齡者坐在自家公寓大門前，或許來往行人反而會產生疑慮，認為是否高齡者沒有被妥善照顧。

另一方面，在過去經濟發展迅速的時代，人民為了盡快從戰後的百業蕭條中迅速振作而勤奮工作，整體社會文化氛圍會認為，個體應該認真工作，不該有自己的休閒時間，在工作之餘的時間應該拿來好好休息，為明天的工作調整體力，不該將時間或金錢花費在享受自己的休閒活動，甚至在從事休閒活動時會產生罪惡感。這一代的群體隨著年齡增長，到達高齡階段時，大多數退休的高齡者變得不知道如何使用自己剩餘的休閒時間，年輕一輩的也不懂得如何與高齡族群相處，進而產生家庭問題，譬如代間關係緊繃等。

總結來說，在休閒相關專家學者探討高齡休閒行為時，我們應先瞭解高齡者所經歷的社會文化背景，這個群體所代表的社會意涵，當前社會給予他們的刻板印象，進而探討高齡者的休閒參與和文化差異，深入瞭解文化如何全方面的影響高齡者內在的休閒心理，以及外顯的休閒行為參與。

第二節　休閒與文化相關理論

休閒活動被定義為人們自由時間且自由意志選擇的活動，然而，「自由意志的選擇」，或者是「不選擇」某些休閒活動，通常反應了個

體所處文化對他們的影響（Chick & Dong, 2005）。Walker、Jackson和Deng（2007）在比較西方與東方學生的休閒行為選擇之後，認為東方學生的休閒選擇是一種「文化同意」的休閒模式（agreed-upon cultural models of leisure），東方人傾向選擇被文化所認同的休閒活動。然而，這代表著有限的休閒選擇，或許個體想要參與其他休閒活動，但卻認為這不是所處文化中所認同的，因為文化帶給他的影響，而無法從事這項活動，在這個時候，文化便對個體產生了休閒限制。綜合上述，本節將探討休閒與文化的關係、人類學角度下的休閒與文化、文化如何對高齡者產生休閒限制，以及亞洲文化下的休閒意義進行論述。

一、人類學角度的休閒與文化

休閒研究一般被認為是跨領域的學科，研究休閒相關議題時，學者們通常會引用傳統科學領域的理論，譬如社會學、心理學、經濟學、哲學或歷史等等。然而，較少學者會使用人類學的觀點或資料來解釋休閒行為。也許是因為休閒領域研究的基礎多為西方學者所建立，利用來自西方的觀點討論休閒行為，而人類學一般而言並不以西方觀點為主。在人類學領域中，休閒行為代表著「表達文化」（expressive culture）的一種，嬉戲、遊憩、休閒、運動、藝術、音樂、舞蹈及戲劇等等都是表達文化的途徑。然而，人類學家所關注的不只是表達文化的形式，他們有興趣的是觀察並發掘這項行為背後所代表的意涵。傳統上，休閒有三種定義方式：(1)被認為與自由且非義務的時間相關；(2)被認為是非義務的活動，譬如非工作或家庭的事物；(3)被認為是更主觀的體驗、一種精神狀態、一種被個體定義為休閒的行為（Kelly, 1996）。這些定義帶來的問題是：它們是否適合非西方文化的群體？Yeh（1993）比較東西方的休閒概念，研究結果發現，東方的休閒概念與過去西方學者所定義的「休閒」有些微不同。一般而言，在中英文翻譯時，有些字詞會失去他們的原意，或者是翻譯的字詞無法完整表達這個字詞所預期表達的。

二、文化共識與文化和諧理論

文化共識（cultural consensus theory）與文化和諧理論（cultural consonance theory）皆認為，文化代表著個體必須要知道的事情，以在一個群體中成為行為適當的成員（Dressler, 2009）。然而，「共識」與「和諧」又有些微不同，以下將詳細說明文化共識與文化和諧理論兩大理論。

(一)文化共識理論

文化共識理論假設：一個人類群體文化中包含了共享的知識、信念、價值觀等等，但並不是所有的知識、信念、價值觀等等都被所有人同等的共享，譬如：我們大多數人都知道如果不遵守交通規則可能會面臨到的罰則，但並不是所有人皆清楚罰則的內容與條文，然而，執法人員必然會比我們清楚這些知識，因為他們必須負責執行這些法規的取締；又或是已擁有駕照的人都知道該如何開車，但即便我們每天開車，我們也許並不清楚車輛中的電子系統，或者不知道煞車是如何運作的。然而，汽車維修員必然會比我們清楚這些知識，因為他們必須負責維修車輛。

Romney等人（1986）發展了「文化共識分析」（cultural consensus analysis）研究方法，被用來決定在文化群體中，提供知識的個體對一組問題的回答是否反映了他們所共享的知識，而那些知識正是依靠他們而形成的答案。Dressler、Balieiro和Dos Santos（1998, 2015）、Dressler和Bindon（2000）、Dressler、Baliero、Ribeiro和Dos Santos（2005, 2007）認為，個體為了達到「成功的生活型態」（successful lifestyle）而共享這些文化，包含了從事被當地文化所認可的休閒活動。學者們更認為，當個體對於文化愈有共識，達到愈被所處文化群體所認可的生活型態時，這種狀態便是「文化和諧」，而文化和諧與他們的生心理狀況呈現正相關，也就是說，當個體的文化和諧程度愈高時，他們便會愈享受休閒活動。

(二)文化和諧理論

文化和諧理論（cultural consonance theory）則在探討群體中，個體所展現的信念與行為及這些群體中共享的信念與行為模式，兩者相符的程度（Dressler, 2012）。相符程度越高，越符合群體文化中所定義的成功生活型態，則個體較不容易有高血壓及憂鬱症的症狀（Dressler et al., 1998, 2007）。近年來，Dressler、Oths、Balieiro、Ribeiro和Dos Santos（2012）發現，越高程度的文化和諧生活型態、社會支持、家庭生活、國家認同及食物偏好，與低肥胖程度呈現相關。根據文化和諧理論，Chick、Dong和Iarmolenko（2014）提出了休閒文化和諧（cultural consonance in leisure, CCL）的概念。不同於Dressler等人提出包含許多物質與休閒活動的「生活型態」一詞的概念，Chick等人（2014）只針對休閒活動來研究，以決定休閒文化和諧與其他變項的相關性，譬如：探討休閒滿意度與自我評量健康的關係為何？他們的結果發現，休閒文化和諧與休閒滿意度有正相關。由以上的休閒與文化相關理論可得知，高齡者若從事社會所期許他們會從事的休閒活動，則他們會有較高的休閒文化和諧程度，並且有較高的休閒滿意度，進而能確保高齡者身心健康。若以目前臺灣高齡族群較多從事的宗教休閒活動為例，臺灣文化認為高齡族群較多從事宗教活動，高齡族群也認同這項共識，進而參與宗教活動，達到社會所認同的成功生活型態。

我們也可以從社會支持的角度探討文化和諧與健康之關係。若高齡者從事的休閒活動是被所處文化所認可的（即高文化和諧程度），則高齡者能夠找到更多一起從事休閒活動的同伴，進而能獲得較多的社會支持，且不會承受來自文化或社會的壓力。反之，若高齡者選擇從事的休閒行為不被文化所接受，他們的文化和諧程度則較低，也許他們只能獨自從事這項休閒活動，且承受其他人審視或不認同的目光，因此無法獲得良好的身心效益。

三、來自於文化的休閒限制

如同文化共識與文化和諧理論所提及的,人們會傾向從事所處文化中大眾認同的休閒活動,換言之,個體其實沒有所謂的「選擇自己喜歡且想從事的休閒活動的自由」。因為害怕不被文化所接受,而對某些休閒活動產生了休閒限制。休閒相關的研究已多探討休閒限制,Crawford、Jackson及Godbey(1991)歸納三大主要休閒限制因子,建構了休閒限制階層模型(The Hierarchical model of Leisure Constraints),三大因子為:結構限制、個人內在限制、人際間的限制(intrapersonal constraints, interpersonal constraints, and structural constraints)。個人內在限制包含了與個人個性、態度或心理狀況的種種心理狀況,人際間的限制包含了與他人,如家庭成員、朋友、同事或鄰居等互動所引起的限制,結構限制則像是沒有機會或是經濟無法負擔等外在因素(圖3-1)。

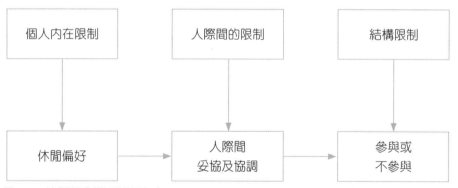

圖3-1 休閒限制階層模型(Crawford, Jackson, & Godbey, 1991)

然而,這個休閒限制模型為西方學者所建立的,也許並不符合東方文化。許多休閒領域的跨文化研究皆指出,東西方的文化差異如何影響休閒活動。西方文化中對休閒的價值觀也許並不適用在東方社會。Chick和Dong(2003)針對日本人及中國人進行休閒限制的調查,他們的結果發現,雖然個人內在限制、人際間限制及結構限制這三種休閒限

制也存在於日本及中國休閒調查的樣本中，但其中的兩項休閒限制：個人內在限制及人際間的限制，同時也受到了日本或中國的文化影響，這個影響也許可以用日本及中國文化中的「傳統」一詞加以解釋。「傳統」影響了經濟及闡釋的價值，進而影響了個體休閒活動的參與，因此也可以稱為「文化限制」。文化限制可以是「規定」，即人們應該做某些事情，或者是「禁忌」，即人們不該做某些事情。換言之，文化有許多規範（norms）。Chick和Dong亦根據他們的研究結果修改了Crawford、Jackson和Godbey的休閒限制階層模型，新的模型加入了文化限制（圖3-2），以期後續研究可以根據這個模型對於跨文化休閒限制的研究有更清楚的認識。

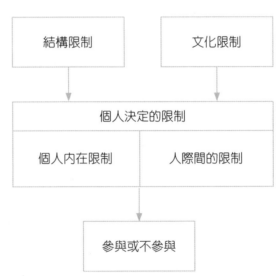

圖3-2 修改後的休閒限制階層模型（Chick & Dong, 2003）

　　舉例來說，近年來臺灣社會年輕族群中所流行的休閒活動包含了密室逃脫，參與遊戲者將組成五至六人的小群體，配合工作人員進行闖關遊戲，遊戲過程中會需要一定程度的體力及靈活度。在活動設計及推廣上，這項休閒活動則對高齡者參與產生了結構限制，而在文化氛圍上，大眾也不認為這項活動適合高齡者，曾有密室逃脫的工作人員興奮的表

示有「退休的政府官員」來參加他們的密室逃脫，但因為對方年紀不輕了，所以工作人員非常緊張對方在參與的過程當中會受傷，或是產生不好的情緒等等，這些都被認為是文化限制的一部分。即便高齡者克服了結構限制與文化限制，想要參與這項休閒活動，但因為密室逃脫需要找到四至五位的同伴組隊參加，也許高齡者無法找到其他願意一同參與的夥伴，也或者最後高齡者會因為害怕自己體力不足而放棄，因而無法參加這項休閒活動。

四、亞洲文化下的休閒意義

　　若以「休閒」兩字就象形文字解釋其含意，休係指人倚樹而憩；閒為閉而見月光的景象，引申為隙（閒暇）。綜合休與閒字義，休閒即順著本性，勞累後在空閒時間休息（張樑治，2011）。過去中國休閒研究指出，看電視是最普遍的休閒活動（23%）、運動或其他身體活動（23%），其次為培養個人興趣（19%）及閱讀（14%）（Freysinger & Chen, 1993）。而主要的休閒動機為放鬆及享受。Yin（2005）的調查中顯示，最普遍的在家中休閒活動為看電視、看書或報紙、聽廣播、打麻將及與家人聊天。在家之外最普遍的休閒活動則為去公園、打麻將或看電影。即便是在美國成長的中國青少年，研究也發現擁有類似的休閒活動，即大多從事被動式（passive）休閒活動，如看電視。Jackson和Walker（2006）的跨文化研究指出，84%的中國大學生表示他們最常從事且最喜歡的休閒活動是被動式的，然而，64%的西方學生表示他們最常從事且最享受的休閒活動是主動式的（active）。

　　東方人對於休閒的被動天性已被許多研究證實。有研究指出，東方女性認為休閒不是一個與自由時間或特定活動相關的字詞，而是代表一種心境或體驗。Ho和Card（2001）的研究中，有超過一半的東方女性認為放鬆是體驗休閒的首要任務。其它跨文化研究也指出東方人對於「休閒即放鬆」的認知。除此之外，對於東方人休閒興趣與動機的研究指出，亞洲學生參與休閒的動機有很大部分是為了融入社會團體。這也

呼應了本章上一段落所提及的文化和諧及文化限制相關理論。高齡者參與休閒活動的動機也許不是因為這項休閒活動本身，而是為了透過休閒活動的參與和社會及朋友聯繫。反之，若高齡者想參與的休閒活動較為特別，則會因為找不到同伴或沒有參與該休閒活動的場所而產生休閒限制，進而無法從事該項休閒活動。

第三節　國內外休閒與文化之差異

如同本章其它章節所提及的休閒與文化之關係與相關研究，不同的文化背景會產生不同的休閒偏好及休閒限制。譬如，西方文化認為每個體都是獨立的，且應該要有獨自行動的能力，高齡族群不會想要跟子女同住，反之，東方文化認為子女應該照顧父母，但在照顧年老父母的同時，常常會因為擔心父母獨自外出跌倒等因素，不鼓勵高齡族群獨自出門，如此一來造成的後果便是缺乏外出活動，造成身體狀況不佳，而身體狀況不佳的情況下，子女更不放心父母出門，高齡族群自己也更不願意出門，如此惡性循環下去，高齡者的健康狀況益發不適，最終導致臥病在床。根據臺灣行政院主計處的調查顯示，臺灣老人在過世之前的平均臥病失能時間長達七年，比起丹麥、荷蘭等國家，則是以死前兩周才臥床為政策目標，長期臥病在床對高齡族群的身心靈及照顧者和國家的醫療資源上都是一個負擔。近年來，臺灣政府推行許多老人福利政策、社區照顧關懷據點設置、樂齡學習等，使健康老化、在地老化的概念落實於現代社會當中，改善村里、社區老人活動中心，友善的環境及無障礙活動空間，貼心順應老人需求做設計，使老人能更願意走出戶外，從事更多元的休閒活動，達到成功老化的最終目標。

不同的文化背景對於男性與女性亦會產生不同的休閒影響。一般而言，年長女性比起年長男性參與更多的休閒活動，特別是那些非正式且社交性的休閒活動，譬如：用電話與朋友、鄰居和親戚聊天，或是與親友聚會等（Janke, Davey, & Kleiber, 2006）。年長女性更願意花時間

與精力去從事讓自己愉悅的休閒活動，因為這可以消除她們對於「年紀大了」刻板印象（Genoe, 2010）。無論是西方或東方，女性在家庭中總是扮演著主要照顧者的角色，透過休閒活動，高齡女性能夠擁有一個機會去脫離現有處境（Siegenthaler & Vaughan, 1998），感受一個全新的自我，藉此平衡女性在家庭中身為妻子、母親、照顧者的多重角色（Thang, 2005）。許多女性相信，休閒活動在老年階段變得更重要，因為她們可以藉由休閒活動去自我展現、發展社交網絡，並讓她們覺得自己還是有用處的（Son et al., 2007）。譬如退休女性認為休閒活動是愉悅的體驗，且有正向效益，像是紓解壓力、自我滿足、身心療癒等（Siegehthaler & Vaughan, 1998）。若以上一章節中的休閒限制階層模型來加以說明，年輕女性的個人內在限制，可能因擔任家庭的主要照顧者，須照顧子女而影響到自身參與喜愛的休閒活動的時間，即便她們能夠外出參與休閒活動了，與她們相熟的親友們也許在時間上無法配合，另一方面，若家庭主婦想從事需要花費金錢的休閒活動，如學習插花等課程，也許也會受到結構限制，像是金錢無法自在運用在課程學費上。

　　以美國的年長女性團體「紅帽協會」（The Red Hat Society）為例，紅帽協會是針對五十歲以上的女性為主要會員，創辦的目的是為了提供年長女性一個機會去享受友誼、自由、趣味、健身，因此能促進參與者的健康。紅帽協會提供它的成員一個機會去遊戲和感到有趣，這些都能促進她們的自我認同、降低壓力，並藉由與其他成員建立友誼而得到社會支持（Mock et al., 2012; Son et al., 2007）。而在參與紅帽協會聚會的時候，會員必須戴著紅帽，穿著紫色的衣服作為她們聚會的「制服」，這樣的要求是為了打破社會文化中認為高齡女性不能穿著鮮豔的刻板印象。成員們認為參與紅帽協會是個獨特的體驗，讓她們的生活中有新的快樂和趣味（Son et al., 2007）。除此之外，參與紅帽協會被視為是一種紓緩壓力的工具，藉由建立新的關係和改變生活方式，能夠協調一些至親過世的傷痛（Hutchinson et al., 2008）。總之，紅帽協會替年長女性創造一個機會去強化社會支持，並促進成員的歸屬感，這些都能提升心

理健康，讓成員對於老化過程有正面態度（Barrett et al., 2012）。

　　隨著國民所得提高，大家愈來愈重視生活品質，中國大陸開始風行了「廣場舞」，廣場舞的動作簡單，中老年婦女也能輕鬆學習，且不受場地限制，在廣場、街邊、公園或操場都可以產生，參與者只需要找一塊空地並帶上音響即可跳舞。根據竇彥麗及竇彥雪（2013）的推論，認為廣場舞的起源有兩種可能，一種認為廣場舞是古代在廣場進行宗教祭祀的舞蹈，另一種則認為，每一個民族中都有自己的廣場舞蹈，經過現代傳承，漸漸轉變成為用以健身的廣場舞。在近代，廣場舞逐漸變成中國大陸的一種社會文化現象，許洪文與聶勝男（2010）針對莆田市廣場舞的參與者進行調查，發現女性參與者是男性的三倍。他們認為，這樣的結果應該與中國傳統思維有關，中國男性不喜歡在公共場所表現自己，且男性白天大多需要上班，晚上需要應酬或想要在家休息，不願意再外出活動。江滔、陳玉萍及李協吉（2011）針對湘潭市社區廣場舞進行調查，發現參與廣場舞的中老年人大多偏好早晨參與（69.5%），除非是白天有工作的婦女，才會選擇傍晚參加廣場舞（25.7%）。

　　往好的一方面看，廣場舞帶動了中老年婦女參與休閒活動，且能促進社區鄰里感情，然而，過度推廣的廣場舞活動也對社區及都市廣場的其它使用族群帶來困擾，包含了活動的排擠效應，甚至是從社區侵入到車站、機場、風景區等空地跳廣場舞，以及廣場舞所使用的歌曲音樂形成噪音，打擾附近居民生活安寧。張兆曙（2016）以「個體化時代的群體性興奮——社會學視野中的廣場舞和『中國大媽』」為主題，探討廣場舞所帶來的困擾。張兆曙認為，由於生命歷程的變遷，中老年婦女認為她們在職場及家庭上不受重視，廣場舞的「大場面」組織成為一種強化機制，讓她們感受到「共同存在」的意義，也因此有自我維護的群體意識，造成廣場舞的管理不易。總結來說，當我們在探討高齡休閒行為時，除了應先瞭解高齡者所經歷的社會文化背景，各群體所代表的社會文化意涵，深入瞭解文化是如何影響高齡者的休閒心理及休閒行為。這不僅僅是東西方社會的差異，也是時間歷史所造成的文化差異，以及整

體社會對不同年代的群體所投射的休閒行為規範與期許。值得我們思考的是：若能更尊重每個人不同的休閒選擇，或許將能降低因社會文化差異、刻板印象所造成的休閒行為限制，進而促進更多元化的休閒發展，提供高齡族群更多的休閒選擇以及更友善的休閒環境。

自我評量題目

1. 請說明何謂文化和諧理論？何謂休閒文化和諧？
2. 請說明文化與休閒限制之關係與東西方差異。
3. 請根據臺灣休閒文化觀點說明性別如何影響高齡者的休閒行為？
4. 請根據臺灣休閒文化觀點說明年齡如何影響人們的休閒行為？
5. 請根據國內外中高齡休閒活動案例說明社會文化如何影響人們的休閒態度與休閒行為？

第四章

休閒動機和休閒參與

張樑治

學習目標

1. 瞭解休閒動機之形成機制。
2. 瞭解休閒動機和休閒參與之關係。
3. 瞭解休閒參與之回饋機制。

摘　要

本章首先介紹高齡者休閒動機的基本概念。緊接著，本章透過心流理論說明休閒內在動機的形成機制，以及從心流狀態所形成的效益與問題進一步解釋休閒內在動機的類似效益與問題。本章也透過認知評鑑理論說明休閒內在動機的形成機制，以及休閒內在動機與休閒外在動機的相關概念。最後，本章綜合相關理論說明休閒動機和休閒參與之關係，以及介紹休閒參與之回饋機制。

由於人們的動機（motivation）無法直接用眼觀察，使「動機」這個一詞多義的概念難以定義（Lapointe & Perreault, 2013）。假設：我們看到一位高齡者花費數小時的時間在從事園藝活動，我們很可能會推測，他對於園藝活動有強烈的參與動機。然而，這個假設可能是不完整的推測。首先，我們無法從觀察中確定，他的參與動機是內在動機（intrinsic motivation）或外在動機（extrinsic motivation）。所謂內在

動機，即驅使人們從事特定活動的內在酬賞。最典型的內在酬賞即參與活動本身的樂趣。例如，每次唱卡啦OK都自得其樂，一有空閒時間就想唱卡啦OK，則唱卡啦OK的行為屬於內在動機驅使之範例。至於外在動機，即驅使人們從事特定活動的外在酬賞（Deci & Ryan, 1985），諸如為了獎盃而參加書法比賽、為了瘦身而每天在公園健走。在書法比賽與公園健走的例子中，獎盃與瘦身即外在酬賞。其次，我們也無法知道，這位高齡者是否樂在園藝活動中？是否願意再次長時間的參與？簡言之，動機不是只有行為面向而已，至少還包含上述的動機種類與行為過程的狀態和行為的持續性。近30年來，休閒領域的動機研究亦顯示相同的結果，包括休閒動機也可以分為休閒內在動機（leisure intrinsic motivation）與休閒外在動機（leisure extrinsic motivation）兩種（Chen & Pang, 2012），以及參與過程的滿意情形（Crandall, 1980）。所謂休閒內在動機，即引發人們從事休閒活動的內在酬賞。至於休閒外在動機，即促進人們從事休閒活動的外在酬賞。不過，以上這些面向仍然沒有完全涵蓋休閒動機的內涵（Lapointe & Perreault, 2013）。因此，本章擬透過相關理論談論休閒動機，使休閒動機的論述更完整。最後，再從這些論述進一步說明休閒動機和休閒參與之關係，以及休閒參與之回饋機制。

第一節　心流理論

　　心流理論（flow theory）是最常用於說明休閒動機的理論之一（Hills, Argyle, & Reeves, 2000）。心流是Csikszentmihalyi（1975a）所提出之概念，旨在說明人們自發性的投入特定活動而渾然忘我的狀態。不過，早在Csikszentmihalyi之前，Maslow（1954）即發現類似心流狀態的現象。當時Maslow將藝術家不假他物而完全發自內心融入藝文活動中所呈現的專注狀態稱為高峰經驗（peak experience）。雖然Maslow當時的發現曾經引發學術界的注視與討論，但是他尚未將高峰

經驗的學理說明清楚即與世長辭。例如，除了藝文活動之外，是否其他的活動也能產生高峰經驗？高峰經驗如何賦予操作性定義？他都未一一說明（Csikszentmihalyi & Csikszentmihalyi, 1988）。換言之，與其說Csikszentmihalyi是最早發現心流現象的學者，不如稱Csikszentmihalyi是心流狀態的實證研究先驅。為完整說明心流理論，本節將從心流理論的起源與演進開始介紹。

一、心流理論之起源與演進

根據Csikszentmihalyi（1975a）之說法，心流理論的實證始於他的博士論文研究。他首先發現，除了藝文活動之外，許多運動，諸如打羽毛球、打網球以及打籃球，也都可以讓人們全神貫注，心無旁鶩，完全融入活動之中，進而獲得類似高峰經驗的感受（Csikszentmihalyi, 1975b）。由於他的研究對象均表示，當聚精會神，參與其中時，心中將獲得像流水一樣的順暢感受，令人心曠神怡，所以他改稱這種狀態為心流體驗（flow experience）。

Csikszentmihalyi（1975b）發表新書*Beyond Boredom and Anxiety*，詳細介紹心流理論。根據他的說法，人們可以利用本身的技能（skill）與活動的挑戰性（challenge）作為兩大構面，解構活動體驗，然後預測將獲得什麼樣的活動體驗？當人們的技能高於活動的挑戰性時，他們將對於這種不需要努力即可以游刃有餘的活動感到無聊。不過，當活動的挑戰性高於人們的技能時，他們將因為活動無法應付自如而感到焦慮或心生挫折。只有人們的技能與活動的挑戰性呈現和諧狀態時，他們才會真正的投入活動之中，進而獲得心流體驗（如圖4-1）。例如，一位網球國手（高技能）與一位網球初學者（低挑戰性）對打，每當國手把球打過網時，初學者都漏接，則國手將覺得與初學者對打沒有任何的挑戰性，非常無聊。情況反過來，初學者（低技能）與國手（高挑戰性）對打，每當初學者發球過去，國手就馬上殺球回來，則初學者每次都漏接的情況下，他必定感到非常焦慮或挫折。只有這位國手（高技能）與另

外一位程度相當的國手（高挑戰性）對打，每當他殺球過去，另外一位國手又反殺回來，就這樣一來一往，他才能將所有的注意力都放在這場比賽上，進而獲得渾然忘我的心流體驗。

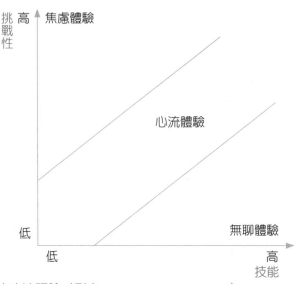

圖4-1　原始之心流理論（引自Csikszentmihalyi, 1975b）

Massimini與Carli（1988）針對原始的心流理論提出批評。他們認為，低技能與低挑戰性活動所呈現的平衡狀態不僅無法讓人獲得心流體驗，反而使人產生無趣體驗（apathy experience）。例如，一位乒乓球初學者（低技能）與另外一位初學者（低挑戰性）對打，每當他把球打過網時，對方都漏接；對方把球打過網時，他也都漏接，雙方就一直在撿球。可以預期，這次的撿球經驗將讓這位初學者覺得非常無趣。因此，Csikszentmihalyi與Csikszentmihalyi（1988）根據Massimini與Carli的批評，修正心流理論，重新提出四種體驗狀況的新論點：(1)由高技能與高挑戰性活動組合而產生的心流體驗，亦即讓人全神貫注，心無旁騖，完全融入活動之中，進而獲得渾然忘我的感受。心流體驗通常使人從中獲得無比的喜悅與滿足；(2)由高技能與低挑戰性活動組合而產生的無聊體驗（boredom experience），亦即讓人無精打采的感受。無聊體驗通常使

人厭煩並心生反感；⑶由低技能與高挑戰性活動組合而產生的焦慮體驗（anxiety experience），亦即技能無法因應活動的挑戰性要求而造成的挫折感受。焦慮體驗通常使人手足無措，心神不寧；⑷由低技能與低挑戰性活動組合而產生的無趣體驗，亦即平淡無奇的感受。無趣體驗通常使人意興闌珊而不願再參與（如圖4-2）。

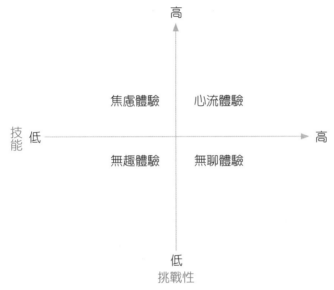

圖4-2 四種體驗狀況之心流理論（引自Csikszentmihalyi & Csikszentmihalyi, 1988）

　　不久，心流理論又進一步細分以下八種狀況：⑴心流體驗，亦即高技能與高挑戰性活動的組合；⑵掌控體驗（control experience），亦即高技能與中挑戰性活動的組合；⑶無聊體驗，亦即高技能與低挑戰性活動的組合；⑷放鬆體驗（relaxation experience），亦即中技能與低挑戰性活動的組合；⑸無趣體驗，亦即低技能與低挑戰性活動的組合；⑹憂慮體驗（worry experience），亦即低技能與中挑戰性活動的組合；⑺焦慮體驗，亦即低技能與高挑戰性活動的組合；⑻激態體驗（arousal experience），亦即中技能與高挑戰性活動的組合（Csikszentmihalyi, 1997; Massimini & Carli, 1988）。以上八種體驗狀況的關係位置如圖4-3所示。

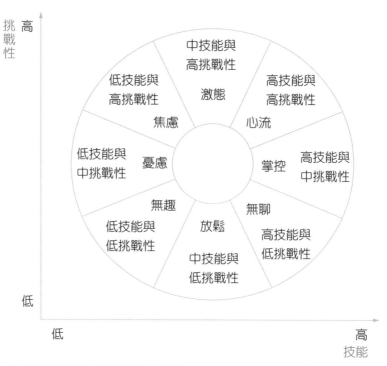

圖4-3　八種體驗狀況之心流理論（引自Csikszentmihalyi, 1997）

　　事實上，無論是四種體驗狀況或八種體驗狀況，均適用於高齡族群（Voelkl, 1990）。不過，四種體驗狀況與八種體驗狀況的分法並沒有本質上的改變，只是多細分出一些體驗狀況。例如，四種體驗狀況與八種體驗狀況的分法均表示，高齡者必須擁有高技能與從事高挑戰性活動的組合才能獲得心流體驗，唯一不同的是八種體驗狀況的分法多增加掌控體驗、放鬆體驗、憂慮體驗與激態體驗等四種狀況。為達到「以簡馭繁」的論述功效，大多數的研究仍然使用圖4-2的架構進行論述（Chen, Wigand, & Nilan, 1999; Jones, Hollenhorst, & Perna, 2003）。

二、心流體驗之狀態

　　Jackson與Csikszentmihalyi（1999）進一步指出，當人們擁有高技能且參與高挑戰性的活動時，將獲得心流體驗，且呈現以下九種狀態：

(1)活動與意識的融合。當人們聚精會神，心無旁鶩，參與活動時，整個人將與活動融合為一，參與過程將在一種自然而然的狀態下完成；(2)注意力的集中。人們在心流狀態比不是在心流狀態時，更專注於活動。當他們將所有的心神都集中在活動參與之上時，一些不愉快的經驗都會暫時拋諸於腦後；(3)自我暫時性的消失。人們只感受到活動的進行而暫時忽略自己的存在。不過，這個忽略並非指喪失意識。因為人們將所有自我的能量都集中在活動之上，故暫時忘卻活動之外的意識；(4)對於活動駕輕就熟的掌控。人們將感覺到每一個動作均如此的熟悉而能夠不費吹灰之力就順利掌握；(5)感受到清晰的活動回饋。在活動進行中的每一個環節均可以輕易察覺到活動的回饋而事先做好下一回動作的預備工作，有時甚至是反射動作；(6)自發性的參與。不計較是否能獲得外在酬賞而純粹從事這項活動；(7)沒有察覺時間的流逝。例如，下棋比賽結束之後，才發覺已經過了半天；(8)清楚的活動目標；(9)個人的技能與活動的挑戰性一直呈現和諧狀態。由於以上這些心流狀態是非常吸引人的內在酬賞，所以為獲得心流體驗而參與休閒活動也是一種休閒內在動機（Graef, Csikszentmihalyi, & Gianinno, 1983; Keller & Bless, 2008）。簡言之，心流理論除了進一步從技能與挑戰性構面說明休閒內在動機的形成機制之外，亦論述休閒內在動機的心理狀態，唯心流理論只聚焦在休閒內在動機，不談論休閒外在動機。

理論上，休閒內在動機比休閒外在動機更能引發人們從事休閒活動，且持續參與休閒活動（Iso-Ahola, 1980; Kleiber, Walker, & Mannell, 2011; Mannell & Kleiber, 1997）。換言之，激發人們的休閒內在動機比促進他們的休閒外在動機更為重要。因此，儘管心流理論沒有談論休閒外在動機，但是許多休閒動機研究仍然使用心流理論作為架構（Hills et al., 2000; Mannell, Zuzanek, & Larson, 1988; Ryan & Glendon, 1998）。

三、心流理論之補充

關於心流理論的探討，大多集中在三大項目：(1)心流條件，亦即

人們的技能與活動的挑戰性呈現和諧狀態時，他們將可以獲得心流體驗（Csikszentmihalyi, 1990）；(2)心流狀態，亦即人們的心流體驗通常包含活動與意識的融合、注意力的集中、自我暫時性的消失、對活動駕輕就熟的掌控、感受到清晰的活動回饋、自發性的參與、沒有察覺時間的流逝、清楚的活動目標以及個人的技能與活動的挑戰性一直呈現和諧狀態等九種狀態（Jackson & Csikszentmihalyi, 1999）；(3)心流效益。例如，心流體驗可以增添高齡者的生活滿意度（張樑治、劉吉川、余嬪，2004）。事實上，心流理論是一套相當宏觀且完整的理論，除了以上三大項目的論述之外，也說明心流效益的形成機制與心流體驗的問題。因此，以下將進一步針對這三個項目的遺漏之處加以補充，使整個心流理論的論述更完整，然後套用到休閒內在動機，進而更完整說明休閒內在動機之內涵。

(一)心流效益之理論基礎

　　心流理論採取能趨疲（entropy）的觀點說明為什麼人們的心流體驗可以促進心流效益的產生？所謂能趨疲，即擾亂人們的意識結構，使意識發生脫序，心神不寧，進而影響手邊工作的負面能量。根據心流理論的說法，在日常生活中，每個人都會受到能趨疲的侵擾，且隨著年齡的增加，受到能趨疲侵擾的情況將變得更多且更為複雜（Csikszentmihalyi & Csikszentmihalyi, 1988）。理論上，最先侵擾人們的能趨疲可能只有本能性的能趨疲，諸如飢餓能趨疲與睏盹能趨疲，使青少年無法專心寫作業。隨著年紀的增長，人際互動的頻繁，人們將衍生出更多樣且更歧異的社會性能趨疲，莫名的侵擾自己，諸如害怕無法通過面試而就業、擔心孫子早餐沒吃飽就上學會肚子餓等能趨疲的干擾，進而打斷手上的工作。由於意識結構遭受到能趨疲的擾亂會讓人覺得很煩而產生不舒服的感覺，進而影響到生活品質，所以在能趨疲與日俱增的情況下，人們反能趨疲（negentropy），企圖消除這個負面能量的需求將增加。

　　心流理論進一步指出，人們的技能與高挑戰性活動呈現和諧狀態所產生的心流體驗是反能趨疲的主要機制（Csikszentmihalyi, 1997）。例

如，棋逢敵手，在完全融入棋局的心流狀態中，下棋的人可以暫時忘掉飢餓能趨疲的侵擾，繼續比賽。換言之，獲得心流體驗的頻率愈高，受到能趨疲干擾的情況愈少，生活品質愈佳。Han（1988）研究移民美國的韓國高齡者的心流體驗頻率與生活品質的關係發現，二者確實顯著正相關，亦即高齡者每天獲得心流體驗的頻率愈高，生活品質愈佳，證實心流理論之觀點。

心流理論的能趨疲觀點恰巧說明休閒內在動機與休閒效益之關係。例如，Losier、Bourque與Vallerand（1993）發現，加拿大高齡者的休閒內在動機與休閒滿意度呈現顯著正相關，亦即他們的休閒內在動機愈高，則休閒滿意度愈高。不過，Losier等人並未說明二者顯著相關的機制。假如透過能趨疲觀點，即可解釋休閒內在動機與休閒滿意度呈現顯著正相關的原因。簡言之，假如休閒內在動機是一種心流狀態，則休閒內在動機增強，能趨疲轉弱，故休閒滿意度增加。

(二)心流狀態並非總是令人滿意之結果

除了參與正當的休閒活動之外，人們從事不當的休閒活動也可能產生心流體驗。例如，Sato（1988）發現，青少年從事飆車活動也會形成心流體驗。類似的現象在高齡族群中也顯而易見。在許多鄉下的公園裡，常常有一些高齡者聚集，玩四色牌。一整個下午，可能只有十幾元的輸贏，無關痛癢，但是輸家與贏家皆樂此不疲，幾乎每天都到公園報到。理論上，這種樂此不疲的玩興也是一種心流狀態，唯這些高齡者所參與的休閒活動是一般認為比較不當的活動。

此外，人們的心流狀態不見得每次都產生正面的結果，有時候也可能造成負面的結果。以打撞球為例，當選手聚精會神，心無旁騖，屏息瞄準9號球時，即進入心流狀態。當選手出桿之後，可能將9號球打進洞而感到滿意，即正面的結果，但是也可能將9號球打偏而感到懊惱，即負面的結果。

另一個心流狀態可能造成負面結果的例子是寫論文。假如有徹夜寫過論文的人，在看到這個例子時，即可以馬上領會。有時候，我們可能

需要在很短的時間內寫出一篇論文，於是熬夜撰寫論文，可是往往天不從人願，在絞盡腦汁，搜索枯腸之後，仍然沒有靈感，一轉眼五六個小時過了，眼看就要天亮了。這種專心到時間流逝而不自知也是一種心流狀態，只是這個狀態是人們不想要的負面結果（張樑治，2014）。

事實上，心流狀態可能造成負面結果的例子也出現在好賭的高齡者身上。所謂十賭九輸，但是仍然有少部分的高齡者在麻將桌上無法自拔，難道他們真的不知道十賭九輸的道理嗎？基本上，十賭九輸是一般人引以為誡的道理，然而對於好賭的人而言，「賭」有一種無法抗拒的魔力，更勝於十賭九輸的告誡。假如我們觀察這些人的賭博情形，不難發現他們真的樂在賭中。尤其，在聽牌，摸牌的那一瞬間，整個人完全進入心無旁鶩，渾然忘我，幻想胡牌的心境。用Csikszentmihalyi（1975b）的說法，他們已經進入了心流狀態。因為心流體驗令人著迷，有不可抗拒的吸引力，所以好賭的高齡者在心流體驗的引誘下，即不斷上麻將桌印證十賭九輸的真理。

就動機觀點而言，這些好賭的高齡者打麻將皆出自於休閒內在動機，故能屢戰屢輸而不放棄。換言之，心流理論進一步補充，高齡者的休閒內在動機不一定驅使他們參與正當的休閒活動，也可能引誘他們從事不當的休閒活動。

經過本節最後的補充，不僅讓心流理論的說明更完整，也使休閒內在動機的解釋更清楚，讓我們瞭解休閒內在動機可能引發正當的休閒參與（諸如唱卡啦OK、下棋）和不當的休閒參與（譬如飆車、打麻將）。因此，假如高齡者想獲得休閒帶來的正面效益，則休閒內在動機必須用於正當的休閒活動。

第二節　認知評鑑理論

Deci（1975）提出之認知評鑑理論（cognitive evaluation theory, CET）幾乎與心流理論同一時間問世。認知評鑑理論是心理學的重要理

論，主要從人們的自我決定（self-determination）與勝任（competence）的觀點論述外在事件對於內在動機的影響。所謂自我決定，即人們對於周遭事物或活動握有主導權而能夠自由選擇的感覺。至於勝任，即人們認為自己有能力控制與處理周遭事物或活動的感覺（Deci & Ryan, 2008; Weinstein & Ryan, 2011）。雖然在休閒領域中，認知評鑑理論的應用情形不及心流理論，然而在心理學領域中，認知評鑑理論的引用情況卻有過之而無不及，是心理學公認的重要動機理論。因為動機的研究始於心理學，故休閒動機研究不應錯過心理學之觀點。

認知評鑑理論有以下三個重點，所以本節接下來先介紹這三個重點，幫助讀者初步瞭解認知評鑑理論，再敘述認知評鑑理論的休閒動機觀點，以及與先前提及之心流理論比較，作為通盤的休閒動機之說明。

一、自我決定與勝任是內在動機的主要元素

人們的自我決定是引發內在動機的前提（Deci & Ryan, 1985）。假設：一位坐輪椅的高齡者在毫無選擇的情況下，被護理之家的工作人員帶到交誼廳參加卡啦OK活動，則唱卡啦OK再有趣，他可能也興致缺缺。只有在自己握有主導權，決定前往交誼廳參加卡啦OK活動的情況下，他才會開心參與這項活動。另一個情況，雖然只提供高齡者Wii遊戲、桌遊、槌球等三種休閒活動，假如他們願意從中選擇一項自己有興趣的休閒活動參與，則儘管只有三種活動選項，也可以讓他們樂在其中。簡言之，高齡者的自我決定是引發內在動機之關鍵。

在人們可以自我決定的情況下，外在事件對於內在動機的影響主要透過勝任的作用（Deci & Ryan, 1985）。假如一件外在事件可以讓人們的勝任感覺提高，則人們的內在動機將增強。假如這個事件使人們的勝任感覺降低，則人們的內在動機將隨之減弱。例如，一位自認為歌曲唱得不錯的高齡者在一次護理之家舉辦的卡啦OK大賽中，遭遇強敵，幾乎每一位參賽者都唱得比他好，那麼這個挫折（或者說突然出現的外在事件），可能會嚴重打擊他的自信心，進而減弱他唱卡啦OK的內在動

機。類似的情況也經常發生在高齡者的休閒參與中。假設：提供高齡者高空彈跳、橄欖球、有氧拳擊等劇烈型的休閒活動。儘管告訴高齡者可以自行選擇想要參加的活動，也會因為他們的體能狀況無法負荷這些劇烈型的休閒活動要求而降低他們的參與意願。換言之，高齡者在缺乏勝任的情況下，從事休閒活動的內在動機將減低。

針對以上之論述，Weissinger與Bandalos（1995）認為人們的自我決定與勝任是兩個重要的心理需求，也是引發內在動機而著手特定行為的關鍵。Weissinger與Bandalos在認知評鑑理論的基礎上進一步指出，人們也有兩個重要的休閒需求：(1)休閒自我決定（leisure self-determination）、(2)休閒勝任（leisure competence）。所謂休閒自我決定，即人們可以不受外在因素的支配，完全憑藉自己的信念從事休閒活動。至於休閒勝任，即人們的活動能力可以符合休閒參與的要求，然後在參與過程中，一展所長之情況。根據Weissinger與Bandalos的說法，休閒自我決定與休閒勝任需求會隨著不同對象的改變而有所不同。例如，退休之後仍積極參與各種社交活動的高齡者可能比足不出戶的高齡者有更強烈的休閒需求。然而，無論休閒需求的強弱，休閒自我決定與休閒勝任都是重要的內在酬賞。一般而言，人們會自我察覺內在需求的潛在滿足情形，假如休閒需求尚未滿足，則設立目標，尋求休閒需求之滿足；假如休閒需求已經滿足，則設立目標，繼續維持休閒需求之滿足。在設立目標之後，人們將選擇可以達成目標的休閒行為，然後著手特定的休閒活動，最後再評估休閒需求的滿足情形（如圖4-4）。換言之，高齡者的休閒自我決定與休閒勝任是兩個重要的休閒需求，也是引發休閒內在動機而著手特定的休閒行為之主因。

圖4-4　休閒需求至休閒行為結果之歷程（Weissinger & Bandalos, 1995）

二、訊息面與控制面之解釋

有關外在事件對於人們的內在動機的影響，可以進一步從訊息與控制兩個方面來說明。

(一)訊息面

訊息面主要說明，人們如何解釋自己在行為表現上的自我決定與勝任的情形。這個自我解讀對於自我決定與勝任的感覺有巨大的影響。當情境訊息明確且正面顯示人們的表現良好時，他們的內在動機將顯著提升。

> 在跳元極舞的場合裡，我常常可以在臺上面對很多人，有時會多到上百人，大家也客氣叫我「李老師」，感覺到自己在那裡有領導的角色，給我有很大的成就感！（引自張俊一，2008）

在李老師的例子中，由於跳元極舞是自己的選擇，且勝任其中（有很大的成就感），所以李老師可能會自我解讀「自己有很好的元極舞表現（勝任）」而進一步增加跳元極舞的內在動機。

(二)控制面

控制面主要說明，人們如何解釋自己的行為與獎勵之間的因果關聯。這個自我解讀對於內在動機與外在動機的變化有極顯著的影響。當一個人獲得外在的獎勵時，將影響他對於行為與獎勵之間的因果解讀，使內在動機變成外在動機。當人們的動機變成外在動機之後，只有在獎勵出現時，他們才會開始這項行為。例如，小明原本喜歡彈吉他是基於興趣，他每次彈吉他都樂在其中（內在動機），然而在一次吉他比賽中，他脫穎而出，獲得冠軍，也獲得獎金，就在嘗到冠軍與獎金的滋味之後，他開始參加大大小小的吉他比賽，只為勝選而練習吉他（外在動機），最後忘記他喜歡彈吉他的初衷（張樑治，2014）。

在高齡者的休閒參與中，也經常出現動機轉變的例子。例如，某位高齡者（A君）頗喜歡到森林遊樂區享受森林浴，幾乎每週都到森林

遊樂區一次。由於喜歡是一種內在酬賞，所以A君前往森林遊樂區的動機為內在動機。有一回，A君在森林遊樂區中，認識另一位高齡者（B君），他們相談甚歡，不久即成為知心好友。B君是一位自然狂熱者，每天都到森林遊樂區，接觸大自然。為了跟B君有更多的互動，分享彼此的經驗，A君也開始每天到森林遊樂區，唯前往森林遊樂區的動機已從喜歡森林浴變成與B君閒話家常，即參與動機從內在動機變成外在動機。有一天，B君發生車禍住院，無法前往森林遊樂區，因為A君前往森林遊樂區的外在動機消失了，導致A君也跟著不去森林遊樂區了，連原本的每週一次森林浴也不復見。

不過，高齡者的休閒動機變化不一定都是休閒內在動機變成休閒外在動機，也可能從休閒外在動機變成休閒內在動機。回到護理之家唱卡啦OK的例子，假如那位高齡者不是護理之家的工作人員帶他去唱卡啦OK，而是其他高齡同伴邀約他去唱卡啦OK，則他的參與動機屬於休閒外在動機。當他高歌一曲之後，其他高齡同伴都讚美他唱得很好聽，而他也覺得頗為有趣，且勝任其中，於是便開始喜歡上唱卡啦OK。從那天之後，不用其他高齡同伴邀約，他就會主動參加卡啦OK活動，則此時他的參與動機已從休閒外在動機變成休閒內在動機。由於休閒內在動機才能讓高齡者樂在休閒活動中，且持續參與（Iso-Ahola, 1980; Kleiber et al., 2011; Mannell & Kleiber, 1997），故高齡者休閒規劃勿讓休閒內在動機變成休閒外在動機，必須以休閒內在動機的引發為首要之務。

三、滿足心理需求之效益

認知評鑑理論的上層理論是自我決定理論（self-determination theory）。雖然早期的自我決定理論只是簡單的人格發展與動機理論，然而在數次的改良之後，目前的自我決定理論已是一套宏觀的理論，論述範圍涵蓋心理需求、自我約束行為、人格發展、生活目標以及社會環境對於動機、行為、心理福祉與健康的影響（Deci, 1975; Deci & Ryan, 1985, 2008）。

根據自我決定理論，自主（autonomy）、勝任以及關係的聯結（relatedness）是重要的心理需求。在休閒領域，自主常視為相近自我決定的概念，而關係的聯結係指人們與其他人接觸與互動的程度。當這三種需求獲得滿足，則人們將有比較健康的心理發展（Deci & Ryan, 1985, 2008）。Ntoumanis、Edmunds與Duda（2009）以及Weinstein與Ryan（2011）進一步指出，自主讓人們有比較高的興趣參與困難的活動或有比較高的意願面對負面事件。假如人們在日常生活中，有比較高的自主性，則面對負面事件比較不會產生負面的情緒而引發壓力。勝任也有減輕壓力的功效，因為勝任可以產生控制與駕馭感覺的正面回饋而幫助人們培養正面的情緒，使人們面對負面事件時，比較不會產生壓力。至於關係的聯結，也有減輕壓力的功效，然而目前的壓力研究通常使用比較具體的社會支持（social support）加以說明（Chang & Yu, 2013; Hagerty & Williams, 1999; Vanderhorst & McLaren, 2005）。所謂社會支持，即感受到親朋好友的關心和支援。例如，高齡者面對負面事件時，親朋好友的關懷、安慰、支持或幫助有助於消除負面的情緒，比較不會形成壓力（Tak, 2006; Tak, Hong, & Kennedy, 2007）。簡言之，高齡者獲得自主、勝任以及社會支持有助於減輕壓力（Chang, 2017）。Chang、Yu與Jeng（2015）則進一步證實，高齡者心理需求的滿足可以提升健康知覺。事實上，假如休閒需求是休閒內在動機的重要元素，則以上的休閒需求研究結果正好說明休閒內在動機與休閒效益之關係。

四、心流理論與認知評鑑理論之比較

心流理論與認知評鑑理論不僅同一時期問世，也有許多相似之處。首先，心流理論主張，高齡者必須有高的休閒技能，並與高挑戰性的休閒活動呈現和諧狀態，才會形成心流體驗，而心流體驗正是讓他們持續從事休閒活動的休閒內在動機。在認知評鑑理論中，似乎也出現相對應的關係。例如，當高齡者的休閒技能愈好，則他們愈能勝任休閒參與的要求，所以技能與勝任密切相關（Deci & Ryan, 1985）。至於活動挑戰

性與自我決定方面，高齡者傾向於選擇最適當的挑戰性情境，由於選擇的過程意味著自我決定，故挑戰性的選擇與自我決定也密切相關。尤其，一些證實研究顯示，休閒勝任與休閒自我決定不僅是引發休閒內在動機的心理需求（Weissinger & Bandalos, 1995），休閒勝任與休閒自我決定如同休閒技能與活動挑戰性一樣，具有增強型交互作用。當高齡者的休閒勝任與休閒自我決定同時存在時，才能產生最大之效益（張樑治、余嬪、蔡志堅、劉吉川，2006; Chang, 2012）。

第二，心流理論與認知評鑑理論均強調，高齡者的休閒內在動機對於休閒參與的重要性。雖然認知評鑑理論在休閒外在動機著墨比心流理論更深，但是這兩套理論皆主張，高齡者的休閒內在動機才能支持他們持續參與休閒活動，且樂此不疲。

第三，心流理論與認知評鑑理論同時指出，休閒內在動機除了可以引發休閒行為之外，也產生諸多效益。例如，高齡者獲得心流體驗有助於提升生活滿意度（Han, 1988；張樑治等人，2004），而他們的休閒自我決定與休閒勝任可以增進休閒滿意度（張樑治等人，2006）與健康知覺（Chang, 2012）。

不過，心流理論與認知評鑑理論也有一些不同之處。例如，心流理論的能趨疲概念並未出現在認知評鑑理論中，而認知評鑑理論所介紹的過度辯護效應（overjusitification effect）也未在心流理論中現身。所謂過度辯護效應，即外在動機減弱內在動機的現象（李茂興、余伯泉譯，2011），前述森林浴的例子即過度辯護效應的範例。再者，除了自我決定與勝任之外，關係的聯結也是重要的心理需求。由於關係的聯結在心流理論中沒有相對應的概念，所以本節未特別強調。不過，關係的聯結確實也是引發特定行為的關鍵因子。簡言之，心流理論與認知評鑑理論的主張並非完全相同。

總結而言，無論是心流理論或認知評鑑理論，均再三強調休閒內在動機的功效與重要性。假如缺乏休閒內在動機，高齡者可能不會持續參與休閒活動，更無法樂在其中。因此，高齡者休閒規劃必須以引發休閒內在動機為第一要務。

第三節　休閒參與之回饋機制

在前面兩節已詳細說明高齡者的休閒內在動機將引發休閒參與，但是休閒參與的結果將產生何種變化？並未進一步討論。為完整介紹休閒動機和休閒參與之關係，本節將討論休閒參與之回饋機制。

一、心流理論之延伸

心流理論指出，高齡者的休閒技能與活動挑戰性呈現和諧狀態時，將形成心流體驗，使他們樂此不疲，持續參與休閒活動。然而，高齡者持續參與休閒活動意味著他們不斷在練習，以及持續練習將提升他們的休閒技能。換言之，高齡者為持續獲得心流體驗，則他們的休閒技能提升之後，為追求休閒技能與活動挑戰性的再平衡，他們勢必要尋找更難的活動挑戰性，致使他們的休閒參與形成動態的心流變化，從心流一到心流二，再到心流三……（如圖4-5）。換言之，高齡者的心流體驗（休閒內在動機）會影響休閒參與，而他們的休閒參與也會反過來影響心流的動態。因此，休閒參與之回饋機制不宜偏廢。

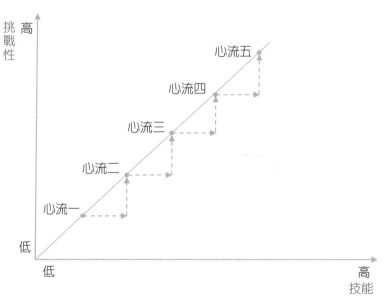

圖4-5　心流體驗之動態變化

二、認知評鑑理論之補充

根據認知評鑑理論，無論是休閒內在動機或休閒外在動機，均能趨使高齡者參與休閒活動，然而在休閒動機到休閒行為的歷程中，可能會有一些外在因子的介入，使參與行為回饋到休閒動機（如圖4-6）。再回到森林浴的例子，B君的出現即外在因子，而他的出現確實也改變A君的休閒動機。因此，高齡者休閒規劃除了首重休閒內在動機的促進之外，亦必須防範自我辯護效應之發生。

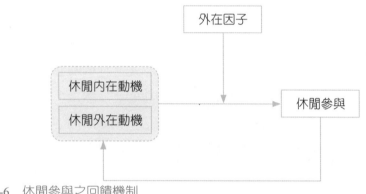

圖4-6　休閒參與之回饋機制

總之，欲幫助高齡者持續參與休閒活動，且樂在其中，即必須引發他們的休閒內在動機。不過，休閒內在動機可能受外在因子的干擾而變成休閒外在動機。因此，高齡者休閒規劃除了促進他們的休閒內在動機之外，亦必須將外在因子的干擾降到最低。

自 我 評 量 題 目

1. 請說明休閒內在動機之定義與重要性。
2. 請根據心流理論說明如何引發休閒內在動機。
3. 請說明心流體驗之狀態。
4. 請根據能趨疲觀點說明心流體驗如何產生心流效益。

5. 請根據認知評鑑理論說明如何引發休閒內在動機。

6. 請說明在什麼情況下休閒內在動機會變成休閒外在動機。

7. 請說明滿足心理需求之效益。

8. 請說明休閒參與之回饋機制。

第五章

休閒效益

張伯茹

學習目標

1. 瞭解高齡者休閒參與和健康之關係
2. 瞭解高齡者戶外休閒參與和健康之關係
3. 瞭解高齡者休閒參與的國內外案例與差異

摘　要

本章詳述高齡學相關社會心理之理論，並利用理論深入探討休閒對於高齡者的各種身心效益，並以志願服務工作為例，彙整相關論述，探討為何高齡者參與志工服務能帶來最大身心效益，接著由物理環境及社會環境兩大層面，談論高齡者如何透過戶外休閒活動促進健康，之後，再以鄰里環境層面，進一步地從在地老化及鄰里健康兩種觀點，論述以上戶外休閒與高齡健康之關係。

近年來，國內外高齡政策普遍提倡「在地老化」（ageing in place），即讓高齡者繼續生活在原本的社區中，而非住在養護中心（Davey, Nana, de Joux, & Arcus, 2004）。在地老化的概念包含了高齡者對「家」的依附，這個「家」代表一個可以持續找尋意義的地方，而非單指物理環境，也有可能是一個場所或鄰里社區（Peace, Holland, & Kellaher, 2006）。高齡者對鄰里社區的地方依附情感能給予他們安全感

及意義，並促進幸福感（Rubinstein, 1990; Taylor, 2001）。如何讓高齡者可以在居住的社區中與熟識的鄰居們一同參與休閒活動，培養在地情感，亦為促進高齡者健康老化的課題之一。本章節將就上述兩大課題進行討論。

第一節　高齡學中的休閒與效益相關理論

在討論高齡者休閒與效益時，高齡學及休閒領域之學者常從不同層面及不同角度深入探討高齡者從事休閒時如何獲得效益，而大多數學者都會使用「選擇、最適化與補償模型（Selection and Optimization with Compensation model, SOC）」以及「社會情緒選擇理論」這兩項理論作為立論基礎，來加以說明高齡者選擇休閒活動的原因、動機以及從休閒活動中所獲得的效益。

一、選擇、最適化與補償模型

第一章已提及選擇、最適化與補償理論，本章簡述如下：選擇、最適化與補償模型認為，個體為了達到成功老化，老年人會逐漸適應他們的老化現象，並轉而選擇那些對他們個人而言最有意義的休閒活動，以補償他們那些因為年齡增長而無法持續參與的活動，以尋找達成個人目標的替代途徑（Baltes & Baltes, 1990; Carstensen, Isaacowitz, & Charles,1999），譬如在年輕時能夠到戶外慢跑、上健身房並上韻律課程，而年老時體力不足了，便選擇在家自己走走跑步機、做做伸展操，以補償自己過去的運動習慣。

二、社會情緒選擇理論

根據選擇、最適化與補償模型的基礎，Carstensen（2006）發展了「社會情緒選擇理論（Socio-emotional selectivity theory, SST）」，這個

理論認為，老年人因為時間及體力有限，便會更有效地使用他們的有限資源，他們傾向縮小社交圈，只與真正的摯友或親人維持有力的社會聯繫，也因此老年人的休閒活動大多伴隨著社交互動，且大多參與被動式的休閒活動，或培養興趣成為認真性休閒，降低參與活動力較高的休閒活動，而年長女性大多參與社會或公眾服務的休閒活動，如：志工，因為參與志工能讓老年人保持活躍，並藉此休閒活動與社會或社群保持聯結。

如同社會情緒選擇理論所強調的，高齡者有效的利用他們有限的資源，以維持自己心情健康為選擇所有活動的主要依歸，與重要的親友維持親密聯繫，以取得社會支持。對老年人而言，社會支持（social support）是促進健康的重要推手，可降低死亡率、心臟疾病、精神疾病、促進生理健康（Ashida & Heaney, 2008）並強化免疫系統（Berkman, Leo-Summers, & Horwitz, 1992; Kawachi & Berkman, 2000; Seeman et al., 2001）。參與社交性的休閒活動能夠緩和老年人由壓力對健康所產生的負面影響，因為社交性休閒活動能夠減緩日常生活的壓力，並因此維持或促進身心健康（Adams et al., 2011），且促進生理機能運作（Everard, Lach, Fisher, & Carolyn, 2000）。

第二節　休閒類型與其效益

上一節中講述了在研究休閒與效益關係時，可供研究者作為理論基礎的高齡休閒相關理論，然而不同的休閒類型也許會對高齡者帶來不同的健康效益，於本節中，將以志願服務工作及戶外休閒為主要休閒活動案例，深入探討此項休閒活動對於高齡者所帶來的各種休閒效益。

一、志願服務工作

依據臺灣2001年通過的「志願服務法」，志願服務的定義為「民眾出於自由意志，非基於個人義務或法律責任秉誠心以知識、體能、經

驗、技術、時間等貢獻社會，不以獲取報酬為目的，以提高公共事務效益及增進社會公益所為之各項輔助性服務。」，並將「志願工作者」簡稱為「志工」。

根據行政院主計處（2013）的全國統計，臺灣平均退休年齡為57.3歲，臺灣國家發展委員指出，臺灣65歲以上人口的教育程度日漸提升，且具使用科技能力及獨立自主性，因此，若與平均壽命79歲相比，高齡者退休後或許有近二十年的時間可參與志工活動（游麗裡，2015）。各縣市政府亦提供措施，鼓勵高齡者可就近參與志工活動的機會。然而，游麗裡（2015）認為當前臺灣志工組織並未針對高齡者特性而有所相對應的管理策略，譬如針對高齡者的招募及訓練課程等。為正視臺灣人口老化，響應世界衛生組織（World Health Organization）（WHO）所提出之高齡友善城市的概念（WHO, 2007），臺灣由2010年開始高齡友善城市計畫，期望建構一個能促進活躍老化的城市。在推廣高齡友善城市計畫中，除了改善物理及社會環境之外，亦強調在工作與志願服務上，須能提供多元化且具活力及創新的活動（陳瑞菊，2012；劉麗娟，2014）。

過去高齡學相關理論認為，體力退化等生理因素常成為阻礙休閒運動之原因，因此，最有助於高齡者健康之休閒活動，並非運動類型，應為能產生社交互動的休閒活動，譬如與親友聊天等室內靜態活動，在保存體力的同時，亦可與社會保持聯繫並獲得社會支持（Rodrigues, Gierveld, & Buz, 2014）。在所有休閒活動種類中，志工活動的利他特性可提高參與者自尊及社會認可，被認為是所有休閒活動種類中，能帶給高齡族群最大心理效益者（Hao, 2008; Siegrist, Knesebeck, & Pollack, 2004; Thoits & Hewitt, 2001）。高齡者參與志工活動不僅服務他人、對社會有所貢獻（Huss, 1989），更可安定心靈、結交朋友（陳柏青，2004），藉由無報酬的付出強化與他人的社會關係，得到自尊及自我實現的機會（Stebbins, 2009）。在12年威斯康辛長期研究中，Piliavin及Siegl（2007）發現從事志工活動可促進老人福祉（well-being）及健康（self-reported health）。Lum及Lightfoot（2005）檢驗1993年至2000年

的美國老年健康研究（Asset and Health Dynamics among the Oldest Old Study, AHEAD）長期資料，結果證明七十歲以上者若從事志工活動，可減緩認知衰退及憂鬱症狀，並降低死亡率。簡言之，志工活動的正向效益有助於減緩老化，持續體驗正向情緒（Vecina, Chacon, Marzana, & Marta, 2013），以促進心理福祉（Morrow-Howell, Hinterlong, Rozario, & Tang, 2003）。志工活動提供高齡族群一個機會，在參與過程中與其他志工及受幫助者互動，產生社會聯結，貢獻自身生活經驗，以獲得正向情緒（陳建廷，蘇慧慈，李壽展，2011; Iwasaki, 2007）。

二、戶外休閒

除了志工活動之外，行政院於民國104年（行政院全球資訊網，2016）核定的高齡社會白皮書中提及，將運用通要設計理念，推動友善高齡之空間及大眾交通設施環境，讓高齡者能夠安心走入戶外，與社會保持聯繫。從事戶外活動除了能夠與人群接觸，避免社會隔離之外，近年來，愈來愈多學者專注在物理環境如何影響健康行為（Sallis, Owen, & Fisher, 2008）。雖然戶外環境能鼓勵人們擁有健康的生活型態，隨著個體年紀增長，戶外環境也許會變成高齡族群行動力的限制因子（Iwarson, 2005）。高齡族群的活動型態與鄰里環境息息相關，物理環境因子（如人行道、長椅、照明等）是預測高齡族群身體活動的重要因子，因為高齡族群受限於老化所帶來的行動及能力限制，通常會在住家附近（如住家環境或鄰里）進行規律的活動（Godby, Klassen, Carlson, Pollak, & Schwartz, 2012; Haselwandter et al., 2014; Rosso et al., 2011），不友善的鄰里環境也許會造成他們的休閒阻礙（Berke, Koepsell, Moudon, Hoskins, & Larson, 2007; Joseph, Zimring, Harris-Kojetin, & Kiefer, 2006; Nagel, Carlson, Bosworth, & Michael, 2008; Sugiyama & Thompson, 2007）。Chaudhury等人（2016）的研究發現，76.5%的高齡者身體活動發生在離他們家一到三個街區之間，也就是離家最近的鄰里環境。高齡族群的健康通常與主觀（感知鄰里品質）及客觀（鄰里實際

缺陷）鄰里結構息息相關（Bowling & Stafford, 2007）。

於物理環境方面，景觀與環境相關設計者在處理戶外環境時，應考慮什麼樣的環境能幫助高齡族群從事適當的活動（如易於行走的步道舖面）（Sugiyama & Ward Thompson, 2007），並同時考慮如何禁止不適當的活動（如遛狗所產生的排泄物）（Borst et al., 2009; Sugiyama & Ward Thompson, 2008）。Ward Thompson（2013）歸納近年來環境與高齡戶外活動相關文獻之研究結果並指出：有助於促進高齡者步行的哪些重要因素同時也能應用在一般大眾。較不同的是，影響高齡族群對於公園與開放綠地的環境偏好的主要原因有：滋擾（如狗排泄物、小混混在周圍聚集、破壞行為的跡象）、設施（如廁所、咖啡攤）、樹及植栽數量、車流量、公園的可看性及維護程度（Aspinall et al., 2010）。高齡者的行動能力也許不如其他族群方便，因此環境需要提供能夠頻繁坐著或靠著休息的機會，且最好有可支持他們從事活動的鄰里環境，這些研究皆指出鄰里感知對於高齡者身體活動的重要性（Lee, 2016）。

除了物理環境之外，社會環境也能促進高齡族群從事健康行為，進而達到健康老化。過去研究已證實社會參與對成功老化的貢獻（Rowe & Kahn, 1997），譬如能提升生活品質、促進健康行為以及提升幸福感等（Berkman et al., 2000; Pollack & Knesebeck, 2004; Tunstall et al., 2014）。鄰里社會支持與社會凝聚力對於高齡者參與鄰里身體活動非常重要（Booth et al., 2000; Fisher et al., 2004），譬如鄰里環境也許能透過社會參與促使高齡族群投入喜愛的身體活動（Rosso et al., 2003）。Chaudhury等人（2016）的研究指出與身體活動相關的社會因素的重要性。他們發現「鄰里易行走性」及「設施有無」對於高齡族群是否頻繁參與身體活動皆無相關，只有「與朋友一同參與活動」才與身體活動參與頻率呈現正相關。規律的身體活動對高齡族群而言通常代表著擁有較好的健康效益及生活品質（Penedo & Dahn, 2005; Taylor et al., 2004）。根據社會情緒選擇理論（Carstensen, et al,1999），個體在老化過程中，雖認知功能持續下降，但因體認到所剩餘生命的時間壓力，因此高齡族

群在選擇參與活動與社交夥伴上會產生優先順序，以能調節情緒及建立社會互動為最優先目標。參與休閒活動則為高齡者調節情緒與建立社會互動的媒介之一，且能因調節情緒，提升幸福感。休閒被定義為「在個體自由時間時能參與的非義務性活動，是個體喜愛且享受的活動」（Kleiber & Nimrod, 2009）。過去研究證實休閒活動能幫助高齡者適應老化過程並維持獨立自主（Wearing, 1995），克服負面的生命事件以提升高齡者幸福感（Hutchinson & Nimrod, 2012; Janke et al., 2008）。

在環境高齡學中，Lawton及Nahemow（1973）開始探討動態的人與環境關係與老化，Rioux（2005）則強調需要更多人類、空間、活動的研究來探討如何促進高齡者的幸福感。Miller及Kälviäinen（2006）在研究高齡看護中心時將主觀幸福感（subjective well-being）與物理空間聯結，探討設計師如何透過空間設計促進高齡居民幸福感，並提出三項建議：⑴讓高齡者能透過有效的動作認知自己對行為的控制感；⑵鼓勵正向社會互動；⑶促進投入正念（mindfulness）的身體活動並享受，這三項建議都符合Seligman後來提出的PERMA幸福感模型之概念，Seligman（2011）的PERMA幸福感模型發展自正向心理學，提出五項能促進個體長久主觀幸福感的元素：正向情緒（positive emotion = P）、投入（engagement = E）、正向關係（positive relationships = R）、意義（meaning = M）、成就（accomplishment/achievement = A）。「正向情緒」代表著愉悅和享受、創造正向回饋、消除負面偏見；「投入」代表專注於一項活動，達到心流（flow）的狀態，沒有感到時間的流逝（Csikszentmihalyi, 1990）；「關係」代表著擁有且維持與其他人親密且真實的聯結，支持的社會網絡；「意義」代表著有目標的存在、將自己依附在某件比生命還重要的事物上、是心靈且慈善性質的；「成就」代表著獲得成功感、對生命有目標並承諾要達成這個目標，有助於建立自信心。這五項元素的最終目標是支持人們過著豐富的人生。

Stevens、Petermans及Vanrie（2014）在探討高齡看護中心室內設計時，強調物理環境對主觀幸福感的貢獻，認為「空間」（place）這個概

念包含了社會、文化、政治、經濟及許多其他特徵一同組成了人類生活中有意義的背景。他們認為良好的空間環境能對高齡者的幸福感有長遠貢獻，因此選擇PERMA幸福感模型作為結果變項，進而提出能促進高齡者幸福感的七項空間設計準則，譬如若在高齡養護中心設計農園及相關活動，可讓高齡居民找到生活意義並建立成就感，而一個季節性庭院則能促進高齡者正向情緒。目前PERMA幸福感模型的研究較少應用於戶外環境，雖上述研究的主題為高齡養護中心，但大多在探討環境如何促進高齡者幸福感，尚可作為本研究之參考，本研究所探討的綠園道亦為高齡居民長久居住的物理環境，期望藉由PERMA幸福感模型探討高齡居民的長期幸福感狀況。

第三節　在地老化與鄰里健康

如同上一章節所提及，高齡社會白皮書中強調讓高齡者走出戶外、保持社會聯繫，如何透過強化社區基層組織，完善建構有利高齡者在地老化社區資源網絡，也是高齡社會白皮書中所強調的行動策略之一。在老化過程中，個體對於環境刺激的身心反應是作為連接社交狀態與健康的關鍵因素（Berkman & Kawachi, 2000; Cassel, 1976）。過去環境心理及行為研究已對自然環境與心理效益之關係多所著墨，並探討自然景觀如何促進心理健康，以及在自然環境中運動的健康效益如何大於在室內運動（Pretty et al., 2005）。高齡族群因身體機能老化等因素，不一定能在自然環境中從事慢跑等運動，但他們也許能在自然環境中從事較靜態的休閒活動，如野餐、社交等，並獲得相同促進心理健康之效果。

一、鄰里環境與休閒效益

一般在探討居住與健康相關議題時，會同時從鄰里階層與個體階層來探討。鄰里階層包含物理、社會及服務環境，個體階層則是個體對

於這三種環境的感知（Wen et al, 2006），良好的物理及社會環境能夠直接鼓勵居民的參與鄰里網絡聯繫（Cattell, 2001），並培養高齡居民對鄰里的地方依附，進而影響個體休閒行為與健康。De Vries（2010）回顧「鄰里自然（nearby nature）及健康」眾多文獻並歸納出鄰里自然對健康的貢獻有降低汙染對健康的危害、減緩壓力並回復、刺激身體活動、產生社會接觸與凝聚力。其中壓力減緩及社會凝聚力的支持被認為是解釋鄰里自然與健康的主要因子。換句話說，鄰里自然本身不一定直接吸引人們參與更多身體活動，而是透過舒適且吸引人的綠地環境，讓個體願意在此環境中更頻繁的活動，活動得更久（Bowler et al., 2010; Kaczynski & Henderson, 2007）。

Mytton、Townsend、Rutter及Foster（2012）進一步指出，綠地或許是因為能促使人們參與更多身體活動，而與健康產生正相關。在他們的綠地與身體活動研究中發現，居住在綠化最多街區的居民，身體活動量是居住在綠化較差街區居民的1.27倍。在探討公共開放空間可及性及特性，與心血管健康的關係時，Paquet等人（2013）針對公共開放空間（public open spaces）的可及性、綠化程度、面積、種類（主動或被動）加以研究。研究結果發現：雖然公共開放空間的數量與心血管健康無關，但綠化程度、面積及主動類型皆與心血管健康有顯著關係。Paquet等人更指出：身體活動部分中介公共開放空間與心血管健康之關聯。Richardson、Pearce、Mitchell及Kingham（2013）的研究，進一步針對鄰里綠化及居民身心健康做探討，研究結果除了呼應Paquet等人的發現之外，亦強調身體活動在此關聯中所扮演的角色。

鄰里品質不只影響居民健康，亦影響鄰里的社會風氣。居住在較殘破鄰里社區的居民傾向易怒（Schieman, Pearlin, & Meersman, 2006）、較不信任他人（Krause, 1993）、有較差的家庭與社群關係（Hughes, Tremblay, Rapoport, & Leighton, 1960）。Krause（2011）針對鄰里高齡居民探討此議題，研究結果發現，居住在鄰里品質較差社區的高齡居民較易怒，且較不願意提供社會支持給其他人。Hanibuchi等人（2011）

認為：社會資本是鄰里社會環境的其中一個面向（Coutts & Kawachi, 2006），與鄰里服務環境和鄰里物理環境一同塑造居民的健康。都市計畫及公共健康之相關研究開始以易步行性為指標，作為代表鄰里物理環境的居住密度、街道聯結性、土地使用分區等，與社會資本的關係（Frumkin, Frank & Jackson, 2004; Wood & Giles-Corti, 2008）。居住在易步行社區的居民會更容易認識他們的鄰居、參與更多公眾事務、信任他人並更投入社交活動中（Leyden,2003）。因此，對行人友善的環境通常能增進社會資本（Lund, 2003; Podobnik, 2002; Rogers et al., 2011）。部分研究則建議，比起客觀的鄰里環境調查，居民主觀感知的鄰里環境也許是對於瞭解個體鄰里與健康關係更好的指標（Caughy, O'Campo, & Muntaner, 2003; Christie-Mizell, Steelman, & Jennifer, 2003; Hadley-Ives, Stiffman, Elze, Johnson, & Dore, 2000; Ross, 2000）。

二、鄰里社會與休閒效益

　　Carpiano（2006）利用社會資本相關理論為基礎，建立了鄰里社會資本對健康之影響模型。社會資本被定義為社會組織的特徵，像是人與人之間的信任、禮尚往來的共識及對於社區或社交參與的投入，而這些特徵都能促進健康效益。在探討社會資本時，必須考慮其社會網絡所能提供給人們的資源，因此學者們將社會資本的概念聯結至人們所居住的地方（Fitzpatrick & LaGory, 2000），認為鄰里社會資本代表著鄰里社區與居民可利用的資源／資本以達到目標或效益（Bourdieu, 1986），後續研究則應用在探討鄰里社會經濟特徵與健康之相關議題上（Morenoff, 2003）。Carpiano的模型中也涵蓋居民對鄰里的情感，正如其他相關研究所證實，以地方為基礎的個體社會心理運作（如情感評估）會影響居民的健康行為及健康狀態（Davis, Cohen, & Mikkelsen, 2003; Jackson & Kochtitzky, 2001; Kweon, Sullivan, & Wiley, 1998; Prezza, Amici, Roberti, & Tedeschi, 2001），而這些情感評估也與社會凝聚力有所相關。

　　社會凝聚力包含了鄰里居民間的信任感、社交聯繫以及團結，一般

被認為與社會資本相關，且受社會經濟背景影響。過去研究通常將社會凝聚力、居民生活品質與健康一同研究，不同的鄰里社會資本會帶來不同的健康行為與健康狀態（Sampson et al., 1997; Briggs, 1998; Dominguez & Watkins, 2003）。Carpiano（2006）認為，雖鄰里社會資本、社會凝聚力與健康效益之關係會隨著地點的不同而有所差異（即社區間差異，inter-community difference），但同一鄰里間的個體也會因為個人的社區參與等因素而形成個體差異，即社區內差異（intra-community difference）。因此，在Carpiano的模型中包含兩階層：「鄰里階層」探討以鄰里社會網絡為基礎的資源（如社會資本、社會凝聚力），「個體階層」則包含個體能獲得這些資源的能力（如個體與其他居民的互動）。Carpiano（2007）利用自己建立的模型，檢驗鄰里社會資本對危害健康行為（如抽菸、飲酒）的影響。在此研究中，社會凝聚力及非正式社會控制等作為鄰里階層的因素，個體階層因素則包含個體對鄰里的情感。研究結果發現，若參與者有較高的非正式社會控制，則從事較少的危害健康行為。而居民對鄰里的情感能中介社會資本對健康的影響。

三、地方依附與休閒效益

　　地方依附代表著人與環境的關係、情感與意義。地方依附包含地方依賴（place dependence）與地方認同（place identity）兩大因子（Willams, Patterson, Roggenbuck, & Watson, 1992）。地方依賴代表環境是否能滿足居民需求的重要性，譬如居民對於該地有功能性需求，而該地特性也能滿足居民需求（Moore & Graefe, 1994）。地方認同則與個體認同有關，即個體藉由行為、態度、價值及信仰，建立對周遭環境的認知以及情感依附（Proshansky, Fabian, & Kaminoff, 1983）。若個體有較高的地方依附，則通常會有較佳的居住滿意度、正向情緒及較好的調適能力（Low & Altman, 1992）。對於高齡者而言，地方依附與生命經驗及自我認同有關，也許代表著高齡者的一部分回憶（Rubinstein & Parmelee, 1992），且被認為能幫助高齡者維持自我認同及幸福感，並能

成功調適老化過程（Wiles et al., 2011）。

　　近年來國內外高齡政策皆提倡「在地老化」（ageing in place），即讓高齡者繼續生活在原本的社區中，獲得一定程度的獨立自主，而非住在養護中心（Davey, Nana, de Joux, & Arcus, 2004），這是高齡者所偏愛的老年生活，也可節省經濟負擔（Wiles, 2003; Wiles & Rosenberg, 2003）。在地老化能讓高齡者維持獨立自主的能力之外，還能與朋友和家人保持聯繫，獲得社會支持（Callahan, 1993; Keeling, 1999; Lawler, 2001）。在地老化的概念包含高齡者對「家」的依附，即便社會、文化及個人不斷改變的狀態下，仍能持續找到這個地方對自己的意義（Andrews, Cutchin, McCracken, Phillips, & Wiles, 2007），這個「家」並非單指物理環境，而是代表一個可以持續找尋意義的地方，有可能是一個場所、集合住宅或社區（Peace, Holland, & Kellaher, 2006）。在環境高齡學領域中，Lawton（1982）強調個體能力與物理環境的互動如何提升高齡者幸福感。Rowles（1993）探討高齡者的地方感及地方依附如何給予他們意義及安全感，對於周遭環境的長期情感依附也被發現能促進高齡者幸福感（Rubinstein, 1990; Taylor, 2001）。鄰里環境被認為對高齡者有健康效果，且因為高齡者長期居住於其中，這個環境對高齡者而言是較有感覺的（Glass & Balfour, 2003）。Peace、Holland及Kellaher（2006）的環境與高齡自我認同研究中解釋了家及鄰里如何提供高齡者的個人及社會意義。雖然鄰里的客觀狀況及個體認知功能也很重要，但對於鄰里的主觀情感是提升個體滿意度的關鍵（La Gory, Ward, & Sherman, 1985）。

　　在探討在地老化時，Wiles等人（2011）的研究發現：高齡者會想要自己選擇要住在哪邊，且如何生活著。「在地老化」代表著對家與社區的安全感、熟悉感、聯結感，以及依附感，有助於高齡者透過地方關係與獨立自主而獲得自我認同。另一方面，Sugihara及Evans（2000）在檢驗退休社區的環境與提升高齡者地方依附時發現，接近戶外且封閉的花園空間與高齡者地方依附有正相關，而過去關於注意力回復理論的相關

研究亦證實：花園及其他接近自然的經驗如何提升正向反應及鄰里滿意度（Kaplan & Kaplan, 1989）。除此之外，那些住得離活動中心較近的高齡居民有較高的依附感。Wiles等人（2009）針對高齡者幸福感與地方依附之關係，探討高齡社區居民與社會及物理環境之關聯。研究結果發現：和其他高齡者一同聊天可以增進他們的地方依附及幸福感，「社交空間」（social spaces）增進了高齡者對於家與鄰里的強烈地方依附情感。藉由上述研究可知環境或空間，因個人或群體對該地、該環境的記憶與情感產生聯結，賦予了地方以及環境更特殊的意義，進而對高齡者產生更多層面的效益。未來也可透過不同的規劃與設計方式，例如環境景觀塑造或活動的導入，共同營造出對高齡族群更友善之休閒、社交空間。

自我評量題目

1. 請說明休閒與健康的相關理論。
2. 請利用休閒與健康相關理論，舉例說明高齡者休閒偏好。
3. 請說明高齡者戶外休閒與健康之關係。
4. 請說明鄰里環境該如何規劃設計，以促進高齡者外出參與休閒活動。
5. 請說明志工活動對高齡者的健康益處。

第六章

效益取向經營之休閒規劃模式

張伯茹

學習目標

1. 瞭解效益取向經營。
2. 瞭解效益取向經營和休閒之關係。
3. 瞭解效益取向經營和高齡休閒之關係。

摘　要

本章首先介紹效益取向經營模式的發展及基本概念，接著透過國內外研究案例，說明效益取向經營模式如何應用在休閒規劃上，以及針對高齡族群的休閒活動上面，進一步解釋休閒動機、休閒效益與效益取向經營模式之關係。本章也透過前人研究探討效益取向經營模式的形成機制，以及在使用效益取向經營模式時可能會遇到的問題。

在過去，休閒遊憩管理者在記錄遊憩服務所帶來的效益時，多是利用經驗取向的休閒傳遞系統（experience-based leisure delivery system），並參考科學性的在地管理系統。然而，是否有其他更好的方式來探討效益與管理之間的關係？效益取向經營（benefits-based management, BBM）為這個問題提供了最佳解答。首先，效益取向經營模式是一個廣泛且普及的架構，提供一個有技術及研究基礎的方法給遊憩規劃及經營者。除此之外，效益取向經營模式強調「效益」，帶給經

營管理者所謂的「好消息」（good news），而這正是我們想要聽的。這兩個因素總結了這個效益結構的概念模型（More & Kuentzel, 1999）。

第一節　效益取向經營之起源與演進

　　效益取向經營（benefits-based management, BBM）概念的發展最早由1970年代開始。自從1970年代開始，戶外遊憩研究者開始研究並拓展以自然為基礎的遊憩及旅遊活動的效益（Brown, 1984; Driver, 1994; Driver & Brown, 1975; Driver & Bruns, 1999）。Driver及Tocher（1970）從1970年代開始，將行為方法引入遊憩活動中，開啟了休閒效益方法的研究及實踐之門。Knopf等人（1973）根據補償理論，指出人們參與遊憩的動機來自於「對非遊憩環境的不滿意」。遊憩提供人們正向及偏好的體驗與機會，而這些機會正是日常生活中所缺乏且難以接觸的。Driver等人利用期望價值理論（expectancy-value theory）為基礎提出了假設人們的行為動機來自於預期且偏好的遊憩經驗之價值成果（Driver, 1977; Driver & Bassett, 1975; Schreyer & Roggenbuck, 1978）。Tinsley等人認為，需求滿意度則是行為動機（Tinsley et al., 1977; Tinsley & Kass, 1979）。Hendee（1974）與其他野生動物研究者（Decker et al., 1980）採用「多重滿意度」（multiple satisfaction）方法，探討遊憩經驗能提供個體滿意度，並促成身體、社會及心理的效益。

　　遊憩及旅遊效益能增加人們生命的價值，且這樣的價值應該被遊憩管理者視為主要目標（Anderson, Nickerson, Stein, & Lee, 2000）。舉例來說，人們到公園旅遊，能夠讓他們舒緩壓力、健身、促進家庭關係、教育功能以及其他效益（Anderson et al., 2000）。除此之外，社區團體認為遊憩及旅遊有助於社區經濟穩定、增加工作機會、榮譽感、生活品質以及其他較大尺度的效益（Stein, Anderson, & Thompson, 1999）。簡言之，效益取向經營模式尋求的不只是個體身處休閒場域當下的效益經驗，更尋求離開休閒場域之後，在個體、社會、經濟及環境層面

的效益（Bruns et al., 1994; Driver, Brown, & Peterson, 1991; Stein & Lee, 1995）。Driver、Peterson及Brown（1991）將這些國家及州立公園、國家森林及野生保護區的遊憩及旅遊效益歸納在他們的書《休閒效益（benefits of leisure）》之中。

效益取向經營的架構可以被發展來指導如何以效益為目標去分析及管理遊憩資源政策。在效益取向經營架構中，效益（benefits）被定義為個體、群體、社會，甚至是無生命組織，希望改變或改善的狀態（Driver et al., 1987）。因此，這些效益是藉由遊憩資源管理而促進的狀態。效益取向經營模式希望提供超越傳統的管理方法，建立活動及經驗取向方法的延伸去管理遊憩資源（Lee & Driver, 1992）。相比效益取向經營模式，活動取向經營（activity-based management）將遊憩機會視為讓人們參與特別活動的機會，譬如參與露營、釣魚、登山等。這個方法主要應用且著重在設施，經營者較少將注意力放在這個特殊活動為參與者所帶來的效益。經營者的目標是在於可以提供多少遊憩活動的機會，而較不注重這些活動的品質（Driver, 1994）。反之，效益取向經營模式則拓展了遊憩參與的定義，認為遊憩參與不只是單純的參與活動，而是著重在這項活動所產生的心理效益及經驗。

效益取向經營方法讓經營者有機會去操作遊憩環境，以直接或間接影響遊憩行為的方式，讓遊憩產生遊憩經驗及效益（Brown, 1984）。已有一系列的研究利用這個方法，探討遊憩環境的特性與遊憩經驗之關係。譬如利用效益取向經營方法，森林遊憩經營者能操作此環境的物理、社會及經營特性，提供遊客遊憩機會，去達成遊客想要的遊憩經驗。換言之，效益取向經營方法可延伸至遊憩機會序列（recreation opportunity spectrum, ROS）。遊憩機會序列是基於透過遊憩環境管理的方式，提供多樣化或一系列的遊憩機會給遊客，幫助不同的遊客能夠達成他們希望的遊憩經驗（Stein & Lee, 1995）。反之，效益取向經營方式的主要目標，是經營者透過對效益最有回應及最有效率的管理方式，讓遊客在經過設計的地點，透過遊憩活動得到效益。簡言之，

效益取向經營方式包含：1.個體遊憩效益，譬如透過健行促進心血管健康（Froelicher & Froelicher,1991），或是透過戶外體驗學習環境新知（Roggenbuck et al., 1990）；2.社會效益，譬如發展及維持友誼（Driver and others, 1990）。

　　總結來說，效益取向經營模式重在透過遊憩機會，提供維持或促進個體及團體的效益。「效益」則是遊憩經營者藉由提供一系列遊憩機會讓遊客選擇，並透過遊憩經驗所獲得的結果。一般而言，一個遊憩基地也許會透過提供幾種遊憩活動，讓遊客獲得不只一種的效益。

第二節　效益取向經營與休閒效益方法

　　休閒效益方法（benefits approach to leisure, BAL）是近期代替目標取向方法（goal-directed approach）來探討休閒行為動機的研究架構。效益取向經營方法則是休閒效益方法的基礎，利用泛性系統理論（general systems theory）的概念，去探討休閒及遊憩服務供給系統的輸入因子及物理架構，以及這些系統的輸出因子（Driver & Bruns, 1989）。休閒效益方法包含政策因子及管理因子，著重在瞭解為什麼某些休閒服務能提供哪種效益。而休閒效益方法目標在強化這些淨效益，或盡可能地增強價值。

　　效益取向經營模式著重在遊憩服務供給系統的輸出結果，也就是遊憩服務供給系統所能產生的效益。這個效益可以是理想狀態的附加產物、防範不理想的狀況或改善個人、群體、環境的狀態（Driver, 1996）。Driver與Bruns（1999）總結並分類了四種效益：個人效益、社會文化效益、經濟效益、環境效益。這些效益通常與Driver（1994）提出的因果關係效益鏈（benefit chain of causality）相互連接，也就是說，某個效益會引導至另一個效益。譬如個體也許參與休閒的動機是為了尋求個體效益，像是紓緩工作壓力等原因。而這項個體效益也許會引導至增進工作效率，進而增加個體的薪水，並讓個人的經濟更有保障。接

著，這些效益可增加產品的品質與數量，或減少產品的製作花費，進而增加公司的競爭力，最終形成較低的貿易赤字。

第三節　效益取向經營之因果關係效益鏈

效益取向經營方式提供自然資源管理者一個架構，去探討那些與自然相關但很難實際測量的效益（Anderson et al., 2000; Driver, 1996）。效益取向經營方式著重在能從現有資源中製造機會，利用經營管理的機制維持或促進個體或團體的生活，接著設計且提供促進效益的機會（Lee & Driver, 1992）。「效益」被定義為滿足休閒場域的心理經驗，改善個體、群體或社會的生理或心理狀況，避免變壞的情況發生（Bruns et al., 1994）。一般而言，遊憩所提供的個人效益可被歸納成18類（表6-1）。

表6-1　個體遊憩效益分類

享受自然	成就感
學習新知	放鬆
家庭關係	教導／領導其他人
降低緊張	接受挑戰
逃離壓力	降低挑戰
分享相似價值	認識新的人們
自主性	創造力
與喜歡的人們在一起	同意的氛圍
互動	懷舊

資料來源：Driver, Tinsley, & Manfredo, 1991

效益取向經營方法建議：經驗及效益包含了一連串的因果效應（Bruns et al., 1994），這一連串的因果效應描述短暫的效益特性如何發生，並幫助解釋短期及長期效益之間的關係，以及休閒場域所帶來的效益經驗，與離開休閒場域後的效益經驗之連接。一般而言，效益取向經

營方法中所提及的效益，都是能夠鼓勵正向態度，且著重實務層面。然而，這產生了一系列議題。首先，遊憩效益到底有多大？參與某項活動有機會能獲得持續性的效益，但這個「機會」也有可能失敗。譬如高強度的運動確實能提供效益，但也同時消耗了汗水及精力。換句話說，並非所有的效益都是單一且單純的。譬如，在促進成就感的同時，也是促進侵略性。我們要如何決定哪種效益是恰當的？效益取向經營提供管理者一個廣泛的社會共識去探討何謂效益（Driver, 1996）。

　　其次的議題則在探討因果關係的效益鏈（benefit chain of causality），也就是說，雖然效益是作為遊憩服務供給系統中的成果（outcome），但也能成為其他相關效益產物的成因。Driver及Bruns（1999）提供關於因果關係效益鏈的一系列說明（如圖6-1）。在圖6-1案例中，參與遊憩活動能降低工作壓力，並可提升個體幸福感，且降低社會層級的貿易虧損。但必須知道的是，這樣的關係是透過一層又一層的連接而導致最終結果。也就是說，如果你問為什麼我們有較低的貿易虧損，沒有人會直接聯想到是因為員工參與遊憩活動。因此，在這個案例中，效益因果鏈就像一個多重效應，創造最佳化的重要性，讓更多人去瞭解這些因果關係。

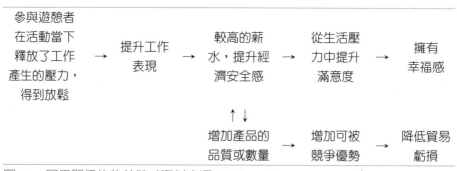

圖6-1　因果關係的效益鏈（資料來源：Driver & Bruns, 1999: 47）

第三個議題則探討這些效益能夠改變個體生活的效力。個體的心理生活存在於已被良好規範且拒絕改變的社會及生物結構之中，譬如無論體驗多美好的週末，週一上班日的上午仍會讓我們感到討厭。也就是說，休閒活動參與無疑會提供效益給參與者，且幫助他們舒緩生活壓力，但更重要的事，是去正視這些效應的存在。為了達到高品質的遊憩經驗，讓遊客獲得效益，經營者應該要瞭解資源特徵及效益結果之關係（Stein & Lee, 1995）。經營者必須瞭解不同的資源特徵如何影響遊憩活動者的經驗及效益。

　　效益取向經營方法也強調，這些效益能有意義的與各種遊憩活動及場域相連接。而這些連接對管理者而言是重要的，如此一來經營管理者才能主動規劃如何創造效益給活動參與者。效益本身，特別是心理效益，倚靠著人們透過遊憩活動參與而產生的成果。人們對於不同活動及場域有著不同偏好，因此，逃離生理壓力也許是密西根及賓州釣魚者的重要遊憩動機，但對賓州的郊遊野餐者卻不那麼重要（Driver, 1994）。

第四節　效益取向經營和高齡者休閒

　　近年來，在討論休閒活動規劃與休閒效益時，許多學者也利用效益取向經營模式來探討他們的休閒與效益之間的關係。Hung及Crompton（2006）以香港為例，利用效益取向經營模式探討老化現象及休閒活動規劃。全球老化現象的問題日益嚴重，在香港，除了老化問題之外，研究統計高齡者的憂鬱症問題是一大隱憂（Liu et al., 1993），有百分之十一的高齡男性及百分之十五的高齡女性有憂鬱症。研究也發現，休閒有助於減緩憂鬱傾向，許多香港老人在六十歲左右退休，有更多時間從事休閒活動，因此，休閒活動管理者需要瞭解高齡現象，以及高齡者所面臨的休閒限制及休閒效益。Allen（1996）指出，效益取向經營模式提供一個有用的框架，指導如何提供休閒服務給香港高齡族群。並進一步指出，在操作效益取向經營模式時可分成三階段：效益與機會認定、履

行、評估與紀錄。應用效益取向經營模式意味著在一開始時，經營管理者應先辨別高齡者所尋求的休閒效益，再針對這些效益提供應對的休閒服務設計。管理者應該決定哪些休閒效益是高齡者最需要且是他們能提供的。

在高齡休閒方面，參與志工活動是受臺灣高齡者歡迎的休閒活動之一。薛承秦與曾敏傑（2002）調查臺灣四十五歲以上中高齡就業者之退休規劃，結果顯示約有四成受測者退休後欲選擇從事志工。衛生福利部（2013）高齡者狀況調查報告，65歲以上高齡者有一半以上（50.4%）參與社會活動，最常定期參與「宗教」與「志願活動」，且在調查55至64歲者對未來晚年生活規劃情形時，「四處旅遊」（19.8%）及「從事志願服務工作」（14.1%）為最常見的生涯規劃項目（衛生福利部，2013）。另一方面，在所有休閒活動種類中，志工活動的利他特性可提高參與者自尊及社會認可，被認為是所有休閒活動種類中，能帶給高齡族群最大心理效益者（Hao, 2008; Siegrist, Knesebeck, & Pollack, 2004; Thoits & Hewitt, 2001）。高齡者參與志工活動不僅服務他人、對社會有所貢獻（Huss, 1989），更可安定心靈、結交朋友（陳柏青，2004），藉由無報酬的付出強化與他人的社會關係，得到自尊及自我實現的機會（Stebbins, 2009）。Van Den Berg、Dann及Dirkx（2009）利用效益取向經營模式，以密西根生態保護區成人教育及志工課程為例，探討參與成人教育與志工的動機，以及如何尋求休閒效益。他們根據Driver等人（1999）的分類，探討個體效益（如生理及心理）、社交效益（如社會支持及社區滿意度）、經濟效益（如增加生產力）以及環境效益（如生態永續）。研究結果發現，參與志工的動機是最大的，高於想要瞭解生態系統或尋求社交互動的動機，而這些人尋求的休閒效益包含享受戶外、幫助環境以及參與良好組織的活動。他們也建議：活動規劃者應瞭解這些參與者的動機，以促進並提升活動規劃，根據他們的動機來給予他們想要獲得的休閒效益。

Sajin、Dahlan及Ibrahim（2016）利用效益取向經營模式，探討居住

在安養院的馬來西亞高齡者之休閒參與和生活品質之關係，因為他們認為所有休閒活動所產生的效益，最終會導向生活品質的提升。透過深度訪談的結果，他們辨別了參與休閒活動的效益，並瞭解這些休閒效益如何影響馬來西亞高齡者的生活品質。最終結果發現：參與有意義的、有價值的且個人化的休閒活動能幫助他們獲得內在及外在休閒效益。

第五節　效益取向經營模式的反思

雖然本章節介紹了使用效益取向經營模式的各種優勢，但此模式並非沒有缺陷。有學者指出，效益取向經營模式也許無法證明某特定種類效益、特定活動與基地之間的關聯性。首先，複雜的遊憩活動，譬如露營、打獵、釣魚或登山等等，是結構性的遊憩活動，人們也許會用不同方式或在不同場合之下將這些活動組合在一起同時進行。譬如想像在湖中划船，但可能有下列不同的情況：獨自划船、和一群好友划船、和一群同事划船、和親戚划船，或這是一個你為了你孩子所辦的生日派對中的一項活動。雖然每一項都可稱作是「划船」活動，但你所感知的環境以及你所獲得的效益會有所不同。舉例來說，當你獨自划船時，也許這是一種有氧活動的體驗，你可以享受吹在你臉上的微風，以及體驗槳如何划過水面。這種體驗與在生日派對上的體驗必定非常不同。在生日派對上，你的滿足感不是來自於派對的活動體驗，而是來自於提供所有賓客一個難忘回憶的成就感。在理論上，效益取向經營模式有辦法處理所有以上事件，並給予有效改進的測量工具及應用在各種不同場合的方法。然而，在實務上，我們只能用同一種最普遍的處理方式，去假設所有這些不同的處境都有相同的效益產生。

第二個問題是，不同的活動也許會產生相同的效益。譬如，以老人休閒效益時常談論的「自主性」，對有些人來說，參與野外遊憩活動可以獲得自主性的遊憩效益，但對其他人來說，也許在公園散步，甚至是能夠自己控制電視遙控器來看電視節目，都能感受到自主性。但在使用

效益取向經營模式時，我們也許會傾向去探討自主性是一種參與野外遊憩活動所獲得的特殊效益。

自我評量題目

1. 請說明效益取向經營之定義與重要性。
2. 請舉例說明因果關係的效益鏈。
3. 請舉例說明使用效益取向經營模式之優點及缺點。
4. 請說明個體遊憩效益分類。
5. 請說明效益取向經營模式如何利用在高齡休閒規劃。

第七章

活動設計

張樑治

學習目標

1. 瞭解高齡者之休閒需求。
2. 瞭解休閒活動目標訂定之依據。
3. 瞭解休閒活動內容研擬之方法。

摘　要

本章包含高齡者休閒需求的評估、休閒活動目標的訂定以及休閒活動內容的研擬等三個部分。在第一個部分中，除了介紹高齡者的休閒需求之外，也說明以下三者的評估方法：(1)休閒需求、(2)身心狀態、(3)休閒參與情形。在第二個部分中，除了介紹休閒活動目標的元素之外，也談論活動目標的訂定原則。在最後一個部分中，本章試圖從設計休閒活動內容的七個W開始論述，然後以理論性活動設計作為句點。

　　高齡者休閒活動設計的主要目的在於提升他們的休閒品質（Elliott & Sorg-Elliott, 1991）。不過，讓高齡者感到滿意的休閒品質並不會憑空出現。假如要幫助高齡者獲得高品質的休閒體驗，則休閒活動設計者必須透過遊憩企劃模式（recreation program model）進行專業性之設計。所謂遊憩企劃模式，即透過一套標準的程序，進行高齡者休閒需求的評估、活動目標的訂定、活動內容的研擬、實際活動的執行以及活動

成果的評鑑等一連串的過程（Farrell & Lundegren, 1991）。假如最後活動成果未通過評鑑，則休閒活動設計者必須回顧休閒需求的評估、活動目標的訂定、活動內容的研擬或實際活動的執行是否適當？只要有一項不適當，即必須進行修正作業，直到全部的項目都通過評鑑為止（如圖7-1）。由於在研擬活動內容之前，必須先評估休閒需求與訂定活動目標，所以本章收錄這三個部分，並詳細介紹。至於實際活動的執行與活動成果的評鑑，則留待第八章與第九章再說明。

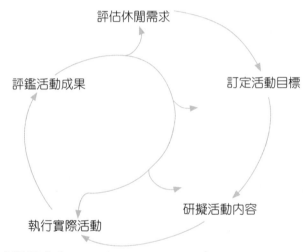

圖7-1　遊憩企劃模式（Farrell & Lundegren, 1991）

第一節　休閒需求之評估

　　理論上，休閒需求評估旨在瞭解高齡者的需要，然後投其所好，提供他們想要的休閒活動，使他們樂在其中，進而提升休閒體驗（張樑治，2013a）。雖然不同的高齡者有不同的休閒需求，但是他們仍然有一些共同的休閒需求，諸如休閒自我決定與休閒勝任（Kao & Chang, 2017）。假如能提供多數高齡者共同需求的休閒活動，則可以讓一起從事休閒活動的多數人感到滿意。換言之，瞭解高齡者的休閒需求，是設

計高品質的休閒活動的第一步。鑑於瞭解高齡者休閒需求的重要性，本節先介紹高齡者的共同需求，再說明需求的評估方法。

一、休閒需求

發展心理學指出，人們在不同的年齡階段會發展出不同的生涯任務而衍生出不同的需求（周怜利譯，2000）。假設：休閒是人生最重要的部分之一，則依照發展心理學的觀點，人們在不同的年齡階段可能也會發展出不同的休閒任務，進而衍生出不同的休閒需求（leisure needs）。所謂休閒需求，即人們因為特定的因素而參與休閒活動的需要（張樑治，2013a）。在第四章中，本書更將休閒需求視為休閒動機的主要驅動力量。例如，某位高齡者為擺脫孤單的退休生活，於是尋求社交型的休閒活動，試圖讓自己的生活變得更有「人情味」而不再寂寞。在這個例子中，尋求社交型的休閒活動即為這位高齡者的休閒需求，亦為第四章所提及之休閒社會支持需求。理論上，人們的休閒需求會隨著年齡的增長而改變，所以在不同的時期會出現不同的休閒需求。例如，在兒童期，絕大多數的兒童都喜歡探索外在環境，且對於新奇的外在環境與事物有極大的好奇心，通常愈新奇的事物愈能吸引兒童的注意（柯華葳，1991）。簡言之，探索新奇的玩物是這個時期共同的休閒需求。到了青春期，休閒需求開始產生變化，亦即探索新奇的需求轉變成尋求刺激的需求（Sato, 1988）。

晚年，高齡者的休閒需求將產生明顯的變化。由於高齡者的健康狀態嚴重衰退，許多年輕時所喜好的休閒活動無法再參與，諸如無法再挑戰高空彈跳與飛行傘活動，使他們對於休閒活動的選擇偏向於靜態活動。另一方面，好友相繼過世，致使高齡者心中的孤獨感愈來愈明顯而希望有人相伴。在健康衰退與孤獨壓力的雙重影響之下，高齡者對於休閒活動可能不再有太大的奢望，只要參與有人陪伴的靜態休閒活動即心滿意足。例如，與好友一起唱卡啦OK或打牌，即可以滿足內心需求。由於這些轉變，使勝任與尋求其他人陪伴的休閒參與形式成為共同的需

求，即第四章所提及之休閒勝任與休閒社會支持。除了休閒勝任與休閒社會支持之外，認知評鑑理論亦指出，高齡者尚有休閒自我決定需求。至於心流理論的個人技能與活動挑戰性部分，因為在認知評鑑理論中可以找到相對應的概念，所以不再贅述。簡言之，高齡者有休閒自我決定、休閒勝任以及休閒社會支持之需求。

二、需求評估

理論上，認知評鑑理論與心流理論說明的是休閒需求的概念，無法代表高齡者的休閒需求狀態。因此，假如要精確釐清高齡者的休閒需求，則必須進一步評估他們的狀態。

最常見的休閒需求評估方法為問卷調查，亦即直接問高齡者的休閒需求（如表7-1）。由於問卷調查結果來自高齡者的直接感受，故使用問卷調查評估他們的休閒需求，可以確實反映出他們的需要而訂定合宜的活動目標。表7-1包含高齡者的休閒自我決定、休閒勝任以及休閒社會支持等部分。讀者可以使用表7-1測量高齡者的休閒需求，瞭解他們的需求狀態（總加分數愈低則休閒需求愈強烈）。

表7-1　休閒自我決定、休閒勝任以及休閒社會支持量表（Chang, 2017）

面向	題目	完全不同意	有些同意	中度同意	相當同意	完全同意
休閒自我決定	1.我自由地選擇我要從事的休閒活動	1	2	3	4	5
	2.當我從事休閒活動時，我覺得很自在	1	2	3	4	5
	3.我從事休閒活動是因為其他人希望我這麼做	1	2	3	4	5
	4.當從事休閒活動時，我感覺到自由	1	2	3	4	5
	5.在從事休閒活動時，我自己會決定我要做什麼	1	2	3	4	5
	6.在從事休閒活動時，我覺得沒有束縛	1	2	3	4	5

面向	題目	完全不同意	有些同意	中度同意	相當同意	完全同意
休閒勝任	7.當我從事休閒活動時，我覺得勝任其中	1	2	3	4	5
	8.我有能力規劃自己的休閒活動	1	2	3	4	5
	9.當我從事休閒活動時，我覺得自己是一個有休閒能力的人	1	2	3	4	5
	10.我覺得休閒是我最拿手的事	1	2	3	4	5
	11.我自信能輕鬆地完成所有我從事的休閒活動	1	2	3	4	5
	12.我對自己在休閒活動中的表現感到滿意	1	2	3	4	5
休閒社會支持	13.我的休閒同伴樂於傾聽我的心聲	1	2	3	4	5
	14.對我來說，與好友一起從事休閒活動可以增進友誼	1	2	3	4	5
	15.我深深感受到休閒同伴對我的支持	1	2	3	4	5
	16.我的休閒同伴很尊重我	1	2	3	4	5
	17.我的休閒同伴幫助我去感受自己的美好一面	1	2	3	4	5
	18.我的休閒同伴讓我有高的自尊	1	2	3	4	5
	19.我沒有休閒同伴的支持	1	2	3	4	5
	20.我覺得我的休閒同伴很重視我	1	2	3	4	5
	21.當我有需要時，我的休閒同伴將把東西借給我	1	2	3	4	5
	22.假如我需要人手幫忙，我的休閒同伴會幫我	1	2	3	4	5
	23.假如有必要，我的休閒同伴將借我錢	1	2	3	4	5
	24.當我不在家時，大多數的休閒同伴都樂意幫我看家、看小孩或看寵物	1	2	3	4	5
	25.如果有需要，我的休閒同伴會幫助我做決定	1	2	3	4	5
	26.當我有困難時，我的休閒同伴會提供我意見	1	2	3	4	5
	27.我的休閒同伴常常提供我有用的資訊	1	2	3	4	5
	28.當我不確定要做什麼時，我可以跟我的休閒同伴談	1	2	3	4	5

事實上，除了高齡者的休閒需求評估之外，休閒活動設計者也需要紀錄他們的基本資料（諸如性別、年齡、種族）、身心狀態以及休閒參與情形，才能設計出最適合他們的休閒活動。有關身心狀況之調查，可使用表7-2。至於休閒參與情形之調查，可使用表7-3。

表7-2　高齡者狀態觀察表（Elliott & Sorg-Elliott, 1991）

觀察表

姓名＿＿＿＿＿＿＿＿＿＿　日期＿＿＿＿＿＿＿＿＿＿　評估者＿＿＿＿＿＿＿＿＿＿

根據以下給分標準評估高齡者之狀態：0＝從不；2＝有時；4＝經常；6＝非常；8＝幾乎；10＝總是。

身體狀態　　　　　　　　　　　　　　　　　　　　　　　　　　總評

身體柔軟度	0	1	2	3	4	5	6	7	8	9	10
手／手臂的活動範圍	0	1	2	3	4	5	6	7	8	9	10
腿／腳的活動範圍	0	1	2	3	4	5	6	7	8	9	10
耐力	0	1	2	3	4	5	6	7	8	9	10
身體協調性	0	1	2	3	4	5	6	7	8	9	10
手眼協調性	0	1	2	3	4	5	6	7	8	9	10
自我移動能力	0	1	2	3	4	5	6	7	8	9	10
視力	0	1	2	3	4	5	6	7	8	9	10
聽力	0	1	2	3	4	5	6	7	8	9	10
＿＿＿＿＿＿	0	1	2	3	4	5	6	7	8	9	10
＿＿＿＿＿＿	0	1	2	3	4	5	6	7	8	9	10

自我照顧情況

每日梳洗	0	1	2	3	4	5	6	7	8	9	10
如廁	0	1	2	3	4	5	6	7	8	9	10
沐浴	0	1	2	3	4	5	6	7	8	9	10
用膳	0	1	2	3	4	5	6	7	8	9	10
＿＿＿＿＿＿	0	1	2	3	4	5	6	7	8	9	10
＿＿＿＿＿＿	0	1	2	3	4	5	6	7	8	9	10

認知面向

專注力	0	1	2	3	4	5	6	7	8	9	10
察覺力	0	1	2	3	4	5	6	7	8	9	10
言語累贅	0	1	2	3	4	5	6	7	8	9	10
短期記憶	0	1	2	3	4	5	6	7	8	9	10

長期記憶	0	1	2	3	4	5	6	7	8	9	10
嗅覺	0	1	2	3	4	5	6	7	8	9	10
觸覺	0	1	2	3	4	5	6	7	8	9	10
味覺	0	1	2	3	4	5	6	7	8	9	10
_____	0	1	2	3	4	5	6	7	8	9	10
_____	0	1	2	3	4	5	6	7	8	9	10
情感／社會面向											
與其他人合作	0	1	2	3	4	5	6	7	8	9	10
熱情	0	1	2	3	4	5	6	7	8	9	10
非言語互動	0	1	2	3	4	5	6	7	8	9	10
對話	0	1	2	3	4	5	6	7	8	9	10
身體接觸	0	1	2	3	4	5	6	7	8	9	10
參與	0	1	2	3	4	5	6	7	8	9	10
情緒反應	0	1	2	3	4	5	6	7	8	9	10
舉措平穩性	0	1	2	3	4	5	6	7	8	9	10
競爭	0	1	2	3	4	5	6	7	8	9	10
達成任務	0	1	2	3	4	5	6	7	8	9	10
興趣範圍	0	1	2	3	4	5	6	7	8	9	10
_____	0	1	2	3	4	5	6	7	8	9	10
_____	0	1	2	3	4	5	6	7	8	9	10

表7-3 高齡者休閒調查表（Elliott & Sorg-Elliott, 1991）

1. 您喜歡以何種方式度過休閒時光？
   □單獨一人　□與朋友一起　□與任何人　□不知道
2. 您最喜歡的季節是在　□春　□夏　□秋　□冬
   喜歡的原因是_____
3. 一天之中，您最喜歡的時間是在　□早晨　□下午　□晚上
   喜歡的原因是_____
4. 您一週內最忙碌的時間是在
   □星期一　□星期二　□星期三　□星期四
   □星期五　□星期六　□星期日
5. 您一週內最無聊的時間是在
   □星期一　□星期二　□星期三　□星期四
   □星期五　□星期六　□星期日
6. 當您有空閒時間時，您最喜歡從事的休閒活動是_____
   喜歡的原因是_____

7. 您喜歡休閒活動的地點是在
　□有設備的地方　　　□離開大樓的地方
　□您的房間　　　　　□野外的地方
　□休息聊天的地方　　□無特定地點或設備的地方

8. 當您從事休閒活動時，最喜歡的活動事項是
　□用手或手掌的活動　□從事動物或植物的活動
　□用腳的活動　　　　□從事藝術或詩歌的活動
　□閱讀或寫作　　　　□從事宗教信仰的活動
　□跟別人在一起

9. 那一種活動是您年輕時最常做的事，且目前您還繼續在做？
　_____

10. 請寫下一種您認為會繼續做下去的休閒活動。
　_____

11. 請寫下您認為花費最大能量的活動。
　_____

12. 請寫下一種讓您覺得最放鬆的休閒活動。
　_____

13. 請寫下一種休閒活動是您喜歡但以前沒有機會去做的事。
　_____

14. 在下列活動項目中，您認為最有興趣去觀賞或參與的項目請打勾（可多選）
　□遊戲　□藝術　□音樂　□戶外遊憩　□宗教性活動　□娛樂
　□運動　□收集　□工藝　□志工服務　□球類活動

第二節　活動目標之訂定

　　在評估高齡者的休閒需求之後，緊接著要訂定合乎他們休閒需求的活動目標。由於訂定活動目標不僅可以將高齡者的休閒需求和實際活動聯結，也可以提供休閒活動設計者努力的目標與作為未來成果評鑑的依據，故訂定活動目標在整個休閒設計過程中不可或缺。

　　事實上，休閒活動設計除了可以幫助高齡者提升休閒品質，也可以幫助他們引發休閒內在動機與獲得休閒效益，諸如減低生活壓力、促進身心健康以及提升生活品質等功效。因此，活動目標的訂定不應該只侷

限在休閒品質的提升，必須擴及休閒內在動機與休閒效益層面。

　　Elliott與Sorg-Elliott（1991）指出，訂定活動目標必須考量以下三個元素：第一個元素是行動元素，或者說執行元素。行動元素不僅告知休閒活動設計者活動目標，指出努力的方向，更提供一個觀察的機會。例如，將活動目標訂為「提升高齡者休閒勝任」，除了提醒休閒活動設計者提高他們的休閒技能之外，也呈現一個可觀察的具體項目（休閒勝任之評估）。

　　第二個元素是準則元素。準則可以提供一個判斷標準。以「提升高齡者休閒勝任」為例，休閒活動設計者必須進一步補充，提升休閒勝任的標準。假設：以表7-1測量高齡者的休閒勝任，則休閒活動設計者必須訂定一個標準。例如，高齡者在參與休閒活動之後，休閒勝任的測量分數應顯著高於休閒活動參與之前。在訂定這個標準之後，才可以提供日後一個具體的評估依據。

　　第三個元素是條件元素。這一項元素讓活動目標變得更完整。例如，休閒活動設計者應明確訂定出活動目標的達成時間，使未來的成果評鑑有更具體的依據。假設：提升高齡者休閒勝任目標訂為六個月內達成，則六個月內無法提升他們的休閒勝任即宣告失敗，即使七個月之後，他們的休閒勝任提高了，仍然視為未通過成果評鑑。簡言之，完整的活動目標必須包含行動元素、準則元素以及條件元素。在介紹以上這三個元素之後，緊接著本節將進一步說明活動目標的訂定原則。

一、目標明確

　　一旦休閒活動目標訂定之後，將成為未來成果評鑑的依據，所以訂定活動目標必須清楚、明確（Elliott & Sorg-Elliott, 1991），日後才能進行評鑑作業。為說明清楚目標之形式，以下將列舉實例說明。假設：將活動目標訂為「改善高齡者之健康」或「增強高齡者之休閒內在動機」皆屬於不清楚的目標。理論上，高齡者的健康至少包括生理、心理以及社會面向，且每一個面向可以再細分次面向。例如，生理健康可以進一

步界定為降低血脂肪或改善自律神經失調。又休閒內在動機也可以再細分為休閒自我決定、休閒勝任以及休閒社會支持。因此，清楚的目標應具體指出項目，諸如將活動目標訂為「降低高齡者之血脂肪」或「增進高齡者之休閒自我決定」才是清楚之目標。

二、目標可達成性

休閒活動設計者所訂定的活動目標必須可以達成，否則再美好的活動目標都不具意義，且無法通過成果評鑑。例如，幾乎所有的高齡者都會有骨質疏鬆的問題，假如能增加他們的骨質密度，將是美事一椿。然而，高齡者的骨質流失是不可逆的生理現象。換言之，假如將活動目標訂為「增加高齡者的骨質密度」勢必無法達成。因此，休閒活動設計者必須訂定可以達成之目標，才能通過未來之評鑑。

在活動目標必須可達成的概念上，最好建立一個理論性架構，比較能完成「可達成」之要求。理論上，可達成的部分必須有一套理論指引。以「減輕高齡者壓力」目標為例，休閒活動設計者即可以使用Coleman與Iso-Ahola（1993）提出之休閒與健康關係模式（如圖7-2）作為理論架構。根據休閒與健康關係模式，休閒活動設計者可以使用休閒自我決定和休閒社會支持的改善作為減輕高齡者壓力的方法。當高齡者面對負面事件時，休閒自我決定與休閒社會支持將發揮功效而減輕壓力，使他們的健康不受影響，但是缺乏休閒自我決定與休閒社會支持時，則負面事件所造成的壓力將產生直接的衝擊而影響健康。例如，與配偶吵架之後，如果有休閒同伴可以傾訴心情，將有助於減輕壓力，但是缺乏休閒同伴，則與配偶吵架所形成的壓力將直接衝擊健康，諸如造成血壓飆高與胃痛。因此，提升高齡者的休閒自我決定和休閒社會支持可以幫助他們減輕壓力而維護健康。

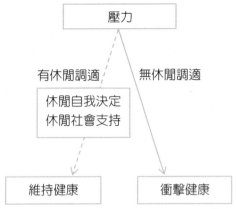

図7-2 休閒與健康關係模式（Coleman & Iso-Ahola, 1993）

此外，在達成活動目標的程序上，必須如圖7-2循序漸進。例如，先改善高齡者的休閒自我決定和休閒社會支持，再減輕壓力，最後維護健康。換言之，藉由理論的指引可以更清楚呈現活動目標的達成過程。是故，透過理論訂定活動目標著實重要。

第三節　活動內容之研擬

一般團康型的活動設計會使用以下七個W審視、研擬休閒活動（張樑治，2013a）。不過，如先前所述，訂定活動目標應包含理論性，故研擬實際活動亦必須涵蓋理論性。因之，在介紹這七個W之後，本節將進一步敘述理論性之活動研擬，讓整個研擬過程的說明更完整。

一、團康型活動設計

為避免在研擬休閒活動時有所遺漏，休閒活動設計者通常會使用以下七個W審視休閒活動是否完備：(1)Who—那些人將參與這個活動？(2)What—這個活動的目標是什麼？(3)Why—為什麼要選擇這個活動？(4)Which—將使用什麼道具進行這個活動？(5)When—將在什麼時候進行這個活動？(6)Where—將在什麼地方進行這個活動？(7)hoW—如何進行這

個活動?詳細說明見以下之敘述。

(一)Who

「那些人將參與這個活動」的考量主要在提醒休閒活動設計者,不同特性、背景的高齡者有不同的休閒需求。假如要投其所好,提供高齡者想要的休閒活動,則必須先瞭解他們的休閒需求。換言之,休閒活動設計者在研擬實際活動時,首先要知道那些人將參與這個活動?他們的休閒需求是什麼?

(二)What

休閒活動設計者在評估高齡者的休閒需求之後,緊接著要訂定活動目標。訂定活動目標通常有二種方式:(1)根據高齡者的休閒需求訂定;(2)根據休閒活動設計者的專業訂定。假如透過第一種方式訂定活動目標,則活動目標可能會比較體驗取向,畢竟一般人不會清楚休閒參與之效益。因此,訂定活動目標的理想方式為同時考量高齡者的休閒需求和休閒活動設計者的專業。

(三)Why

「為什麼要選擇這個活動」的考量除了要提醒休閒活動設計者所選擇的休閒活動是否可以達成活動目標之外?也要提醒休閒活動設計者所預期的成效是自己想當然爾的想法?還是有相關理論顯示,執行這個活動可以達成活動目標?雖然休閒活動具有陶冶性情、放鬆、獲得快樂、增進肺活量、減肥以及增強免疫系統等功效,但是休閒活動的功效具有專一性,並非所有的休閒活動都可以產生以上之效益。例如,雖然欣賞藝術品與繪畫可以陶冶性情,然而欣賞藝術品與繪畫並沒有增進高齡者肺活量的功效。假如休閒活動設計者所訂定的活動目標是增加肺活量,則採用欣賞藝術品與繪畫作為實際活動即大錯特錯。理論上,健行與慢跑可以增加肺活量,所以在這個目標下,使用健行作為實際活動可能會比較適當。簡言之,**Why**要提醒休閒活動設計者在選擇實際活動時,必須建立在科學研究的基礎上,才能有效實現活動目標。

㈣Which

　　工欲善其事，必先利其器！休閒活動設計者在選定實際活動之後，假如也可以同時決定活動道具，將有助於實際活動之進行。例如，如果在舉行卡啦OK活動時，能挑選好一點的麥克風與音響，將有助於卡啦OK活動之進行。簡言之，在決定實際活動之後，要隨即決定使用什麼活動道具進行活動。

㈤When

　　「活動時間」的考量可能會讓許多人覺得只要選擇高齡者有空的時間舉行實際活動即可，不必花費太多的時間去決定實際活動的施行時間。不過，無論是從成本面或活動執行面考量，慎選時間確實有其必要性。例如，在暑假期間比其他離峰時間到休閒農場舉辦活動的成本更高。至於活動執行面，也與時間有關。例如，因為恆春半島在冬季有落山風，不利戶外活動，所以冬季在恆春半島舉辦戶外活動即不適當。是故，慎選活動時間絕對必要。

㈥Where

　　「活動地點」的考量與「活動時間」的情況相同，亦即二者皆是重要的考量因素，可是許多人卻忽略二者之重要性。理論上，活動地點的選擇不只是成本預算的考量，也涵蓋活動是否可以順利進行的考量。例如，在五星級的飯店舉辦活動比在一般等級的飯店舉辦活動花費更高。至於活動執行上的考量，同樣也顯示出活動地點考量的重要性。例如，在新北市的休閒農場舉行活動時，因為距離市區近，且交通便利，所以在晚上可能會有部分的高齡者偷溜出去而不利晚會活動的進行。不過，假如將活動移至綠島或蘭嶼等離島舉辦，則高齡者偷溜出去的情況即可以避免。因此，活動地點的考量不容輕忽。

㈦hoW

　　絕大多數的人第一個反應可能是「只有六個W啊！怎麼會變成七個W呢？」這可能是因為第七個W不是W開頭的英文單字而是W結尾的單字，所以被忽略。第七個W指的是how to do it（如何進行休閒活動）？

如何做？可能是最難的部分，也可能是最簡單的部分。如何做之所以讓人覺得困難是因為這個部分必須要考慮很多的細節，但是之所以簡單是因為把以上六個W做好，則how to do it的答案即呼之欲出。換言之，休閒活動設計者必須考量：「如何評估高齡者的休閒需求？將訂定什麼休閒活動目標？要選擇什麼休閒活動？將使用什麼活動道具？什麼時候進行休閒活動？什麼地方進行休閒活動？」然後自問：「這些考量是否適當？」假如答案是肯定的結果，則休閒活動應該能產生預期的功效。

二、理論型活動設計

理論上，休閒活動具有不同的難易層級，有的活動可以輕易參與，但是有的活動卻困難重重。Beck-Ford與Brown（1984）回顧相關文獻指出，休閒活動依參與及投入程度、組織、人際互動等面向，可以區分出以下四種層級：(1)觀賞型活動、(2)社交型活動、(3)體能型活動、(4)創造型或自我實現型活動。在休閒活動設計過程中，可以先依照高齡者的狀況選擇適當層級的活動，再設計活動內涵。為幫助讀者瞭解整個過程，本節先介紹這四種層級的活動，再敘述每一種層級的內涵。

一、觀賞型活動

第一個層級是觀賞型活動，諸如看電視、看電影，都屬於這類型的活動。基本上，觀賞型活動的可及性最高，只需要低度的參與便能輕易進行，且所需要的體能與社會技巧最少。雖然觀賞型活動通常是被動或非深度的參與型態，但是觀賞型活動還是可以依照難易度再區別出居家式的觀賞型活動與社區式的觀賞型活動。理論上，社區式觀賞型活動需要比較複雜的社會技巧，諸如交通與資源訊息的收集、金錢與時間的管理、人際間的互動等，故社區式觀賞型活動比居家式觀賞型活動需要更複雜的技巧。

二、社交型活動

第二個層級是社交型活動，舉凡能促進人際互動關係發展的活動，諸如下午茶、拜訪親朋好友等，皆屬於這類型的活動。雖然其他層級的活動也有社會互動的要素，但是在社交型活動中，則完全聚焦在社會互動技巧上的發展。假如依照第一層級的分法，則社交型活動也可以區分成居家式社交型活動（譬如家庭聚會、中秋烤肉）與社區式社交型活動（譬如參加俱樂部、擔任志工）兩種。

三、體能型活動

第三個層級是體能型活動（譬如到公園散步、甩手）。從事體能型活動不僅需要有參與興趣，更需要體能上的投入。此外，當體能型活動不只是「身體上的活動」時，則活動參與將需要更多的知識與技巧。例如，高齡者在打槌球時，不是對著球亂打而已，還必須具備相當的知識與技巧，才能在遊戲中獲得勝利。理論上，體能型活動可以區分成個人式的體能型活動（譬如瑜珈、太極拳）與團體式的體能型活動（譬如高爾夫球、槌球）。由於團體式的體能型活動除了體能上的投入之外，亦必須與其他人互動而需要互動技巧，故呈現更高的難度。

四、創造型活動

第四個層級是創造型活動（譬如編織、雕刻），或者說自我實現型活動。這類型的活動不只是活動參與而已，在活動結束之後，將產生個人獨道的作品，故從事這類型的活動需要相當的自我投入，除了花費大量的體力與精神學習之外，亦必須不斷的練習，才能使個人的技能爐火純青。因此，在以上這四種層級中，以創造型活動為最高層級。

在介紹以上四種休閒層級之後，接下來本節將談論這四種層級活動的共同內涵，即休閒自我決定、休閒勝任以及休閒社會支持。雖然第四

章將這三者視為重要的休閒內在動機，然而這三者也是活動參與過程中的重要休閒內涵。首先，休閒自我決定是最重要的休閒特徵之一。假如缺乏「自由做決定」的參與過程，則再有趣的活動都變成工作或任務，毫無玩興可言。換言之，休閒自我決定是活動成為「休閒」最重要的因素之一。理論上，休閒活動設計者不應該放任高齡者在活動過程中，隨興參與，而應該幫助他們提升休閒自我決定之能力。Beck-Ford與Brow（1984）指出，可以透過以下五個階段提升休閒自我決定：(1)幫助高齡者瞭解有那些活動選項；(2)辨識和收集活動資訊；(3)尋找替代方案的能力；(4)探討活動結果；(5)探索自我對於活動選項的選擇和參與結果的感覺。

在休閒勝任方面，勝任可以幫助高齡者在活動參與過程中，覺得舒服、沒有壓力，所以休閒勝任對於活動成為「休閒」也是不可缺少的元素。雖然每一位高齡者的休閒技能不同而呈現不同的勝任程度，但是休閒活動設計者應該考量高齡者的狀況，幫助他們提升休閒技能，諸如教導他們如何運用社區的休閒資源、增進人際互動的技巧等，都有助於提高休閒技能，進而提升休閒勝任。

至於休閒社會支持，也是將活動變成「休閒」的重要內在酬賞。理論上，休閒活動設計者必須讓活動參與過程的人際互動變得有意義，才能真正幫助高齡者增加社會支持。Johnson（1993）進一步指出，欲使人際互動變得有意義，應該做到以下四點：(1)發展與維持信任；(2)傾聽、溝通，進而彼此瞭解；(3)接納自己與他人；(4)彼此協助，解決休閒參與過程面對的問題。由於以上所介紹的四種層級活動都有休閒自我決定、休閒勝任以及休閒社會支持等內涵，故本節將以上四種層級與三種內涵結合，並繪製圖7-3說明。

圖7-3 不同層級之休閒活動內涵（參考Beck-Ford & Brown, 1984）

在圖7-3中，有二個軸線。在水平軸線有四個層級，從第一層級的觀賞型活動到第四層級的創造型活動；在垂直軸線有三個活動內涵，即休閒自我決定、休閒勝任以及休閒社會支持。以休閒自我決定為例，在第一層級只需要幫助高齡者從二種項目中做選擇即可，但是隨著層級的增加，休閒自我決定的難度也要隨著提高，到第四層級時，即必須協助高齡者辨識各種選擇的可能性並獨立做決定。

理論上，休閒活動設計者應該運用圖7-3上的概念，設計休閒活動，才能達成活動目標，諸如提升高齡者的休閒品質、促進各種休閒內在動機。在實際作法上，休閒活動設計者必須先評估高齡者的休閒需求與身心狀況，幫助他們挑選適當的層級活動，然後設計合適的活動內涵。例如，幫助高齡者選擇第二層級的活動（譬如打麻將、野餐），則活動內涵必須高於圖7-3的第一層級。在休閒自我決定要達到「從多元項目中做

選擇」；在休閒勝任要達到「功能性的計畫」；在休閒社會支持要達到「與其他休閒同伴互動」。總之，透過圖7-3將可以設計出適當的休閒活動。

自我評量題目

1. 請說明高齡者之休閒需求。
2. 請說明活動目標之元素。
3. 請說明活動目標之訂定原則。
4. 請說明不同層級之休閒活動。
5. 請說明休閒活動之內涵。

第八章

活動執行

張樑治

學習目標

1.瞭解休閒活動執行者之特質與條件。
2.瞭解可能影響休閒活動進行之因素。
3.瞭解休閒活動執行者之角色。

摘　要

　　本章首先介紹休閒活動執行者應該具備親切、正確的專業價值觀、積極學習與反應能力等四種特質，以及具備其他領域知識、相關證照與專業倫理等三種條件。在介紹休閒活動執行者的特質與條件之後，本章繼續談論六種可能影響休閒活動進行的因素：(1)參與互動的人、(2)實質情況、(3)休閒事物、(4)規則、(5)參與者之間的關係、(6)活化活動。本章最後試圖說明休閒活動執行者之角色，包括影響休閒活動進行因素中之角色與不同層級活動中之角色。

　　休閒活動設計工作完成之後，即輪到休閒活動執行者登場。在執行休閒活動的過程中，偶爾會出現一些意外的小插曲，諸如下雨取消戶外行程、當天參與人數突然增加而使預備的餐點不足。因此，休閒活動執行者是否能在執行休閒活動的過程中，因應各種潛在的問題，使休閒活動順利進行，即非常重要。

理論上，成功的因應問題可能與休閒活動執行者的特質與專業密切相關。例如，面對活動團員吵架，有些人的調停結果常常調停者變成當事者，但是有些天生和事佬特質的人，卻可以一次又一次化解紛爭；至於專業條件部分，具備執行休閒活動專業的人，一旦面臨突發狀況，即馬上啟動備案，讓活動順利完成。因之，本章先介紹休閒活動執行者應該具備的特質與專業條件，再談論可能影響休閒活動進行的因素和休閒活動執行者之角色。

第一節　休閒活動執行者之特質與專業條件

一位優秀的休閒活動執行者通常具備親切、正確的專業價值觀、積極學習與反應能力等特質，以及具備其他領域知識、相關證照與專業倫理等專業條件（張樑治，2013b）。為清楚說明休閒活動執行者的特質與專業條件，以下將進一步分項論述。

一、休閒活動執行者之特質

儘管每個人都是獨特的個體，有不同的特質傾向，然而在從事特定工作的人之中，通常會存在一些共同的特質。理論上，在休閒活動執行者身上，通常會有以下四種特質。

(一)親切

基本上，休閒活動執行者和參與活動的高齡者之間的互動極為頻繁。假如休閒活動執行者在整個活動過程中，都板著臉孔，則再好的休閒活動也無法令高齡者滿意。因此，一位成功的休閒活動執行者必須待人親切，笑臉迎人，這樣才不會讓高齡者有看人臉色的感覺，才有利於休閒活動之進行。

(二)正確的專業價值觀

在現代社會中，依舊有一些人存在著偏頗的專業價值觀，總是認為醫師、法官、會計師以及工程師等人的工作才具備專業性，至於餐飲服

務或休閒服務,則毫無專業可言。在早期「戲無益」與「玩物喪志」的時代中,以上這種偏差的價值觀也許還可以成立,然而在今日阿基師、吳寶春以及魏德聖等人的成功案例中,這種偏差的價值觀已經被時代所淘汰。例如,雖然醫師的醫療專業具有絕對的權威性,但是他們不見得能烹調出美味且健康的佳餚,也不見得能拍攝出令人感動的電影。假如醫師的專業性建立在人們健康的守護,則可以維護人們健康的餐飲服務與休閒服務理應也具備專業性。因此,休閒從業人員(諸如休閒活動設計者、休閒活動執行者),必須建立正確的專業價值觀,相信休閒從業人員與醫師、法官、會計師以及工程師一樣,同樣具備專業性,這樣才能獲得廣大社會大眾的尊重。簡言之,在大多數表現傑出且深受愛戴的休閒活動執行者中,他們通常具有正確的專業價值觀。

(三)積極學習

　　儘管休閒服務是一門專業,但是目前休閒從業人員專業的培養尚未建立一套標準的作業。例如,醫師專業的養成除了醫學系七年的專業訓練之外,還必須經歷實習醫師、住院醫師、總醫師以及專科醫師的磨練,然而休閒從業人員在休閒相關系所畢業之後,大多直接就業。因此,休閒活動執行者想要成為傑出的休閒從業人員,則休閒相關系所畢業之後,必須積極學習新知,累積專業,使參與活動的高齡者信服。換言之,假如要成為優秀的休閒活動執行者,則必須具有積極學習的特性,透過不斷的學習,表現出最好的一面。

(四)反應能力

　　理論上,在整個休閒活動過程中,隨時都可能有偶發事件,所以休閒活動執行者必須具備良好的反應能力,才能因應這些偶發事件。例如,活動團員之間發生口角時,如果休閒活動執行者能馬上冷卻他們的情緒,則這項莫名的戰火將可以瞬間澆息,不至於波及到其他人與影響休閒活動之進行。

二、休閒活動執行者之專業條件

休閒活動執行者最主要的任務是執行休閒活動，然而專業與不專業的休閒活動執行者在執行休閒活動的表現上，明顯不同。通常專業的休閒活動執行者不僅可以順利完成預定的活動目標，遇到突發狀況也能迎刃而解。例如，專業的休閒活動執行者能順利調停活動團員之間的爭吵。因此，休閒活動執行者並非人人可以勝任，必須具備相關專業。一般而言，休閒活動執行者至少需要具備以下之專業。

(一)具備其他領域知識

休閒活動執行者除了要瞭解休閒領域的專業知識之外，對於其他領域的知識，諸如人類學、社會學、心理學、生物學以及環境學等學科也必須涉獵，才可以在執行活動的過程中，讓活動順利進行。例如，假如休閒活動執行者對於植物與昆蟲一無所知，則帶領森林遊樂活動時，休閒活動執行者對於高齡者的問題可能一問三不知，進而減低高齡者的評價，譬如分不清臺灣欒樹與苦楝、不曉得臺灣欒樹下的椿象長相，都會讓高齡者覺得不夠專業而大失所望。此外，在森林遊樂活動中，可能有一些高齡者會東碰西摸，他們可能有摸到咬人貓或咬人狗的風險。假如休閒活動執行者不認識這些有毒植物，未能阻止高齡者摸這些有毒植物，則不僅會讓他們受傷，也讓森林遊樂活動無法順利進行。

(二)具備相關證照

基本上，休閒活動執行者具備導遊證照是最基本的要求，除了導遊證照之外，休閒活動執行者還必須考取其他的證照。其中，應該以心肺復甦術（cardio pulmonary resuscitation, CPR）證照與救生員證照為首要之取得目標。所謂心肺復甦術，即呼吸終止和心跳停頓時，合併使用人工呼吸與心外按摩來進行急救的一種技術。CPR證照是指已經通過合格心肺復甦術測驗之後，所核發的證照。另外，水上活動在臺灣是一種非常熱門的休閒活動。然而，在水上活動中，參與者可能有隨時發生意外的危險，諸如溺水或休克。假如休閒活動執行者能擁有這二張證照，則

不僅可以在黃金時間搶救罹難者，也可以讓其他的參與者刮目相看而有利接下來活動的進行。

（三）專業倫理

理論上，專業團體或組織都會建立一套倫理標準，規範團體或組織中的人員。休閒組織也是專業組織，所以休閒組織也會建立倫理規範。儘管專業倫理規範無關專業條件，然而遵守倫理規範可以彰顯休閒從業人員的專業性，故設立一套倫理規範極為重要。

休閒組織會訂定許多的倫理規範，諸如敬業規範與承諾規範。在這些規範中，以休閒活動執行者和參與者關係的規範最為重要。因為休閒活動執行者在專業上的表現以及幽默的談吐可能會吸引異性參與者，甚至和參與者產生感情，所以休閒組織通常會訂定休閒活動執行者和參與者關係的規範，不允許休閒活動執行者和參與者發生性關係。

第二節　可能影響休閒活動進行之因素

其實，休閒活動的進行會完全依照休閒活動設計者的腳本演出是少數，大多數的情況會出現一些小插曲而影響原來的行程。假如休閒活動執行者能明瞭那些因素會影響休閒活動的進行？將有助於防患未然。因此，本節將談論可能影響休閒活動進行的因素，提供休閒活動執行者參考，使他們在執行休閒活動的過程中，小心提防。

在實務上，可能影響休閒活動進行的因素大致有參與互動的人（interacting people）、實質情境（physical setting）、休閒事物（leisure objects）、規則（rules）、參與者之間的關係（relationships）以及活化活動（animation）等六種（陳惠美、鄭佳昆、沈立譯，2003），所以本節將針對這六種因素進一步介紹。

一、參與互動的人

就體驗觀點而言，休閒是參與活動的高齡者在休閒環境或脈絡中，考量自身與其他人的行為表現之後，所反映出來的一連串行為而創造的經驗。因此，即使在相同的休閒環境或脈絡中，不同的高齡者也會有不同的行為反應與休閒體驗。

第七章曾經提及，休閒活動設計者在設計休閒活動時，必須考慮到高齡者的特性與需求，才能投其所好，吸引他們參與。事實上，休閒活動執行者也必須事先瞭解高齡者的特性與需求，才能順利執行休閒活動。例如，假如休閒活動執行者即將服務的對象是只聽得懂方言的高齡者，則執行休閒活動之前，休閒活動執行者可能要多練習方言，以利執行休閒活動時，與他們溝通，進而使休閒活動能順利進行。如果休閒活動執行者完全不會說方言，則必須請其他的休閒活動執行者代勞。

二、實質情境

第二個可能會影響到休閒活動進行的因素是實質情境。實質情境包括影像或場景、聲音、味道以及實體，所以實質情境可能會觸及高齡者的視覺、聽覺、嗅覺或觸覺等一種以上的感官。例如，在高齡者的卡啦OK活動中，即涉及視覺（燈光）與聽覺（聲音）。不論休閒活動涉及到那一種感官，感官的影響都舉足輕重。以芳香療法（Spa活動）為例，不管是精油的味道不對味或Spa的力道不對勁，都令高齡者不滿意。因此，假如要提供高齡者滿意的體驗，則休閒活動執行者要依照高齡者的喜好選擇適當的精油與芳療師。簡言之，辨識實質情境是執行休閒活動的必要作業。

至於實質情境的考量，有三項要點。首先，休閒活動執行者必須瞭解實質情境具有獨特性，無法完全複製。例如，雖然許多高齡女性喜歡薰衣草味道的精油，但是這不代表所有的高齡女性都喜歡薰衣草的味

道。假如休閒活動執行者不能察覺不同人的喜好，把薰衣草味道的精油提供給不喜歡薰衣草味道的人，將無法使參與Spa的人獲得滿意的體驗。因此，休閒活動執行者必須依照不同高齡者的情況選擇適當的實質情境。

第二，休閒活動執行者必須瞭解實質情境有其限制性，使一些休閒活動差強人意而無法完全令人滿意。例如，都會公園無法像森林一樣，提供完美的戶外探索教育活動之環境，所以礙於經費限制，選擇都會公園舉辦活動時，則休閒活動執行者必須體認休閒活動可能只有差強人意的水準。

第三，儘管實質情境有其限制性，但是休閒活動執行者還是可以藉由裝飾、燈光、音效以及其他環境上的改變，改善實質情境。例如，在長青活動中心，透過裝飾、燈光以及音效也可以裝置出不錯的舞臺，進行卡啦OK活動。

三、休閒事物

理論上，休閒事物的形式有象徵的、社會的以及物質的等三種。例如，經過多年的經營，宜蘭的童玩節已經成為象徵的休閒。例如，問100個人童玩節的象徵，至少有七成的人會提到水。另外，志工服務工作可以視為社會的休閒。最後，需要使用實體才能進行的活動可以當作物質的休閒。雖然休閒活動執行者在執行休閒活動時，必須確認休閒事物的形式，然而不是所有的事物都必須加以確認。通常休閒活動執行者只需要界定出可以促使活動發生與成功關鍵的事物即可（張樑治，2013b）。以物質的水為例，想要玩水到那裡都可以，不一定要到宜蘭玩水，參與者之所以到宜蘭玩水，大多是為了感受童玩節的氣氛（象徵的）。因此，在童玩節的實例中，休閒活動執行者必須體認到象徵的形式，才是影響活動進行之關鍵。

四、規則

　　規則是用來引導活動的進行，尤其比賽型的休閒活動，諸如槌球與高爾夫球，更是需要規則。假如不懂規則或沒有規則，輕則鬧笑話，重則活動無法進行。由於規則影響整個休閒活動的進行深鉅，故執行休閒活動時，休閒活動執行者必須使用規則來引導參與者進行活動。

　　不過，過多的規則反而會引發參與者的反感，甚至阻礙休閒活動之進行。例如，在營隊活動中，如果休閒活動執行者訂定太多且太細的規則，諸如早上六點起床、六點零五分盥洗、六點十分集合……等，就像軍中生活一樣，則參與者可能也無法接受。因此，在沒有規則與太多規則的權衡中，休閒活動執行者必須適當拿捏（張樑治，2013b）。

五、參與者之間的關係

　　由於高齡者常常會跟親朋好友一起參與休閒活動，所以他們之間可能會有關係。因此，如果休閒活動執行者想要順利執行休閒活動，則他們必須先瞭解高齡者之間存在著什麼關係？甚至要進一步評估這種關係是否會對休閒活動的進行有潛在的影響？例如，休閒活動執行者必須判斷，高齡者是否會因為彼此熟識而搞小團體，進而影響休閒活動的進行？假如小團體會影響休閒活動的進行，則休閒活動執行者可以考慮將小團體打散到不同的小組。另外，如果高齡者彼此不相識，則休閒活動執行者也必須評估，這樣會不會影響他們在休閒活動進行中的互動而必須安排「破冰活動」，讓他們認識，進而使休閒活動順利進行。

六、活化活動

　　假如要休閒活動順利進行，則必須活化活動。所謂活化活動，即如何將活動落實到高齡者身上的行動，使整個休閒活動持續進行。如果休閒活動設計者想要活化活動，則必須預估高齡者在休閒活動過程中會有

什麼行為反應，然後規劃自發且生動的行動而建構整個休閒活動。基本上，假如休閒活動設計者想要活化活動，則除了提供完整的架構之外，找到一位優秀的休閒活動執行者是更直接的方法。例如，當拿到一份相同解說文稿時，有的人只會照本宣科，有的人卻可以融入個人的經驗，配合抑揚頓挫，將整個文稿表現得淋漓盡致，使聽眾聽得意猶未盡，進而將整個活動活化。換言之，休閒活動執行者本身也是攸關成敗的因素之一。因此，在執行休閒活動過程中，休閒活動執行者必須全力以赴。

第三節　休閒活動執行者之角色

　　為清楚說明休閒活動執行者之角色，本節使用圖8-1說明。圖8-1意指，在最原始的休閒活動模式中，休閒活動設計者設計活動，提供給高齡者，而他們在參與休閒活動之後，將獲得高品質的休閒體驗與休閒效益，諸如降低血脂肪、改善睡眠品質。在加入休閒活動執行者的模式中，休閒活動執行者的任務即執行休閒活動，使休閒活動能順利進行，進而讓活動目標能順利達成。由於在進行休閒活動的過程中，偶爾會有一些意外的小插曲，像是突然下大雨，使戶外活動必須移至室內舉行，故透過專業的休閒活動執行者執行休閒活動，將可以有效因應突發狀況，使休閒活動順利完成。換言之，雖然休閒活動執行者不直接影響高齡者的休閒體驗，但是休閒活動執行者的出現，將幫助高齡者提高休閒品質與促進他們的休閒效益。

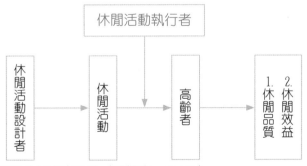

圖8-1　休閒活動執行者之角色（張樑治，2013b）

理論上，休閒活動執行者所扮演的角色可以從二個面向加以討論。首先，從休閒活動進行過程切入。第二，本書在第七章曾經介紹四種層級的休閒活動。由於不同層級的休閒活動在休閒自我決定、休閒勝任以及休閒社會支持的要求各有不同，且休閒活動執行者的角色會隨著高齡者在不同層級的休閒技能的提升而調整，所以休閒活動執行者的角色也可以從不同層級的休閒活動面向加以說明。這二個面向的論述如下。

一、在影響休閒活動進行因素中之角色

因為休閒活動執行者不會直接影響休閒活動的成效，而是扮演活動催化劑的角色，故休閒活動執行者在執行休閒活動之前，必須先詳閱活動內容與目標，才能掌握本次活動的精神，進而達成活動目標。換言之，假如想要順利完成休閒活動，則休閒活動執行者第一步要先瞭解休閒活動之內容與目標。

理論上，為順利達成休閒活動目標，休閒活動執行者可以進一步使用白袍策略、證照策略以及原則策略（張樑治，2013b）。這三個策略說明如下。

(一)白袍策略

基本上，在說服聽眾的過程中，講者的專業背景會影響聽眾的接受度（李茂興、余伯泉譯，1999）。例如，當醫師與國中校長說相同的衛教內容時，儘管國中校長有相當的社會地位，民眾還是認為醫師講得比較有道理，因為衛教與醫師的專業有關。在電視廣告中，以上的論點更是應用得淋漓盡致。例如，在牙膏與保健食品的廣告中，不管代言人是不是真的醫師，大多數的代言人都會穿著醫師的白袍，因為白袍代表醫師的專業，比較能夠說服觀眾購買所代言之產品。同理，休閒活動執行者在執勤時，如果可以穿著機關的專業制服，將更能傳遞專業性，使高齡者更信服，進而讓休閒活動順利進行。

(二)證照策略

其實，證照策略與白袍策略相同，都是企圖透過專業的呈現，讓參

與活動的高齡者信服，以利休閒活動進行。假如大家想像一下醫療診所內的景象，則共同的景象可能是很多醫師的證照。這些證照無非是要彰顯醫師的專業，讓病患放心。同理，假如休閒機構能將休閒活動設計者與休閒活動執行者的證照影本擺出來，將有助於高齡者信服，進而使休閒活動執行者在執行休閒活動時，能順利完成。

(三)原則策略

儘管「顧客至上」的觀點已經成為服務業的共識，然而一味的討好顧客不見得是件好事。例如，2011年我到峇里島發表論文，下榻ＸＸＸ飯店時，就深深感覺到，如果顧客要什麼就給什麼，只會讓顧客看輕。當時，我發現，飯店為討好抽菸的房客，竟然讓這些房客公然在大廳與餐廳抽菸。我不曉得這些癮君子是否會覺得飯店很貼心，允許他們公然抽菸，但是這種允許癮君子公然抽菸的作法，只是讓其他的房客瞧不起，像我就覺得這是一家三流的飯店，永遠不會想要再光顧。相反地，有時適當的約束顧客的行為，反而有利於經營。例如，花蓮某豬腳店的老闆對於顧客沒有把豬腳吃完就想要離席會加以斥責，反而形成特色，使生意蒸蒸日上。因此，休閒活動執行者在執行休閒活動時，不能一味地迎合高齡者的要求，有時不合理的要求必須嚴正拒絕。再回到ＸＸＸ飯店的例子，在禁菸場所吸菸絕對不能姑息，如此才能贏得好評。

二、在不同層級活動中之角色

理論上，休閒活動執行者所扮演的角色是在休閒脈絡中，依照高齡者的狀況與不同活動的層級，提供適當的協助或指導，使休閒活動能順利進行，進而達成活動目標（Beck-Ford & Brown, 1984）。因此，以下將針對Beck-Ford與Brown提出的不同層級活動的休閒脈絡，說明休閒活動執行者之角色。

(一)在第一層級觀賞型活動之角色

在第一層級觀賞型活動中，休閒活動執行者可能扮演以下之角色：
(1)控制者。當面對的高齡者是活動生手或高度需要協助的人，則休閒

活動執行者即必須扮演控制者的角色，所有與活動有關的事，都必須幫他們決定。(2)指導員。假如高齡者有初階的休閒技能或一些相關的經驗，則休閒活動執行者即可以扮演指導員的角色，提供他們一些選擇的機會，且引導他們參與休閒活動。(3)誘導者。高齡者有更高的休閒能力時，則休閒活動執行者即扮演誘導者的角色，一開始先鼓勵高齡者參與活動，之後再退居活動幕後。(4)諮詢者。當高齡者具有豐富的活動經驗時，休閒活動執行者只需要擔任諮詢者的工作，隨時做好準備，提供他們諮詢並建議即可。

無論休閒活動執行者扮演什麼角色，都必須達成以下最低要求的活動目標。在休閒自我決定方面，假如提供兩項活動進行選擇時，高齡者能詳述每項活動所代表的意思，進而從中選擇。例如，高齡者必須瞭解「電影院」與「劇場」代表的意涵，才能進行選擇。假如提供高齡者兩項活動進行選擇時，他們能分辨出比較喜愛那項活動，也能解釋比較喜愛這項活動的原因。

在休閒勝任方面，高齡者能在休閒活動執行者的協助下，獨立使用電子器材或尋求協助而使用這些器材。高齡者也能使用大眾運輸系統或其他運輸工具到達休閒目的地。

至於人際互動方面，高齡者必須能尋求協助，操作電視機、收音機。例如，即使高齡者因為身體殘障而無法操作上述器材，仍然能尋求必須的協助。高齡者同時能適當地表達個人的意見和感受，並與休閒活動執行者建立信任感。高齡者也不會隨意更改心意和退出先前計畫好的休閒活動。當參與社區型觀賞活動時，更能與社區成員進行適當的互動，諸如與他們保持適當的社交距離、維持適當的眼神接觸、常說請和謝謝、耐心地等候其他人以及能適時地排隊。

(二)在第二層級社交型活動之角色

隨著休閒活動層級的提高，休閒活動執行者的角色將逐漸從活動中淡出。在第二層級的活動中，休閒活動執行者可能扮演以下之角色：(1)指導員。當高齡者參與第二層級的活動，意味著他們已經有一些活動經

驗，所以休閒活動執行者不需要再擔任控制者的角色。在第二層級的活動中，休閒活動執行者投入最深的部分，應該是指導員的角色。儘管擔任指導員比其他角色投入更深，休閒活動執行者也要以鼓勵取代教導，讓高齡者在選擇中自己做決定。⑵誘導者。當高齡者有更多的相關經驗之後，休閒活動執行者可以扮演誘導者的角色，提供他們主動擬訂計畫的機會，且鼓勵他們自我表達並在適當的時機退居活動幕後。⑶諮詢者。對於更豐富經驗的高齡者，休閒活動執行者只需要隨時做好準備，當他們提出問題時，立即給予忠告。

　　無論休閒活動執行者扮演什麼角色，都必須達成以下最低要求的活動目標。在休閒自我決定方面，假如高齡者想參與社交活動，則他們必須能考量以下因素可能造成的影響而因應，使活動順利進行：⑴活動主題、⑵活動對象、⑶活動時間、⑷活動地點、⑸活動經費、⑹交通工具、⑺衣著打扮。但是，在集合地點、所需用品、全部花費以及時間流程等部分，休閒活動執行者仍然必須費心處理。

　　在休閒勝任方面，高齡者必須能完成以下之項目：⑴單獨搭乘大眾交通工具或其他可以替代的交通工具。⑵能自行排隊購票。⑶在餐館點餐，能瀏覽菜單、用餐以及結賬。⑷能提供茶點，招待休閒同伴。⑸能定期參與至少一項社交活動。

　　至於休閒社會支持方面，高齡者必須能完成以下之項目：⑴能簡單的自我介紹。⑵能使用有禮貌的措辭（諸如常說請、謝謝、不客氣），以及有禮貌的舉止（諸如送要離開的客人到門口、幫進門的客人拿外套、為客人開門）。⑶藉由表達意見，展現出對於其他人的信任（諸如休閒同伴或休閒活動執行者）。⑷與他人交談時，藉由傾聽、發問、提供資訊等方式接續話題，達成持續交談之目標。

(三)在第三層級體能型活動之角色

　　隨著休閒活動層級的提高，休閒活動執行者所扮演的角色又更少。在第三層級，高齡者所參與的活動主要集中在體能活動。由於體能活動的專業技能需要長時間的訓練與經驗的累積，所以休閒活動執行者不需

要特別去強調這個部分的技能，取而代之，只需要知道如何取得相關的資源並協助他們發展所需要的活動技能即可。在這個層級中，休閒活動執行者通常只需要擔任以下之角色：(1)誘導者。如同先前所述，鼓勵高齡者參與休閒活動並退居活動幕後。(2)諮詢者。當高齡者有比較多的相關經驗時，休閒活動執行者只需要提供他們相關的活動諮詢即可。(3)觀察員。這是前面二個層級沒有的角色。當高齡者有更豐富的相關經驗時，休閒活動執行者只需要給他們正面的活動回饋即可。

在第三層級體能型活動中，無論休閒活動執行者扮演什麼角色，都必須達成以下最低要求的活動目標。在休閒自我決定方面，假如高齡者計畫參與一項體能型活動時，則他們必須能考量以下因素，使活動能順利進行：(1)何種類別的體能型活動？(2)將和誰一起參與？(3)什麼時候舉行？(4)在那裡舉行？(5)需要多少費用？(6)需要多少時間？(7)需要使用何種交通工具？(8)需要使用那些設備？(9)應該穿著何種類型的服裝？(10)適合的天氣條件為何？假如高齡者與小團體成員一起計畫體能型活動，則他們必須能考慮到所有的因素和個人所能獲得的資源之後，決定是否參與該項活動？

在休閒勝任方面，高齡者必須能完成以下之項目：(1)知道如何購買或租借各種活動所需要的設備與器材。(2)瞭解安全的體能活動程序（諸如適當的衣著、設備的使用、注意其他人的狀況），以及體能活動進行期間的安全程序。(3)獨立搭乘公共交通工具或其他可以替代的交通工具。(4)獨立管理體能活動所需要的經費。(5)假如高齡者有身體或語言的障礙，無法獨立完成以上項目，則他們必須能尋求其他人的協助。例如，打電話尋求親朋好友的協助。(6)示範自己選擇參與的體能活動所需要的技能。(7)說明如何加入俱樂部或課程，以及展現加入俱樂部或課程的能力。(8)事先預定或計畫體能活動的時間。

至於休閒社會支持方面，高齡者必須能完成以下之項目：(1)說出各種體能型活動中，與休閒同伴互動的適當行為與不適當行為，以及示範各種體能型活動中的適當行為。(2)能參與合力完成的活動。例如，與團

隊成員一起打槌球。⑶能參與競爭性的小團體或團隊活動，諸如撞球、保齡球等。⑷能向休閒活動執行者和休閒同伴說出自己的意見和感受，或向他們解說一項體能型活動計畫，以及傾聽並理解其他人的談話。⑸示範計畫或說明體能型活動時，應注意禮儀，諸如在等候其他人分享時不打岔、常用「請、謝謝、對不起」以及與其他人互動時，保持適當的社交空間，並做到眼神的接觸。

㈣在第四層級創造型活動之角色

在最後一個層級，休閒活動執行者可能扮演以下之角色：⑴誘發者。在第四層級，高齡者通常有相當的活動經驗，所以休閒活動執行者只需要鼓勵他們參與，自己盡可能的少說話。⑵諮詢者。當高齡者有更豐富的活動經驗時，休閒活動執行者只需要在適當的時機，提供他們建議即可。⑶觀察員。面對這些高技能的高齡者，休閒活動執行者只需要給他們活動回饋即可（譬如讚美他們）。

無論休閒活動執行者扮演誘發者、諮詢者或觀察員的角色，都必須達成以下最低要求的活動目標。在休閒自我決定方面，假如高齡者正規劃創造型活動時，則他們必須能考量以下因素，並做出合宜的決定，使活動能順利進行：⑴活動內容。⑵是否可以獨立完成或需要其他人的協助。如果需要其他人的協助，知道向誰尋求支援。⑶所需要的金額。⑷所需要的時間。⑸交通工具和如何到達目的地。⑹能確定需要的設備、教材、衣物等，以及知道在那裡購買。當與活動有關的因素和所能獲得的資源列入考慮之後，高齡者可以決定是否參與該項活動？同時能妥善安排時間，規劃創造型活動。

在休閒勝任方面，高齡者必須能完成下列項目：⑴示範完成一項創造型活動的技能。⑵獨自購買所需要的器材。⑶獨自報名上課與參加社區裡的社團。⑷獨自編列參與創造型活動所需要的成本預算。

至於休閒社會支持方面，高齡者必須能完成下列項目：⑴在參加活動時，行為舉止合宜且有禮貌。⑵與其他人有良好的溝通（諸如請教問題、表達想法以及感覺和傾聽）。⑶協助其他人學習創造型活動所需

要的技能（諸如回答問題、資源分享、提出建議）。(4)遭遇到困難時，能思考替代方案或改變計畫（諸如取消原先的課程、留下可行的活動部分）。(5)參與創造型活動時，能信守對於自己與其他人的承諾，共同完成活動。

　　總之，無論在那一個層級的活動中，休閒活動執行者都必須幫助高齡者提升休閒自我決定、休閒勝任以及休閒社會支持。

自我評量題目

1. 休閒活動執行者之特質與條件有那些？
2. 可能影響休閒活動進行之因素有那些？
3. 有效執行休閒活動之策略有那些？
4. 休閒活動執行者之角色為何？

第九章

活動成果評鑑

張樑治

學習目標

1. 瞭解活動成果評鑑之方法。
2. 瞭解活動成果評鑑之工具。
3. 瞭解活動成果評鑑資料之分析方法。

摘　要

本章首先釐清評鑑與研究之間的差異，再從評鑑的觀點說明目標式方法、標準化方法以及滿意度方法等三種評鑑方法，緊接著介紹評鑑工具，並說明問卷之形式、有效問卷之條件以及舉例說明為什麼問卷調查具有可靠性，最後則詳細談論評鑑資料的分析方法，以及透過統計分析的操作實例進行解說。

最後一個遊憩企劃模式的階段是活動成果評鑑。依照教育部重編國語辭典修訂本的注釋，評鑑係指鑑定並評述事物的計畫與施行結果，以作為改進之參考。根據教育部對於評鑑的解釋，活動成果評鑑係指鑑定並評述休閒活動的成效，以作為日後改進之參酌。換言之，活動成果評鑑的目的無非是希望能改正相關的缺失和提供高齡者高品質的休閒活動，進而幫助他們提升休閒體驗與獲得休閒效益。

最近幾年，儘管活動成果評鑑逐漸受到重視，但是仍然有許多人將活動成果評鑑誤認為是學術研究。雖然活動成果評鑑與學術研究都使

用類似的調查方法，然而二者在目的與動機，甚至報告的書寫，都截然不同。因此，在介紹活動成果評鑑的方法、活動成果評鑑的工具以及活動成果評鑑資料的分析方法之前，本章先使用Edginton（顏妙桂譯，2002）提出的觀點澄清二者之差異（如表9-1）。

表9-1 活動成果評鑑與學術研究之差異（顏妙桂譯，2002）

項目	活動成果評鑑	學術研究
目的	著重在參與者、人事、地點、政策以及方案等五個面向。	試圖證明或推翻研究假設，以及相關部分之改進。
目標	問題解決和決策擬定。	探討和發掘新知識。
重點	以問題為主，比較結果和目標而評定目標達成之程度。	以理論為基礎，著重與理論相關之結果。
動機	當需要做決定或相關的事物未知時，才進行評鑑作業。	發展新知識。
結果	評鑑者不會將結果和其他情況做綜合歸納。	與先前文獻比較，做綜合歸納。
報告	只有決策者知道該資訊，結果不會廣泛公布。	結果廣泛公布，目的是強化知識主體，傳播新知識。

第一節　活動成果評鑑之方法

由於休閒活動的評鑑方法有目標式方法、標準化方法以及滿意度方法等三種（Farrell & Lundegren, 1991），故本節將針對這三種方法詳細論述。

一、目標式方法

實施休閒活動的目的無非是想達成休閒效益之目標，所以目標式方法通常被視為最重要的評鑑方法。關於目標式方法的執行，絕非休閒活

動評鑑者說「達成活動目標」即表示休閒活動通過評鑑。一般而言，要真正反映評鑑結果，則休閒活動評鑑者必須仔細回顧活動目標，然後審視活動目標是否達成？不過，在評鑑實務上，常常會出現一些活動目標模糊不清，使休閒活動評鑑者無從考核之情況。例如，如果休閒活動設計者將活動目標訂為「滿足高齡者的休閒需求」時，可能會造成休閒活動評鑑者不知從何著手，因為他不曉得高齡者的休閒需求是指休閒自我決定、休閒勝任或休閒社會支持而無法進行評鑑工作。因之，在設計休閒活動時，必須先清楚說明活動目標，則評鑑過程才能順利進行。本書在第七章已說明活動目標必須清楚、明確，所以本節不再贅述清楚目標的重要性。本節將進一步使用表9-2作為範例，進行講解。

表9-2　模糊目標與清楚目標之對照

模糊目標	清楚目標
改善高齡者健康	如果是生理健康，或許可以訂為提升高齡者心肺功能或降低血壓。假如是心理健康，也許可以訂為幫助他們減輕心理壓力或減低憂鬱。
滿足高齡者的休閒需求	具體指出，提升高齡者之休閒自我決定、休閒勝任或休閒社會支持。

　　假如休閒活動設計者所訂定之目標像表9-2的清楚目標一樣具體，則休閒活動評鑑者將可以順利進行成果評鑑工作，評估活動目標與實際結果是否相符？如果二者相符，即表示休閒活動通過評鑑。如果二者不符，則表示休閒活動未通過評鑑。倘若休閒活動未通過評鑑，則休閒活動評鑑者將告知休閒活動設計者評鑑結果，請他修正活動內容。倘若涉及休閒活動的執行部分，則告知休閒活動執行者評鑑結果，請他修正實際活動的執行方式。

　　由於目標式方法不像標準化方法與滿意度方法，採用客觀的量化數據，致使目標式方法的評鑑工作不易標準化執行，所以在評鑑實務上，休閒機構通常邀請有經驗的專家評鑑休閒活動。

二、標準化方法

　　一般而言，標準化方法會使用常模參照標準或效標參照標準進行評鑑作業（張樑治，2013）。為更加清楚說明標準化方法，以下將進一步介紹這二種評鑑方法。

(一)常模參照標準

　　常模參照標準源自於常模參照測驗。基本上，常模參照測驗的重點在於比較高齡者在標準化樣本中所處的相對位置。換言之，常模參照著重在個人與團體的比較。透過這個比較，試圖瞭解個人表現的優劣程度。例如，我們可以大規模測量高齡男性的體適能，然後建立表9-3與表9-4。假如某位66歲的高齡男性在椅子坐立測驗中，於單位時間內完成22次（百分等級80），則表示他的體適能狀況在每一百位同齡層的高齡者中，大約勝過75人（表9-3），我們也可以說他的體適能狀況是優良的等級（表9-4）。在休閒活動評鑑中，少數的休閒活動評鑑者曾經使用常模參照標準評鑑活動成果。在實務上，他們把要評鑑的休閒活動與其他類似的休閒活動放在一起，然後分析所要評鑑的休閒活動成果的相對位置，進而評量休閒活動的優劣。雖然常模參照標準看起來比先前提及的目標式方法更客觀，但是要找到大量的相似活動而建立常模幾乎不可能。因此，在評鑑實務上，休閒活動評鑑者鮮少使用此方法評鑑休閒活動之成果。

表9-3　高齡男性椅子坐立百分等級常模（單位：次）（吳明城，2015）

百分等級	65-69	70-74	75-79	80-84	85-89	90以上
5	10	9	8	6	6	5
10	11	10	9	8	7	6
15	12	11	10	9	8	7
20	13	12	11	10	9	8

百分等級	65-69	70-74	75-79	80-84	85-89	90以上
25	13	13	11	10	10	9
30	14	13	12	11	10	10
35	15	14	13	11	10	10
40	15	14	13	12	11	10
45	16	15	14	12	11	10
50	17	15	14	13	12	11
55	17	16	15	13	12	11
60	18	17	15	14	13	12
65	19	18	16	15	13	12
70	20	18	17	15	14	13
75	21	19	18	16	14	14
80	22	20	19	17	15	14
85	23	22	20	18	16	15
90	26	24	21	20	17	15
95	29	27	24	22	20	18

表9-4　高齡男性下肢肌力（椅子坐立）檢測常模（單位：次）（吳明城，2015）

評估	65-69歲	70-74歲	75-79歲	80-84歲	85-89歲	90歲以上
待加強	13以下	13以下	11以下	10以下	10以下	9以下
正常	13～21	13～19	11～18	10～16	10～14	9～14
優	21以上	19以上	18以上	16以上	14以上	14以上

(二)效標參照標準

　　基本上，效標參照標準的概念也是源自於測驗分析。通常在效標參照測驗中，測驗人員會事先設定好效標，然後評量高齡者是否達到效標而決定他們是否通過測驗？例如，假如通過休閒勝任的效標訂為70分。當高齡者的分數超過70分時，即表示他通過測驗。由於效標參照標準在作業之前，也必須先取得大量的資料，才能決定效標，所以在實務上與

常模參照標準一樣，不易取得大量資料而導致實務上的可行性不高。

三、滿意度方法

滿意度方法主要是測量休閒活動對於高齡者的影響，諸如他們在參與休閒活動之後，是否覺得休閒自我決定或休閒勝任提高了？假如他們在參與休閒活動之後，顯著感覺到休閒自我決定或休閒勝任改善，則表示休閒活動通過評鑑。如果休閒活動對於他們無顯著的影響，則表示休閒活動未通過評鑑。目前，一般休閒活動對於人們影響的評量都使用滿意度指標作為評量項目（張樑治，2013c）。因此，本節將進一步介紹這些指標，且使用Rossman（1995）根據這些指標所發展出來的評量問項作為範例。當然，活動評鑑者也可以使用表7-1休閒自我決定、休閒勝任以及休閒社會支持量表，或者其他量表作為工具，測量他們的休閒內在動機或其他項目。

第一個指標是成效。所謂成效，即提供高齡者一項精通的活動、新技巧的發展以及成功掌握新經驗的資訊。第二個指標是自主，主要是提供高齡者對於情況掌握的資訊，增加獨立的感覺。第三個指標是環境，主要是提供有關地點滿意度的資訊，包括乾淨程度、空間規劃以及是否吸引人。第四個指標是遠離家庭束縛，即提供高齡者能遺忘對於家庭成員掛念與焦慮感覺方面的資訊。第五個指標是家庭團聚，即提供高齡者的活動必須能成功與他們的家庭成員聯繫情感方面的資訊。第六個指標是樂趣，即提供高齡者在活動中對於享樂和歡愉的心理感覺方面的資訊。第七個指標是體適能。在體適能方面，必須提供高齡者有關提升體適能方面的資訊。第八個指標是放鬆。在放鬆方面，必須提供高齡者有關從事活動後能免除壓力感覺方面的資訊。第九個指標是風險。在風險方面，必須提供高齡者在從事活動時，有關危險方面的資訊，包括生理、心理以及情緒面向。至於第十個指標，即社交樂趣。在社交樂趣方面，必須提供高齡者有關活動過程中所經歷的友誼方面的資訊。Rossman（1995）針對以上十個指標，各編製二題問項（如表9-5），作

為測量工具。

表9-5　參與者滿意度問卷（Rossman, 1995）

指標	問項	完全不同意	有些同意	中度同意	相當同意	完全同意
成效	我由活動中學到了更多	1	2	3	4	5
	我可以發展新技能	1	2	3	4	5
自主	我可以控制活動	1	2	3	4	5
	我有機會獨處	1	2	3	4	5
環境	地點相當吸引人	1	2	3	4	5
	設施的環境很適宜	1	2	3	4	5
遠離家庭束縛	我可以忘卻家庭義務	1	2	3	4	5
	我在活動當中沒有感覺到家庭責任	1	2	3	4	5
家庭團聚	活動讓家人更親密	1	2	3	4	5
	我們的家人能夠一起參與這項活動	1	2	3	4	5
樂趣	這是一項很好玩的活動	1	2	3	4	5
	我玩得很高興	1	2	3	4	5
體適能	活動讓我的身體保持健康	1	2	3	4	5
	我很喜歡體能運動	1	2	3	4	5
放鬆	我在活動中可以放鬆	1	2	3	4	5
	我享受到了寧靜	1	2	3	4	5
風險	我感受到些微的危險	1	2	3	4	5
	我喜歡活動中冒險的感覺	1	2	3	4	5
社交樂趣	我在活動中結交了新朋友	1	2	3	4	5
	我喜歡活動中的社交活動	1	2	3	4	5

第二節　評鑑之工具

　　儘管休閒活動評鑑者在評鑑活動成果時，可以使用問卷調查、觀察紀錄或儀器測量，收集資料而進行分析，然而問卷調查為最低成本且有效收集資料的方法，所以目前休閒活動評鑑大多使用問卷調查。所謂問卷（questionnaire），即透過高齡者填答而測量他們的身心感受或想法的工具。雖然使用問卷作為評鑑工具可能會因為不同的評鑑需求而採取不同形式的問卷，但是不管是那一種形式的問卷，都必須具備有效性。為清楚說明評鑑工具，本節將詳細介紹問卷的形式、有效問卷的條件以及問卷有效性的質疑與釋疑。

一、問卷之形式

　　一般而言，問卷大致可以分為結構式問卷（封閉式問卷）與開放式問卷二種。結構式問卷必須提供固定的選項，讓高齡者從問卷題目的固定選項中，選擇一個答案，諸如「是與非」選項或「1至5」的選擇題選項。開放式問卷則比較有彈性，可以任由高齡者在問卷題目中，詳細表達他們的想法或感受。

　　通常在結構式問卷中，高齡者需要回答的數量有限，使結構式問卷具有容易填寫和處理的優點。但是，高齡者無法在結構式問卷中表達不同的意見，故結構式問卷常被批評過於表面化。

　　至於開放式問卷，由於高齡者可以暢所欲言，使調查者能收集到非常詳細的資料，甚至是他們當初沒有想到的問題，所以一般認為深入取得高齡者的意見是開放式問卷的優點。不過，因為高齡者的回答可能天南地北而無法進行資料處理與資料分析，是以在結構式問卷與開放式問卷優缺點的權衡下，目前大多使用結構式問卷收集資料。

二、有效問卷之條件

儘管結構式問卷可能流於表面化，但是藉由謹慎的問卷設計，仍然可以將結構式問卷的缺點降到最小。理論上，一份好的問卷都會具有以下10點特性。因此，在設計問卷時，可以使用以下10點作為評斷問卷良窳之依據（文崇一，1997；吳聰賢，1997）。

首先，一份好的問卷必須具備信度（reliability）與效度（validity）。所謂信度，係指一致性。至於效度，則指正確性。以瞎子摸象的故事為例，假如四位瞎子摸到的是大象的四個部位，然後摸到象腳的瞎子說大象長得像一棵樹；摸到象尾的瞎子說大象長得像一條繩子；摸到象鼻的瞎子說大象長得像一根水管；摸到象耳的瞎子說大象長得像一把大扇子，則表示摸象的結果沒有信度與效度。假如四位瞎子同時摸到大象的尾巴，一致說大象長得像一條繩子，則表示摸象的結果具有信度，但是沒有效度。假如四位瞎子把大象全部摸一遍，並說出大象的形體，則表示摸象的結果具有信度與效度。基本上，如果一份問卷缺乏信度與效度，則測量結果是否能真實反映出高齡者的想法或感受？將有待商榷。唯有問卷同時具備信度與效度，則測量結果才有正確性可言。

第二個特點是問卷的測量目的必須與活動目標相符。理論上，一份好的問卷必須依據休閒活動目標去發展，否則問卷的信度與效度皆符合要求，所測得之資料在休閒活動評鑑上，亦無實質意義。

第三個特點是問卷上的文字必須淺顯易懂。理論上，問卷上的文字不能超過高齡者的理解範圍。例如，高度的休閒勝任感是學術用語，對於一般人只需要說「在參與休閒活動時，您的活動能力是否符合活動要求」即可。

延續第三個特點，第四個特點為問卷用字應該力求簡單，不要有贅字與複雜的陳述。例如，「我個人認為」只需要說「我認為」即可，因為加上「個人」二字太累贅。

除了力求簡單之外，問卷也不能含糊，所以第五個特點為問卷上的文字意義必須力求清楚。例如，是否可以「改善健康」即含糊的問法。假如要測量高齡者的健康，可以直接測量他們的「心肺功能」或「體脂肪」之狀態。

第六個特點是一道問題不要同時涵蓋二個概念或事件。例如，您喜歡在空閒時間爬山和唱卡啦OK嗎？即涵蓋二個事件。也許高齡者不喜歡爬山，但是非常喜歡唱卡啦OK，則高齡者將不曉得如何回答。

第七個特點是問卷必須避免誘導高齡者回答某個選項。例如，您覺得這次活動辦得很成功吧！已暗示高齡者要回答這次活動辦得很成功的選項。

第八個特點是問卷必須有適當的長度。因為太短的問卷無法測量到高齡者的想法或感受，但是太長的問卷可能讓他們覺得麻煩而胡亂填答。

除了問卷內容上的特點之外，問卷調查的分數也必須能進行實務上的解釋，所以第九個特點著重在問卷量化分數之意義。例如，在Pittsburgh睡眠品質指標（PSQI）調查中，當分數超過5分，即表示睡眠品質不佳（Buysse, Reynolds, Monk, Berman, & Kupfer, 1989），故Pittsburgh睡眠品質指標具有實務意義。

至於第十個特點，即問卷有任何的註解都必須說明清楚。例如，如果問項中有反向題，則必須註明清楚，以免錯誤計分而影響調查結果之解讀。

三、問卷有效性之質疑與釋疑

雖然問卷具備以上的嚴格要求，然而還是有人會懷疑高齡者是否會誠實以告而質疑問卷調查的可靠性。針對這項質疑，可以從以下幾個層面加以討論。

(一)統計原理

理論上，在執行問卷調查時，我們通常採取信賴原則，相信高齡者

所述。然而，與儀器測量的結果相比，問卷調查結果的可靠性將面臨比較大的質疑聲浪。這些質疑主要聚焦在高齡者是否據實回答？

不可否認，在問卷調查中，可能有少部分的人不會據實以告。不過，許多研究顯示，當問卷調查的問題愈中性，不涉及政治、宗教以及道德，則高齡者據實填答的情況愈高。換言之，在屬於中性議題的休閒問卷調查中，可能只有少數的高齡者不會真誠回答。

根據統計學觀點，當所分析的資料愈大，則小部分的偏誤資料對於整體資料的影響愈小。由於目前的問卷調查動輒上百份問卷，故偏誤資料對於整體資料的影響有限。

(二)資料篩選

通常問卷資料在分析之前，分析者會檢視資料的變異情形與一致性，以剔除不合理的資料，進而提升資料的正確性。另外，分析者在分析之前，可能也會事先設定一些篩選題目，以剔除一些不合理的資料。例如，篩選題目可能指出「休閒是我最拿手的事」與「我沒有能力規劃自己的休閒活動。」假如高齡者填答，休閒是拿手的事，可是卻填答，沒有能力規劃自己的休閒活動，則明顯矛盾，所以必須將這筆資料刪除。總之，問卷調查資料具有相當程度的可靠性（張樑治，2013c）。

第三節　評鑑資料之分析方法

根據研究方法之觀點，假如要精確考驗高齡者參與休閒活動的成效，則最直接且有效的方法即隨機將一群高齡者分成實驗組與控制組，然後提供實驗組高齡者休閒活動，但是不提供控制組高齡者任何的介入，等待實驗結束之後，再比較兩組高齡者的休閒活動目標，諸如增強休閒內在動機（提升休閒自我決定、休閒勝任以及休閒社會支持）、促進身心健康（降低體脂肪、減輕憂鬱）。假如實驗組在休閒活動目標的達成情形確實優於控制組，則表示休閒活動具有顯著的功效。不過，假如實驗組在休閒活動目標的達成情形未優於或劣於控制組，則表示休閒

活動沒有任何的功效。

　　誠如先前所述，評鑑不同於研究，所以在評鑑休閒活動成果時，不可能將高齡者分成實驗組與控制組加以實驗。例如，假如休閒活動真的有顯著功效，則所有的高齡者勢必都想要參加實驗組，將沒有人願意參加什麼都沒有的控制組，進而使分組作業在實務上無法執行。在實務上，比較可行的作法是比較高齡者在參與休閒活動前後是否有成效上之差異？假如高齡者在參與休閒活動之後，活動目標的達成情形確實優於未參與之前，則表示休閒活動具有顯著的功效。雖然這種前後測的比較在研究效度上，不及實驗組與控制組的比較，但是前後測的比較在研究效度上，仍然高於一般橫剖面的問卷調查。因此，前後測的比較結果仍然具有相當程度的參考價值。

　　因為一般前後測資料差異的比較在統計分析上，使用成對樣本 t 檢定，所以本節接下來將進一步介紹成對樣本 t 檢定的原理、操作說明以及實例演練。

一、成對樣本 t 檢定之原理

　　T 檢定（t-test）的種類可以分為獨立樣本 t 檢定、成對樣本 t 檢定以及單一樣本 t 檢定三種。儘管這三種 t 檢定的適用時機不同，然而它們都是在比較群體的平均數差異。因為本節旨在說明成對樣本 t 檢定的原理，故其它二種 t 檢定將不在這裡說明。

　　理論上，成對樣本 t 檢定主要用在同一群人或物的前後測量資料差異的比較。例如，假如想比較高齡者在參與休閒活動前後的休閒內在動機是否呈現顯著差異？即可以使用成對樣本 t 檢定進行資料分析。成對樣本 t 檢定的原理主要是建立在機率（probability）的基礎上，進行二筆資料差異之預測，亦即分析前後測量資料差異的機率是否小於0.05，當機率小於0.05時，則表示前後測量資料比較的結果有顯著差異。為清楚說明機率與顯著差異的概念，以下先使用擲銅板為例說明機率的概念，再解釋成對樣本 t 檢定顯著差異之概念。

由於擲一次銅板出現人頭的機率是0.5，所以擲一次銅板出現人頭的情況只能算是偶發事件。擲二次都出現人頭的機率是0.25；擲三次都出現人頭的機率是0.125；擲四次都出現人頭的機率是0.0625，雖然擲出二次、三次或四次都是人頭的銅板時，機率已經改變，但是機率仍然大於0.05，是以也只能視為偶發事件。不過，擲五次都出現人頭的機率是0.03125，小於0.05，故連續擲了五次銅板都出現人頭的話，則一般傾向於相信，這個銅板的材質可能有問題，或者擲銅板的人有問題，而非偶發事件。同理，在比較同一群人前後二次測量的平均分數是否呈現顯著差異時，t 檢定將計算平均分數差1分的機率是多少？差2分的機率是多少？差3分的機率是多少？假如差3分的機率小於0.05的話，那麼前後二次測量的平均分數差異達到3分時，即表示前後二次測量的結果具有顯著差異，亦即非偶發事件。以上的分數是本書自行假設的情況，t 檢定的真實結果必須視樣本的特性而定，有時只差0.5分，機率可能就小於0.05而達到顯著差異了。

二、操作說明與實例演練

以下使用二個不同情況的例子實例演練，分別說明成對樣本 t 檢定結果呈現顯著差異與沒有顯著差異之情況。

實例一

前提說明：在實例一中，休閒活動評鑑者想要知道休閒活動是否可以提升高齡者的休閒自我決定。

誠如先前提及，在實務上，不可能將高齡者分為實驗組與控制組而進行休閒自我決定之比較。故基於現實考量，休閒活動評鑑者決定採用高齡者參與休閒活動前後休閒自我決定的比較，以考驗休閒活動是否成功達成目標？假如高齡者參與休閒活動之後的休閒自我決定顯著高於參與之前，則表示休閒活動成功達成目標。假如高齡者參與休閒活動之後的休閒自我決定沒有顯著高於參與之前或低於參與之前，則表示休閒活

動的預定目標未達成。

　　由於休閒活動評鑑者前後測量的休閒自我決定都來自於相同的高齡者，所以休閒活動評鑑者使用成對樣本 t 檢定，考驗休閒活動的目標是否達成？實際操作如下（本節使用SPSS軟體為例說明）。

㈠SPSS之操作

　　首先，在SPSS的主畫面編碼，亦即1、2、3……，然後將問卷調查前測與後測的休閒自我決定分數分別輸入成二欄（如圖9-1）。

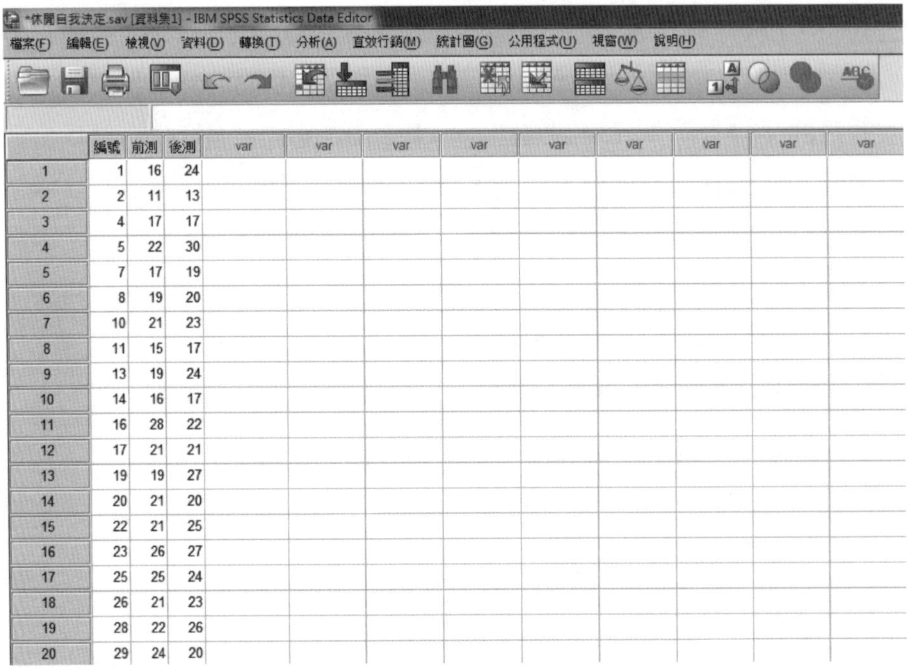

圖9-1　成對樣本 t 檢定資料輸入方式之示意圖

　　緊接著，在SPSS主畫面中點選「分析（A）」，再點選「比較平均數法（M）」，然後點選「成對樣本T檢定（P）」（如圖9-2），即出現圖9-3的畫面。

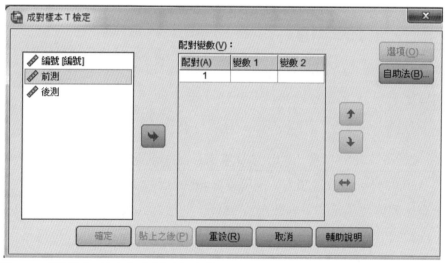

	編號	前測	後測	var		var	var	var
1	1	16	24					
2	2	11	13					
3	4	17	17					
4	5	22	30					
5	7	17	19					
6	8	19	20					
7	10	21	23					
8	11	15	17					
9	13	19	24					
10	14	16	17					
11	16	28	22					
12	17	21	21					
13	19	19	27					
14	20	21	20					
15	22	21	25					
16	23	26	27					
17	25	25	24					
18	26	21	23					
19	28	22	26					
20	29	24	20					

圖9-2　成對樣本 t 檢定過程之示意圖

圖9-3　成對樣本 t 檢定指令對話方塊圖

接下來，點選「前測」一下（出現黃色底線），再點選「➔」而將「前測」置於「變數1」底下的空格；點選「後測」一下（出現黃色

底線），再點選「→」而將「後測」置於「變數2」底下的空格（如圖9-4），之後再按下「確定」即出現 t 檢定的分析結果（如表9-6與表9-7）。

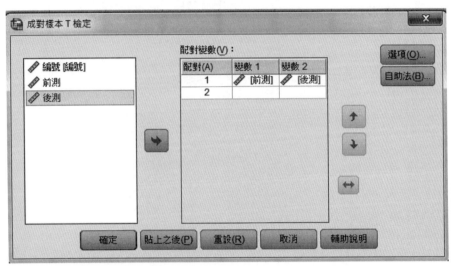

圖9-4　同時點選前測與後測之示意圖

表9-6　成對樣本統計量

		平均數	個數	標準差	平均數的標準誤
成對1	前測	20.05	20	4.058	.907
	後測	21.95	20	4.174	.933

表9-6為SPSS所輸出的成對樣本統計量。前測休閒自我決定的平均數為20.05分；個數為20人；標準差為4.058；平均數的標準誤為0.907。後測休閒自我決定的平均數為21.95分；個數為20人；標準差為4.174；平均數的標準誤為0.933。

表9-7　成對樣本檢定

		成對變數差異					t	自由度	顯著性（雙尾）
		平均數	標準差	平均數的標準誤	差異的95%信賴區間				
					下界	上界			
成對1	前測-後測	-1.900	3.655	.817	-3.611	-.189	-2.325	19	.031

　　表9-7為SPSS所輸出的成對樣本檢定結果。前測休閒自我決定平均數減後測休閒自我決定平均數為-1.9分，亦即後測結果比前測結果高出1.9分，機率為0.031（顯著性為0.031），小於0.05，故後測休閒自我決定平均數顯著高於前測休閒自我決定平均數，亦即達成提升高齡者休閒自我決定之目標。

(一)分析

　　因為休閒活動評鑑者所使用的休閒自我決定量表由六題評估問項組成，從完全不同意（計予1分）至完全同意（計予5分），所以高齡者的休閒自我決定量化分數應介於6分至30分之間。由於前測休閒自我決定的平均分數為20.05分（標準差為4.058），又理論上的休閒自我決定量表的平均分數是18分，故高齡者的休閒自我決定略高於中等程度。不過，後測休閒自我決定的平均分數提升至21.95分（標準差為4.174），所以高齡者的休閒自我決定逐漸升高。

　　為進一步確認高齡者的休閒自我決定在前測與後測的改變情形確實有顯著的差異，非偶發事件，是以休閒活動評鑑者又使用成對樣本 t 檢定加以考驗。由於成對樣本 t 檢定結果指出，後測休閒自我決定平均分數不僅大於前測休閒自我決定平均分數1.9分，且機率小於0.05。根據統計學之觀點，前測與後測休閒自我決定之間確實存在顯著的差異。換言之，休閒活動評鑑者證實休閒活動可以提升高齡者的休閒自我決定。

實例二

前提說明：在實例二中，休閒活動評鑑者想要知道休閒活動是否可以提升高齡者的休閒社會支持？

由於休閒活動評鑑者前後測量的休閒社會支持都來自於相同的高齡者，所以休閒活動評鑑者使用成對樣本 t 檢定，考驗休閒活動的目標是否達成？

(一)SPSS之操作

首先，在SPSS的主畫面編碼，亦即1、2、3⋯⋯，然後將問卷調查前測與後測的休閒社會支持分數分別輸入成二欄。

緊接著，在SPSS主畫面中點選「分析（A）」，再點選「比較平均數法（M）」，然後點選「成對樣本T檢定（P）」。

接下來，點選「前測」一下（出現黃色底線），再點選「➜」而將「前測」置於「變數1」底下的空格；點選「後測」一下（出現黃色底線），再點選「➜」而將「後測」置於「變數2」底下的空格，之後再按下「確定」即出現 t 檢定的分析結果（如表9-8與表9-9）。

表9-8　成對樣本統計量

		平均數	個數	標準差	平均數的標準誤
成對1	前測	42.91	33	8.156	1.420
	後測	43.21	33	8.616	1.500

表9-8為SPSS所輸出的成對樣本統計量。前測休閒社會支持的平均數為42.91分；個數為33人；標準差為8.156；平均數的標準誤為1.42。後測休閒社會支持的平均數為43.21分；個數為33人；標準差為8.616；平均數的標準誤為1.5。

表9-9　成對樣本檢定

		成對變數差異					t	自由度	顯著性（雙尾）
		平均數	標準差	平均數的標準誤	差異的95%信賴區間				
					下界	上界			
成對1	前測-後測	-.303	7.452	1.297	-2.945	2.339	-.234	32	.817

　　表9-9為SPSS所輸出的成對樣本檢定結果。前測休閒社會支持平均數減後測休閒社會支持平均數為-0.303分，亦即後測結果比前測結果高出0.303分，機率為0.817（顯著性為0.817），大於0.05，故後測休閒社會支持平均數顯著高於前測休閒社會支持平均數，亦即未達成提升高齡者休閒社會支持之目標。

㈡分析

　　因為休閒活動評鑑者所使用的休閒社會支持量表由16題評估問項組成，從完全不同意（計予1分）至完全同意（計予5分），所以高齡者的休閒社會支持量化分數應介於16分至80分之間。由於前測休閒社會支持的平均分數為42.91分（標準差為8.156），又理論上的休閒社會支持量表的平均分數是48分，故高齡者的休閒社會支持略低於中等程度。然而，後測休閒社會支持的平均分數只提升至43.21分（標準差為8.616），所以高齡者的休閒社會支持未顯著升高。

　　為進一步確認高齡者的休閒社會支持在前測與後測的改變情形確實有顯著的差異，非偶發事件，是以休閒活動評鑑者又使用成對樣本 t 檢定加以考驗。由於成對樣本 t 檢定結果指出，後測休閒社會支持平均分數僅大於前測休閒社會支持平均分數0.303分，且機率大於0.05。根據統計學之觀點，前測與後測休閒社會支持之間未存在顯著的差異。換言之，休閒活動評鑑者未證實休閒活動可以提升高齡者的休閒社會支持。

自我評量題目

1. 請說明休閒活動評鑑之方法。

2. 請說明有效問卷之條件。

3. 請說明休閒活動評鑑資料之分析方法。

第十章

社區高齡者的休閒規劃

郭金芳

學習目標

1. 釐清社區高齡者休閒規劃的重要
2. 明瞭立基理論的休閒活動規劃操作程序
3. 透析樂活「有肌體」活動設計觀點與內容
4. 洞悉創齡「新腦力」活動設計觀點與內容
5. 理解歡喜「志服達人」活動設計觀點與內容
6. 知悉圓夢「生死教育」活動設計觀點與內容

摘　要

　　本章包含社區高齡者休閒規劃的重要、立基於理論證據的休閒活動規劃的操作程序以及因應社區高齡者各個層面需求的活動設計觀點與內容。第一節強調社區必須提供高齡者休閒活動規劃的理由，營造友善的社區休閒環境的效益，以及增修式的需求幅度理論。第二節則將前述章節的休閒活動規劃模式與理論，融入社區高齡者休閒規劃中的各項活動類別設計，且繪製成一個總表以呈現設計的概念面貌。第三節即詳述不同需求類型對應各項活動類別的內容細節，包括活動名稱、活動目的、活動目標、活動對象、活動內容、活動執行與成效考核。

世界衛生組織（2002）呼籲：健康的高齡者對家庭、社區與經濟而言仍是一項有價的資源；美國國家銀髮中心機構（The National Institute of Senior Center）也強調：社區必須要針對高齡者規劃休閒活動（NCOA, 2017），以期透過活動參與的機會，得以回顧、檢視與統整生命各階段的滿足或遺憾，且針對後者進行修補，以穩固未來高齡社會龐大人口的自主性休閒型態的高品質生活。高齡者生活的主要任務，就是學習重新安排生活中的負擔與能量，讓自己能量有餘，再創生命的意義。為此，當前政策必要一環仍是鼓勵高齡者持續參與學習，而且對其內在的各種需求必須進一步瞭解（魏惠娟，2012）。本章特別針對McClusky（1971a, 1971b, 1978）整理出高齡者的需求範疇，即需求幅度理論進行闡述，以呈現高齡者在應付、表達、貢獻、影響與自我超越等需求的獨特性。再立基於這些不同的獨特需求，以「活躍老化」的觀點和架構、文化與性別交疊的決定因子，融入「活動理論」，與「老有所為」的「優勢觀點」，作為社區高齡者休閒規劃的理念，進而繪製出「社區活躍高齡者的休閒規劃與設計架構圖」。此外本章分別針對高齡者各層次需求，分別提出了「創齡新腦力」、「歡喜志服達人」、與「圓夢生死教育」等活動規劃，每項活動規劃將包含數項相關或獨立的活動，每項活動會有理論的觀點爬梳。再者奠基於上述所闡述的高齡者之各項需求，加上第六章的效益取向經營之休閒規劃論點與臺灣高齡休閒相關實證研究，還有第七章活動目標訂定的三元素，休閒與健康關係模式，與七個「W」的設計準則，以及第八章活動執行與第九章活動評鑑，繪製而成「高齡者創意效益取向遊憩規劃流程表」，以作本章在規劃高齡者休閒活動時的依據，期許所有個體的因果關係效益鏈都能達成，再將這些所有個體的效益加總起來，就能成就社區、社會甚至國家的大因果關係效益鏈。

第一節 社區高齡者休閒規劃的重要

在未來高齡社會的人口結構底下，最不容忽視且最需正視的目標顧客群正是所謂的「樂活族群」、「創齡世代」、「數位移民者」、「銀色風暴」、「銀響力」與「橘色商機的主角」。因此位於華盛頓的美國國家銀髮中心機構（The National Institute of Senior Center）強調，社區必須要針對高齡者規劃休閒活動，其理由包括：1.促發高齡者個別與團體的需求；2.提高高齡者的社會適應力；3.極大化高齡者的個人能力；4.透過參與有意義的活動提供高齡者參與社區的機會；5.鼓勵高齡者成長；6.發展高齡者社會行動力的責任；7.提供高齡者與社區資源的聯結；8.促使混齡與社區部門之間的互動（NCOA, 2017）。

根據世界衛生組織（World Health Organization, 2002）的定義，健康的高齡者對家庭、社區與經濟而言，仍是一項有價的資源。活躍老化是一種充分利用機會以保持或獲取健康、社交參與和安全感，進而提升老年生活品質的過程。在活躍老化的架構下，促進身心靈健康與社會聯結的政策和休閒活動的規劃是同等重要，如此，活躍老化的生活即能表現在高齡族群的自主、獨立與社會（包括經濟、文化、靈性與公共事務等）參與服務的能力、生活內容品質的維持以及擁有尊嚴、關愛與自我實現的健康（免於失能狀態）生活之期望。活躍老化交疊的決定因子為文化與性別。文化，是所有人置身的場域，而性別，是個體在場域中的身分認同、權力分配與社會資源的依據，每個人的老化方式也受其左右，因為文化影響活躍老化其他的決定因子，例如經濟、健康與社會服務、行為、個人、環境與社會。

Lin和Sakuno（2012）針對城鄉的休閒環境（leisure environment）與成功老化的關係進行比較研究，發現休閒環境中的社會環境（social environment），同時提供城鄉高齡者相關運動課程可以促進兩者的身體健康；在心智與認知健康上，錢是高齡者考量是否參與活動的因素；在健康的社會關係上，增加了與他人接觸的機會，盡一己之力貢獻社

會，以填補生活中的空虛。不過在心智與認知健康上，城市的高齡者認為社會環境有助於他們忘卻痛苦與不快樂，同時他們也有學習新事物的機會。反之鄉村高齡者欣喜於社會環境使他們開心。在物質環境上（physical environment），僅有身體健康方面，城鄉不具差異性，因為城鄉高齡者都認為居家與設施的距離，對於他們是否從事活動有很大的影響。不過，城市高齡者是使用體適能設施提升身體功能，茶几角落是互動、回憶和分享共同記憶，獲取認同感的地方。而鄉村高齡者則透過法式滾球和槌球等運動，來減緩老化和失能，他們平時喜歡聚在社區中心、廟宇和配送中心，以獲得社會支持。在自然環境面向上，城鄉的高齡者在三種健康狀態呈現完全不同的特徵。對城市的高齡者而言，氣候是影響健康條件與參與活動意願的關鍵因素，接近大自然得以釋放壓力，放鬆和恢復元氣，同時改善與同儕的關係；農村農活是高齡者最接近大自然的方式，也為之帶來身體適能的效益，同時因有大自然的環抱，特別喜歡和家人聚集在社區裡。

　　為了要建立一個活躍老化的友善社會環境，與成功老化的樂活創齡世代，有關單位必須洞悉高齡者的時代需求。McClusky在1970年擬出幅度＝負擔／能量的公式（Margin = Load/Power）〔Load divided by Power〕。幅度是負擔和能量的關係函數；負擔是個體的自我和社會需求，用以維持最低程度的自主性；能量意指資源，例如能力、資產、地位、人脈等，是個體可以掌控且用來平衡或應付負擔（McClusky, 1970）。個體無論是在生命發展週期的任何階段，都在適應與處理並經歷其負擔與能量的比例變動，特別是在老年期變動幅度更大。若高齡者能維持好的狀況，則可獲得新的資源、產生新的角色與責任，甚至發展新的生命層次。換言之，高齡者生活的主要任務，就是學習重新安排生活中的負擔與能量，讓自己能量有餘，再創生命的意義。為此，鼓勵高齡者持續參與學習，是當前政策必要一環，且對其內在的各種需求必須進一步瞭解（魏惠娟，2012）。

　　McClusky（1971a, 1971b, 1978）整理出高齡者的需求範疇，即需

求幅度理論，從基本應付生存的需求（coping needs），到個人興趣學習的表達需求（expressive needs），進而提升到貢獻社會的需求（contributive needs），與影響他人的需求（influence needs），甚至達到個人自我超越的需求（transcendence needs）。以下分別敘述之（魏惠娟、胡夢鯨、陳冠良，2010）：

1. 應付生存的需求是指高齡者透過教育，學習到變遷社會中所需要的生存技能，以因應每天生活實質上的減少（例如收入、影響力、聯結性、個人精力等）。

2. 表達的需求是指高齡者為了想參加活動而參加活動的需求，多屬自發性的活動需求，主要是來自本身的興趣。

3. 貢獻的需求是基於高齡者想要「付出」的假設，希望對社會仍有所貢獻，而且希望自己的貢獻能被別人接受。

4. 影響的需求意指高齡者對於生活環境，仍期待能發揮其影響力。因此可以透過參加社團領導訓練，或擔任社團領導人等，以恢復或增加高齡者的能力。

5. 自我超越的需求就是對於生命意義更深層瞭解的需求；高齡者若能回顧自己的一生，並正向看見自己生命的意義，雖然身體功能下降，卻能激發繼續往前走的熱情，例如：生命回顧課程、靈性課程等。

除了必須洞悉、分析高齡者內在需求之外，在規劃與設計高齡者休閒活動時，亦可從「活動理論」（activity theory）的觀點著手：高齡者生活的滿意度，取決於個體積極地投入有意義的事務，並且持續的參與社會活動、維持人際關係，因此晚年生活的興趣延續或新興趣的培養或二春就業，以建立和擴展新的人際網絡，是勢在必行的行動（Havighurst, 1963），因為動起來（心情愉悅的因子）對高齡者而言是件重要的事情，無論是身體還是腦部的活動，都是協助高齡者維持身體機能、延緩老化的一種方式。

此外為了呼應世界衛生組織在1986年的渥汰華宣言中強調，社區為

健康促進活動的最佳介入點，而倡導權能激發亦被視為現代健康促進活動的主軸，即健康促進必須靠有效與創新的社區行動來達成，又權能激發為社區行動成效之關鍵，因此透過高齡者所熟悉的社區場域的人事物互動，可以使高齡人力資源有所應用，使高齡者更具能力感。換言之，社區休閒規劃者將權能激發的概念融入活動設計裡，可以促使高齡者的社會參與提高，且充分發揮自我效能（薛曼娜、葉明理，2006）。

具體言之，社區休閒規劃者必須從「老有所為」的「優勢觀點」（strength perspective）來看待高齡者，意即從尊重高齡者的主體性開始，肯定其個人獨特的生活經歷與生命力，並相信其本身擁有的能力與潛能，在身處逆境仍然能夠自我增加能量與權力，展現內在復原力，活在當下、期待明天、相信未來；讓高齡者能以自身的力量，與社會共同營造一個《禮記·禮運·大同篇》裡的「老有所終」的環境。

綜上所述，本章從活動理論與優勢觀點，納入文化與性別的決定觀點，根基於高齡者各層次的內在需求，進而繪製出社區活躍高齡者的休閒規劃與設計架構圖（如圖10-1），其中要特別說明的是圖中的橢圓形，是五個層次需求的綜合體，也是高齡者最核心的需求，因為不論是生存需求、表達需求、貢獻與影響需求或是自我超越需求，都需要一個健康的載體，得以執行達成所有需求的一切行動。因此，本章提出此綜合需求，且針對此綜合需求擬定「樂活有肌體」的活動規劃。

此外本章分別針對高齡者各層次需求，分別提出了「創齡新腦力」、「歡喜志服達人」與「圓夢生死教育」等活動規劃，每項活動規劃將包含數項相關或獨立的活動，每項活動會有理論的觀點爬梳。本章鑑於休閒的定義與意義，暫不納入「勇健松鶴職人」的活動規劃；再者關於設計符合高齡者學習需求的健康促進課程中，有關健康責任方面，包含辦理社區醫療諮詢等，有關身體保健、營養、慢性疾病預防等學習活動，充實高齡者在老年期生活安全、用藥保健觀念與醫療保險知識也暫不列入活動設計。

圖10-1　社區活躍高齡休閒方案規劃與設計架構／郭金芳

第二節　立基於理論證據的休閒活動規劃模式

　　本節高齡者創意效益取向遊憩規劃流程表（如下表10-1），是立基於上述所闡述的高齡者之表達需求、貢獻與影響需求、自我超越需求，以及綜合需求；再加上第六章的效益取向經營之休閒規劃論點，與臺灣高齡休閒相關實證研究，例如志願服務；還有第七章活動目標訂定的三元素，休閒與健康關係模式，與七個「W」的設計準則；以及第八章活動執行與第九章活動評鑑繪製而成，以作本章在規劃高齡者休閒活動時的依據，期許所有個體的因果關係效益鏈（擁有幸福感）都能達成，再將這些所有個體的效益加總起來，就能成就社區、社會甚至國家的大因果關係效益鏈（減少健保支出、增加財庫、提高人力資源等）。

表10-1　高齡者創意效益取向遊憩規劃模式流程表

定義活動：活動命名＋活動概要（解釋方案是關於什麼活動的細節內容，包括方案的名稱、議題與關切之事、獨特性與創新性。）		
準則	要素	說明
WHO	對象特性	針對方案，將高齡潛在參與者進行文化背景分析，包括年齡、身心狀況、興趣、人格特質、生活習性等。
WHAT	確定需求	可透過問卷或訪談的方式，向專家學者、目標會員、成員或過去方案的評價回饋等，找出符合目標參與者、方案機構與社區真正的需求，而不是規劃者個人的喜好或興趣或單方面的成就追求。（填寫第七章之表7-1、7-2、7-3）
WHY	評估價值	活動可提供參與者、組織與社區等的何種效益，包括情緒健康、社會健康、靈性提升與身體適能。
WHICH	分析可用資源	首先確認已存在的資源，哪些是可以應用或符合方案所需的資源，再確定是否為方案參與者有效、易接近或便利善加運用的資源。
WHEN WHERE	規劃與設計操作	檢視方案的所有面向，以選擇較適切的領導者、安排最恰當的交通（若需要的話）、備妥暫定行程、決定經費的細項、註冊程序，以及評價與回饋的方式。
HOW	裁決繼續與否	方案是否要繼續進行，取決於前幾個步驟中對每件人事物的評估，若都是正向無負面之處，則方案繼續。反之若僅有一兩處為負面，可以從第一個步驟重新評定；若無法修訂或無法克服，則應刪除或停止方案。
	執行方案	執行方案使之產出結果。
	終止活動與評價	使參與者、機構和社區皆有理解己身在此方案中的產出、效益或待改善之處。解釋方案是關於什麼活動的細節內容，包括活動的名稱、議題與關切之事、獨特性與創新性。
重新定義活動：每個階段或每次活動的質量評鑑與回饋，都是作為下個階段或下次活動的設計修正方針，再次循環此高齡者休閒活動規劃的流程。		

製表者：郭金芳

接續的各節將闡述因應和滿足社區高齡者的四項需求，而擬定的休閒方案規劃內容。這四種休閒方案的規劃與設計，以本節所提出的創意效益取向規劃模式的準則、要素與說明為原則。第三節為高齡者綜合需求的樂活「有肌體」方案；第四節為高齡者表達需求的創齡「新腦力」方案；第五節為貢獻與影響需求的歡喜「志服務達人」；以及第六節的自我超越的圓夢「生死教育」方案。

第三節　樂活「有肌體」方案規劃

樂活「有肌體」方案的發想與設計目的，是為了因應高齡者因正常老化致使身體結構與功能自然下降、為了減少跌倒發生率而產生骨折或器官損傷，以及為了能夠擁有獨立自主的生活。方案包含北歐式健走、太極拳、抗阻訓練與法式滾球等四項休閒健身運動。本節首先針對方案的發想與設計目的之學理基石進行爬梳，再者闡明方案架構中的要素與關係，最後以這四項休閒健身運動中的鄰里開心健走小隊為例，呈現完整的內容細項說明，以及活動分析與回饋。

一、樂活「有肌體」方案相關的學理

老化是一種正常但不可逆的持續性過程，是人體結構及功能隨時間進行操用而累積的下降變化，此種下降變化的程度反應在高齡者身體適能、反應力與平衡感上。最常見的結果就是肌肉質量的流失與肌肉流失症。然而老化並不全然是高齡者身體適能變差的原因，有時是伴隨活動量太少而萎縮。Berger和Mcinman於1993指出，高齡者的生理功能衰退率，其中最多只有50%是與老化有關，另外50%以上是受到廢用性萎縮現象的影響（引自夏文賢、蔡崇濱、顏克典，2010）。

歐盟肌少症工作小組（European Working Group on Sarcopenia in Older People, EWGSOP）於2010年提出高齡者肌少症的診斷標準，為肌肉質量減少加上肌力減弱或行動能力變差兩者之一。肌少症對高齡者健

康在身體適能之影響，包括對功能障礙和身體失能的影響，意即肌肉力量減少，會有較差的下肢功能，人就會顯得無力、疲倦、步態不穩，因此較易跌倒、增加失能風險。此外高齡者若同時存在肥胖與肌肉不足時，會有肌少型肥胖症（簡稱sarcopesity），其對健康之不利影響比單一存在的肥胖症，或肌少症更易引發心血管相關疾病、代謝症候群、骨質密度減少等，而使高齡者的失能增加、死亡率上升（吳雅汝、周怡君、詹鼎正，2014）。因此高齡者因為肌肉廢用性萎縮、肌肉減少症（sarcopenia）與肌力下降，而導致動作與步伐上顯得無力與遲緩，進而影響日常自主的生活（林啟禎，2003；劉淑媛、陳佳慧，2014）。

除了肌少症與肌肉廢用萎縮之外，平衡感與視覺等感官能力也是影響高齡者獨立自主生活的關鍵。平衡是各個動作或姿勢中，能夠維持穩定狀態之能力，而姿勢的平衡與控制是我們日常生活中非常重要的一件事。研究指出老年人平衡控制能力能夠透過知覺動作訓練獲得有效改善，而未做運動訓練之老年人則可能有平衡能力退步之現象（吳孟恬、陳惠姿、詹元碩，2009）。而人類的視覺與聽覺對四周環境會產生認知和反應，可以偵測身體在空間中的位置以維持身體的平衡。研究指出，影響平衡感衰退的因素包括：神經系統退化、關節內本體感覺接受器減少、前庭器退化、視覺等感官注意力減弱以及肌肉適能降低（Shumway-Cook & Woollacott, 2000）。

國內研究發現，65歲以上的長者，肌少症盛行率約為3.9%至7.3%，女性介於2.5%至6.5%，男性介於5.4%至8.2%（吳易謙、熊昭、陳慶餘、吳名祥、許志成、臺灣肌少症轉譯研究團隊成員，2014）。此外，黃荷瑄（2008）指出，臺灣視力功能不好的高齡者，較視力功能好的高齡者有1.9倍跌倒風險；聽力功能不好的高齡者，較聽力功能好的高齡者有1.6倍跌倒風險；走路功能不佳的高齡者，較走路功能好的高齡者有1.6倍跌倒風險。

由此可知，肌少症、肌肉廢用萎縮、注意力不集中、平衡能力減弱等因素，對高齡者而言確實提高了跌倒風險。因此提供高齡「養肌」的

方法，必須飲食與運動同時進行。營養的補充主要為蛋白質，若無慢性腎臟病者，維生素D是另一個可以預防肌少症的方式；運動的形式以有氧運動、漸進式阻力運動的訓練最能有效增加肌肉質量、強化肌力（吳雅汝、周怡君、詹鼎正，2014）。因為高齡者健康體能中，肌力是最重要的要素。有氧運動可減少由疾病及慢性病造成體適能降低的情形，以及改善心肺血管和肌肉適能；而阻力訓練更可增加肌力、肌肉量、骨密度、改善平衡與身體功能等，減緩甚至抵銷老化對生理上所造成的影響，同時可提高日常獨立生活的能力，以及從事有氧運動所需的肌力與運動時的安全性（林啟禎，2003；Lin & Chow, 2013）。國外實證研究也發現，持續追蹤高風險跌倒的高齡團體，參加由地方政府執行的社區運動班（肌肉適能訓練、健走、維持或改變姿勢）三年，發現高齡團體跌倒風險程度與跌倒發生的事件數量明顯降低，且其身體功能也能維持（Yokoya, Demura, & Sato, 2009）。

除了有氧健走與抗阻訓練之外，太極拳是在近十幾年來頗受學者進行介入高齡者姿勢與平衡能力，以降低跌倒風險的運動項目。太極拳是低衝擊力且運動量穩定，符合「均衡性運動」的觀念，能健身、修身和預防心肺與慢性疾病，不僅合乎生理規律且輕鬆和不受時空與氣候限制，無須裝備，高齡者只要得要領和勤加練習，即能提高個體力量、柔韌、靈敏、平衡等多種身體素質（陳清惠、顏妙芬，2002）。雖然有研究指出，太極拳運動對於高齡者在靜態開閉眼、單足立平衡能力具有增強作用，但無法顯示閉眼動態走直線的平衡能力具有促進的效果（吳貴琍、武為瓊，2004），不過，國內外相關研究太極拳對高齡者的健康關係，發現太多正向效益（夏文賢、蔡崇濱、顏克典，2010）。

本文為了增加高齡者「養肌」過程的休閒運動參與樂趣，特別納入「法式滾球」活動於樂活「有肌體」的方案中，滾球的擲球動作必須保持身體平衡、穩定及動作的節奏與協調，同時強調團隊合作、溝通協調與包容與體諒。法式滾球適合60歲以上、下肢肢障者、聽障者、三代同堂（改良式迷你滾球）及不同性別者可個人或團隊共同參與運動和

比賽；它可以達到出汗的運動健身目的、較無運動傷害的問題、穿著輕鬆搭配茶點；它與人人運動、時時運動、處處運動之全民運動條件相吻合；它是全運會、世運會、亞洲盃、世界盃及國際職業球團等正式比賽（陳昭彥、鄭夙芬、鄭期緯，2010；王秉泰、簡桂彬，2012；王馨婉、黃奕清、陳順義、陳竑文，2015）。

二、樂活「有肌體」方案架構

本節樂活「有肌體」方案的架構（如圖10-2）立基於上述針對高齡者人體肌肉適能、平衡能力與注意力的相關學理。高齡者擁有一個身心健康有肌的載體，才能應付為了生存需求而持續在職場打滾，以獲經濟安全感的行動，才能自主參與為了表達需求而吸取活動中新的知識、技藝與體驗，才能實踐為了貢獻與影響需求所從事的「付出」與「影響」，才能實現自我超越的夢想，以及洗滌今生的紅塵事與圓滿身後事。

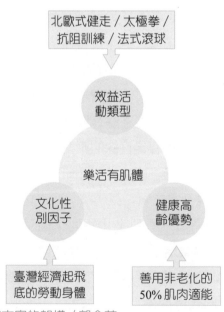

圖10-2　樂活有肌體方案的架構／郭金芳

上圖10-2樂活「有肌體」的方案架構圖中，文化與性別的因子特別針對臺灣嬰兒潮世代所處的大環境——農漁工領域，男主外女主內的工作與生活型態所需的勞動身體為主，將焦點放在高齡者保有的50%非自然老化的肌肉適能，意圖在於訓練、強化且善用這50%的肌肉適能，使之不至於因為個體的少運動或不動而發生廢用萎縮的現象，進而保護骨骼、內臟器官，增加平衡力，以降低跌倒風險。此方案特別選擇了北歐式健走、太極拳、抗阻訓練與法式滾球，作為高齡者有系統性具效益的「養肌」休閒活動。本節（及以下各節因篇幅有限）以北歐式健走活動為案例，供社區休閒規劃專業人士參考，但也可依循本章所提出的立基於理論證據且具有效益的活動規劃模式程序，規劃更完善、更多樣且更符合其各種需求的休閒活動，例如：池中養生操、自行車俱樂部、舞藝派對等，供社區高齡者依自己的興趣、時間、財務狀況與需求做出最適切的選擇。

三、立基理論證據的效益休閒活動

本方案之範例以北歐式健走活動為主，下表10-2則為此健走活動各項內容概要，為了更完善活動設計，接續此表還有各項內容的補充說明，以呈現更完整的健走活動之設計、執行與評鑑觀點。

表10-2　鄰里開心健走小隊規劃流程

定義活動
1. 活動命名：鄰里開心健走小隊
2. 開心健走小隊採北歐式健走（nordic walking）型態，一種「使用特殊設計的桿子進行健走」，健走者透過雙手握桿，一前一後的推動它來協助行走。北歐式健走是適合老年人的一種運動。
3. 開心健走小隊鼓舞社區高齡者進行持續30分鐘（以上）有規劃的健走。
4. 參與者需明確告知活動協調者對此方案的興趣，且試圖將此方案劃入自己日常活動的部分，同時允諾將如實記錄或書寫下每次健走後的想法、感受。
5. 參與者必須完成簡單註冊程序，但無需繳交任何費用，也要配合填寫或進行目標效益所需的前、中、後測。

6. 六星期後評定目標效益的達成程度，達成者可茲鼓勵，加入會員，成為健康推廣大使，進行健走效益的推廣。會員可享每星期一次的縣市內健走（約一小時），以及每月一次的外縣市山徑與林道健行活動（約二小時左右）。

7. 六個月完成50小時→證書或同價生活必需品

準則	要素	說明
WHO	對象特性	1. 確認潛在參與者的人數、預估可行走的時間、再次確認參與的目標、人口背景特徵。
WHAT	確定需求	1. 確定有興趣參與的人數（三人〔含〕以上即可）（填測第七章表7-1、表7-2和表7-3）
WHY	評估價值	1. 個人：提升心肺耐力、強健肌肉、增進社交關係、改善心智狀態、滿足挑戰自我成就感、享受戶外自然。 2. 機構：低成本、事物介入少（高齡者自主執行）、參與者的積極度、創新方案、以詳細計畫吸引非參與者的興趣。
WHICH	分析可用資源	1. 供給：設計一份個人健行日誌，精緻明細表單。 2. 設備：（電子）布告欄 3. 人力： ⑴ 活動開始之初與進行中的協調者，與 ⑵ 執行活動的專業指導者（合格出身或證照加持者），需瞭解在第二層級社交活動與第三層級體能型活動中自我的角色。 ⑶ 活動後的休閒活動（質性量化的）評鑑者。 4. 身體檢查：可作為提供特殊路線的依據
WHEN WHERE	規劃與設計操作	1. 依據所有資料擬定方案綱領，再依方案綱領擬定操作細項，包含實質情境、休閒事物與規則的考量。
HOW	裁決繼續與否	1. 前述準則與要素都確認無誤後，參加的人數也確定後，即可執行方案。
	執行方案	1. 確定決定方案無需修改 2. 準備好所需資料的資料袋，包括個人精緻的健行日誌 3. 開辦活動行前說明會 4. 選出一位溝通協調者、排定持續健走的時間行程表 5. 階段性評估方案（月／半年／一年） 6. 盡可能讓參與者直言不諱大聲地談論參與動機
	終止活動與評價	1. 不刻意限定活動終止時間，視各方狀況而定 2. 舉行階段性的討論會議或臨時性的分享聚會，蒐集相關（質量）資料，以改善、修正方案或填補不足之處，同時公開表揚達到階段性目標的參與者，以茲鼓勵。

| | | 3. 無動機或興趣減弱或歸零發生時，即該考量活動終止。若內在動機正增強或興趣提高時，即該考量活動的挑戰難度，同時重新與參與者共同訂定新的效益目標。 |

重新定義活動：每階段或每次活動的質量評鑑與回饋，都是作為下個階段或下次活動的設計修正方針。再次循環此高齡者休閒活動規劃的流程。

製表者：郭金芳

1. 評估價值的補充說明（why）：

   (1)相較於坐式生活的高齡者，持續從事規律且適當強度健走的高齡者，每天健走30分鐘以上，能增強認知功能與思考能力、提升心肺功能、延緩因老化引發的生理機能等健康效益，以及提升生活品質（Addy, Wilson, Kirtland, Ainsworth, Sharpe, & Kimsey, 2004; Humpel, Owen, Leslie, Marshall, Bauman, & Sallis, 2004;Weuve, Kang, Manson, Breteler, Ware, & Grodstein, 2004；李柏慧，2006）。

   (2)北歐式健走對於某些慢性疾病（例如慢性阻塞性肺病、帕金森氏症、退化性關節炎）中老年人的身體功能，例如上肢和下肢的肌肉力量、柔軟度、平衡的控制、姿勢的穩定和步態的控制皆明顯改善，同時減輕腳的負擔以降低可能受傷的風險（Mckeon et al., 2008; Fregly, Lima, & Col-well, 2009; Breyer, 2010; Reuter, Mehnert, Leone, Kaps, Oechsner, & Engelhardt, 2011；溫婉吟、張瑞泰，2013；陳真怡、林晏如、翁毓菁、袁素娟，2015）。

2. 分析可用資源的補充說明（which）

   可讓資深參與者作為隊伍最前頭的領導者。

3. 規劃與設計操作的補充說明（when/where）

   在程度分級課程上，可分為初階、中階、進階和高階。初階為鼓勵平時宅在家、坐式生活的高齡者，走到戶外與社區中的他人接觸，且以居住社區為範圍，進行有規律地每日健行三十分鐘。中

階為一小時，可分一次完成或二次累積完成，範圍可跨至兩、三個社區。進階為一小時至一小時三十分，以居住縣市山林步道為主，每週二次。高階為二小時，以外縣市的山林步道為主，每個月一次。每階段各班至多二十五人。基本流程：簽到以顧及安全。不同季節出發的時間點會有不同。

4. 活動評量補充說明（how）：

(1)EASY（www.easyforyou.info）是一個全方位老人身體活動篩檢工具

(2)65歲以上國民健康體適能量表（體育署網站），建議活動前與後各測一次。

(3)活動過程中可運用自覺運動強度觀念（self exertion concept），讓高齡者知覺自己在活動當下的身體與運動量的知覺。

5. 其他方面的補充說明（如預算）：

原則上參與者無需付費，但可由公部門編列經費或協會、企業贊助或參與者自行購買北歐式健走桿子，以及每月若要集體出發前往外縣市的遊覽車。

第四節　創齡「新腦力」方案規劃

本節創齡「新腦力」方案的發想與設計目的，是為了因應社區高齡者的表達需求而進行規劃。「創齡」是創意老化（creative aging）的簡稱，由美國知名精神科醫師暨老人學專家Gene D. Cohen博士率先提出，腦神經科學研究證明高齡者透過動靜平衡的社交活動、社會參與以及藝術活動，仍舊能夠全腦開發。創齡學一詞來自日本，是以正面角度思索人生議題，在乎自己的態度及感受，為自己所創造的人生留下註解（駱紳、朱迺欣、曾思瑜、劉豊志，2012）。

一、創齡「新腦力」方案相關的學理

McClusky在1971年提出的高齡者表達的需求觀點，在某種程度上呼應了休閒補償理論的內涵。高齡者會有表達型的學習需求，主要是其行為可彌補年輕時因工作或忙碌而放棄其他興趣；退休後用充裕時間實現舊有喜好或樂趣，或是培養新嗜好。此類型的學習活動乃是為學習而學習，為活動而活動，為參與而參與的學習需求，再從活動和參與中獲取內在的回饋（蔡妍妮，2017）。研究指出表達需求的學習，以人文藝術課程之社會效果最佳，因為人文藝術的課程有作品展現、成果展、表演等活動，可以滿足學習者的表達性需求。換言之，社區休閒專業人士規劃之人文藝術課程，是提供高齡者一個展現自我的舞臺，促使其表達性需求獲得滿足，進而使高齡者的學習產生良好的社會效果（林麗惠、高玉靜，2016）。

腦神經認知科學研究發現：閱讀五年者得阿茲海默症的機會比文盲少14倍，顯示閱讀可以活化腦部（洪蘭，2008）。閱讀活動可讓高齡者增進卡提爾（Raymond B. Cattell, 1905~1998）於1963年所提出的「晶質智力」（crystallized intelligence），進而補足隨著年齡流失的「流質智力」（fluid intelligence），使高齡者維持認知能力的表現，同時獲取新知充實心靈，並培養批判思考能力，以減緩被社會淘汰的速度，再者透過閱讀，結識新的朋友，分享習得的知識，減少無角色的失落感與孤獨感，並且在高齡次文化團體中，妥善運用閱讀習得的知識，創造政治影響力或採取社會行動（林麗惠、蔡侑倫，2009）。

近幾年有「數位移民」之稱的高齡者，使用智慧型手機及上網比例大幅增加。而老人福祉科技從往昔偏重以科技輔具為老人提供遠距居家照護服務的首要目標，轉變為現今關切的目標：利用科技來支援或提升與老化和平相處的機會，而這些機會又牽涉到溝通、學習、休閒、藝術與志願服務等表現。研究指出新一代複雜有劇情與故事情節等的學習、訓練與冒險之數位電玩，可強化高齡者自我健康促進的能力，增進社會

互動、肌動感、認知及情緒功能，或至少延緩其衰退速度；同時又能擁有樂趣、共鳴、投入、臨場感、挑戰、好奇心等較強烈的存在感、參與感和流暢感等體驗（Kueider, Parisi, Gross & Rebok, 2012; Wiemeyer & Kliem, 2012）。

二、創齡「新腦力」方案架構

本節提出的創齡「新腦力」方案架構如圖10-3，是立基於上述人文藝術手工創作、與數位科技的學習，為高齡者帶來的身、心、靈效益與表達需求的滿足，再加上權衡二次大戰前後出生的1930至50年代嬰兒潮世代，因政治時局變動、生存環境困苦，綴學或失學（尤其女性）者受教的權力與渴求。此方案透過效益活動，例如文字、影音等各種形式素材的閱讀、賞析與討論，手工藝創作以及網頁製作、經營社群或電玩等數位學習，發展高齡者生活經驗與教育和文化等知識的「晶質智力」，以滿足其表達需求的期望。

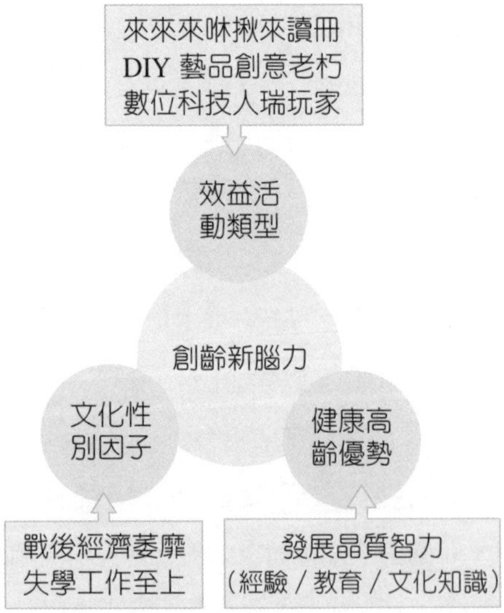

圖10-3　創齡「新腦力」方案架構／郭金芳

三、立基證據的效益活動類型

讀書會（表10-3）是一群人透過閱讀、對話與討論書籍或某些材料從事自發性學習，對高齡者而言，具有彈性與便利性。讀書會有助於個體建構其世界觀；體認其能動性和作為文化創造者的可能性；建構人與人之間新的生命關係；開展出對於世界與歷史的閱讀與理解，並發展出慈悲心和智慧。高齡者若能體認並實踐此一意涵，讀書會自必成為其圓滿生命的最佳基石（何青蓉，2009）。

表10-3　來來來咻揪來讀冊

定義活動		
1.活動命名：來來來咻揪來讀冊 2.讀書會是一種自然形成的非正式學習團體，其自發性特質讓高齡者可控制自己的學習步調，免於因時間壓力影響學習的效率。所有成員皆具有老師和學生的雙重角色（平等）。個人基於自己的需求與期望，和成員共研擬讀書會組織目標與方針（成就目標），設計閱讀計畫與研讀教材，且將生活經驗融入輕鬆談話交流觀念和討論之中（民主），進而能夠放下執念，導正陋習（反思），同時還能運用所獲得的思辨能力，實踐關切生活環境的行動力。 3.研讀的素材，可以是文字形式的民間故事、詩詞散文、經典名著、戲曲劇目，或影音形式例如《魔法阿嬤》、年代禁歌、或記錄片，例如《看見台灣》等與高齡者成長歷程息息相關的人事物。 4.每場活動的領導者或引導者或主持人係由成員輪替，賦予掌控之權。 5.成員務必遵守尊重多元聲音，勿堅持己見，或中斷他人的發言。 6.活動歷程記錄。		
準則	要素	說明
WHO	對象特性	1.確認潛在參與者的人數、願意籌組和參與讀書會的動機（例如擁有新的角色與社交圈、高齡次文化之同儕的邀約、為參與活動而參與）。 2.再次確認參與的目標與讀書會目標是否相呼應。
WHAT	確定需求	1.確定有興趣參與的人數，最好至少三位成員。

WHY	評估價值	1. 個人：溝通思辨能力增進、個人公民發聲權得以展現。 2. 社區：營造一個活潑開朗具有里民自我意識的社區、社區高齡次文化團體權力彰顯與行使。
WHICH	分析可用資源	1. 供給：素材可從社區或縣市圖書館、博物館、工藝館、電影史館、音樂館、體育博物館或私人收藏為來源。 2. 場域：社區咖啡館、茶藝店、圖書館討論室、婦幼館閱讀室等。 3. 人力：⑴個人或機構發起人、⑵活動中的領導者、⑶活動中影音或文字紀錄者。
WHEN WHERE	規劃與設計操作	1. 依據所有資料擬定方案綱領，再依方案綱領擬定操作細項，包含實質情境、休閒事物與規則的考量。（詳閱本書前述相關章節或參閱上述樂活有肌體此處之描述）
HOW	裁決繼續與否	1. 前述準則與要素都確認無誤後，參加的人數也確定後，即可執行方案
	執行方案	1. 確定決定方案無需修改。 2. 準備好所需的資料袋與設備，包括素材表單、紀錄工具，例如紀錄冊、錄音筆或錄放影機等。 3. 組織成員達成共識即可，例如某天的一個上午或下午或晚上。時間和地點不一定固定，可依成員的行程或社區活動或時節慶典或新鮮感等而更動，不過謹守每個星期至少一次。但仍建議一季一季或年度變更。 4. 每場次的領導者務必行前通知成員來聚會，確認有預先要消化的素材已讀且當天要記得帶，還要確實負起激發討論，要顧及所有人的發言權，最後於結束前作總結且交棒給下位領導者。
	終止活動與評鑑	1. 效益評鑑：將紀錄整理成冊，或將影音紀錄製成光碟或剪輯成影片上傳線上分享。將共識的思議化成社區行動。 2. 原成員凋零且無新血加入時，活動自然而然終止。
重新定義活動：每階段或每次活動的質量評鑑與回饋，都是作為下個階段或下次活動的設計修正方針。		

製表者：郭金芳

第五節 歡喜「志服達人」方案

「每天無所事事，是人生的消費者，積極付出才是人生的創造者。」

"Doing nothing and idling time away consumes our life; giving to others with total dedication creates our life."

「付出勞力又歡喜，使有「喜捨」之心，方達提得起、放得下之境界。」

"To give with joy is to help others with a happy mood."

釋證嚴

一、歡喜「志服達人」方案相關學理

Morrow, Hinterlong, Rozario和Tang（2003）指出志願服務作為一種社會參與及生產性活動的形式，有助於提升個人主觀與社會客觀的生活福祉。Fried等人（2004）探析73篇研究對象平均為50至94歲的中高齡者，分別從晚年、長期老化與生活改變的角度切入，探究他們在各機構組織內（公私非營利組織、社區鄰里組織、學校、醫院、宗教團體等）從事志願服務的效益。結果發現志工服務活動的生活型態，透過新知技能的學習、心智記憶功能的維持等認知層面的效益，以及正向情感的提升、自我決定與社會支持，還有實際行動的服務過程，可以減少中高齡者因老化而產生的功能衰退與降低痴呆風險、能夠減少沮喪的徵兆、較佳的自陳健康狀態（self-reported health）、較少的功能受阻、較低的死亡率。如圖10-4志願服務的理論模式的活動類型、機制作用與結果所示。

衛生福利部（2014）調查結果顯示，65歲以上高齡者定期參加之活動中，以「宗教活動」、「志願服務」較其他社會活動為高。Ellis和Noyes（1990）指出志願服務是依個人意願選擇可達成社會需求的行

動，此行動遠超過個人的基本義務，金錢利益並非是關鍵，它是個人對社會盡責的態度。而社區裡的志願服務最能落實高齡者對社會盡責及從事社會活動最大化的機會，因為當社會參與可近性的限制降低時，高齡者的社會參與就會大幅增加。

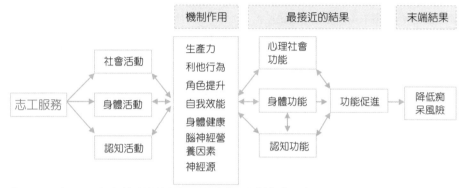

圖10-4　志願服務改善與降低痴呆風險的理論模式

志願服務如何改善高齡族群的功能並降低癡呆風險的理論模式。修改自L. P. Fried等（2004），高齡族群健康促進的社會模式：體驗團隊模式的初始證據。都市健康期刊：紐約醫學公報，81，66，紐約醫學會出版。

二、歡喜「志服達人」方案架構

　　根據上述高齡者志願服務的效益，以及志願服務為臺灣高齡者參與社會活動調查中最具意願的項目，加上考量社會文化背景，例如臺灣家庭結構的改變（例如核心、單親、雙薪、獨居）、老有所為的思潮變遷、終身學習社會風氣，與志願服務法令的完善，以及優質化高齡者的優勢觀點（自主時間、生活與職場的知識技能經驗）等面向，進而規劃本節的歡喜「志服達人」方案，如圖10-5所示。

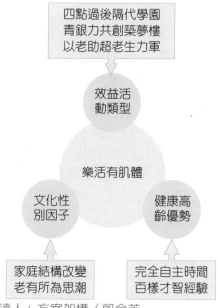

四點過後隔代學園
青銀力共創築夢樓
以老助超老生力軍

效益活
動類型

樂活有肌體

文化性
別因子

健康高
齡優勢

家庭結構改變
老有所為思潮

完全自主時間
百樣才智經驗

圖10-5　歡喜「志服達人」方案架構／郭金芳

三、立基證據的效益活動類型

　　以社區關懷據點為基地而規劃設計的社區志願服務之「銀領人力」，可發揮在「四點過後爺奶孫樂園」，以因應雙薪或單親家庭無法準時接回幼童困境，同時讓單身爺奶可以享天倫之樂；在「青銀共創築夢樓」的社會住宅中，年長者協助青年創業或諮商，以傳承職場哲理和工作價值，而青年協助年長者實現未盡之夢想；在「以老助超老生力軍」的社區關懷據點，以同理的感受扶持同世代及上世代的需要。本節以四點過後隔代學園為撰述範例，如表10-4所示。

表10-4　四點過後隔代學園

		定義活動		

1. 活動命名：四點過後隔代學園
2. 以公立幼兒園四點下課後至六點前的這段時間為發想，讓孫字輩與祖字輩能夠享受互相伴讀、伴遊、伴食、伴唱、伴舞、伴畫等共樂時光，進而充實祖字輩的獨伴生活，以及孫字輩享有來自更多祖父母之愛與關懷。
3. 祖字輩的高齡志工依照自己的興趣，提供個人拿手看家本領，讓孫字輩在等候家人接回的時間裡，也能快樂遊戲、玩耍與學習。
4. 服務過程中要特別注意孫字輩的環境安全、身心狀況，以及高齡志工本身的身心狀況。
5. 確實執行服務日誌的記錄。

準則	要素	說明
WHO	對象特性	1. 確認潛在參與者的人數、願意參與社區服務的動機（例如擁有新的角色、高齡次文化之同儕的邀約、為參與社會活動而參與） 2. 再次確認參與的目標、人口背景特徵。（量表填寫）
WHAT	確定需求	1. 確定有興趣參與的人數
WHY	評估價值	1. 個人：提供經驗與時間滿足服務與貢獻需求、自我角色的認同、新知學習與能力開發、身心健康的促進。 2. 社區：充分善用高齡群體的人力資源、趨緩社區中老幼照顧問題、減少健保等財務支出、凝聚社區共識、促進社區代間融合。
WHICH	分析可用資源	1. 供給：設計一份個人服務執行「自我檢核貼貼日誌」（附上各式情緒文字與圖式的貼紙），考量不識字的長者。 2. 場域：社區公幼及非營利學校、青少年活動中心或幼兒空間。 3. 人力：⑴高齡志工人資管理者（進行招募、甄選等事宜）；⑵與活動行政協調者；⑶執行活動的專業指導者（提供高齡志工教育訓練，例如幼兒發展特性、安全與緊急處理機制；⑷活動後的質、量評鑑者。
WHEN WHERE	規劃與設計操作	1. 依據所有資料擬定方案綱領，再依方案綱領擬定操作細項，包含實質情境、休閒事物與規則的考量

HOW	裁決繼續與否	1. 前述準則與要素都確認無誤後，參加的人數也確定後，即可執行方案
	執行方案	1. 確定決定方案無需修改。 2. 準備好所需的資料袋，包括幼兒照護教育訓練手冊、志願服務手冊、志工日誌、祖字輩和孫字輩的創意識別證（此可由高齡志工自行進行個人化的創意設計）。 3. 每週一至週五午後3:40至服務場域簽到，準備活動前的工作，等候四點與孫字輩的相見。每天至多兩組志工和兩個活動。設定休息、喝水、自由如廁等的時間。
	終止活動與評價	1. 激勵機制：每季舉辦歡喜「志服達人」表揚活動，以服務對象＋個人＋社區之目標效益總和為考評基準。 2. 社區高齡志工的退場機制（可以需求滿足理論與交換理論來衡量。）。

重新定義活動：每階段或每次活動的質量評鑑與回饋，都是作為下個階段或下次活動的設計修正方針。再次循環此高齡者休閒活動規劃的流程，或接受特殊幼兒的相關教育訓練，再轉戰服務場域，以嘉惠多元幼兒，讓個人行有餘力與餘時的志願服務更添一分社會責任感，且十足為實踐社會理想或改善社會問題的一種積極性的社會行動。此種持續服務的動力可以社會參與及高齡次文化理論解釋。（有關高齡者參與社區志願服務各理論及志工參與階段，包括初期——加入、中期——參與、中後期——持續或退出的闡述，可參閱劉怡苓，〈不同社區型態與高齡志工社區參與動機之探討——以高雄縣兩社區為例〉。朝陽人文社會學刊，7(2)，273-302。

製表者：郭金芳

第六節　圓夢「生死教育」方案

　　圓夢生死教育方案是為了滿足高齡者自我超越的需求而設計，為了讓高齡者能夠對於己身生命意義有更深層的瞭解，必須讓高齡者回顧自己的一生，並正向看見自己生命的意義，雖然身體功能下降，卻能激發繼續往前走的熱情。因此，圓夢生死教育方案建議可以透過「黑貓冰果室開摃舍」、「生前告別式俱樂部」，與「我囑身後事DIY茶坊間」來進行統整自己生命的價值（如圖10-6）。

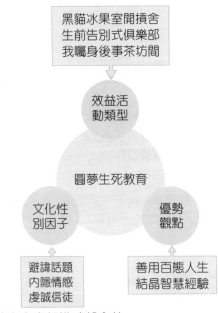

黑貓冰果室開摃舍
生前告別式俱樂部
我囑身後事茶坊間

效益活
動類型

圓夢生死教育

文化性
別因子

優勢
觀點

避諱話題
內隱情感
虔誠信徒

善用百態人生
結晶智慧經驗

圖10-6　圓夢生死教育方案架構／郭金芳

一、「生死教育」方案相關的學理

　　生死取向的生命教育之內涵在於：探討死亡的本質以及各種瀕死、喪慟主題與現象，促使吾人深切省思自己與他人、社會、自然，乃至宇宙的關係，從而能夠察覺生命的終極意義與價值，是面對死亡、克服對死亡的恐懼與焦慮、超越死亡、省思（張淑美，2001）。上述的生命教育亦稱生死教育，或稱為死亡教育，是運用教育的方法、技術與經驗，並藉助媒體，例如電視、投影機……等工具的操作，將影片、VCD片、DVD片或投影機軟片資料，呈現在螢幕上，使觀影者瞭解死亡徵象或死亡過程，從而能正視死亡、體驗生命的可貴，珍惜生命。通常生死教育包含了生死概念、醫護倫理、死亡教育、臨終關懷、緩和治療、悲傷輔導、殯葬管理（郭惠娟，2014；劉作揖，2014）。

　　一份針對臺灣生死學博碩論文的統整調查發現，自1970年至2002年共有323篇，分別含有十項不同的分類領域，其中以生死心理、生死

哲學觀、自殺、臨終關懷、生死教育等為最多，另外還有生死社會觀、悲傷輔導、生死禮俗、生死宗教觀與其他。在主題的探究上，各分類議題加總亦有三十多項（張淑美、謝昌任，2005）。此外蔡明昌、顏蒨榕（2005）有關老人生死教育教學的研究，發現高齡者認為生死教育課程內容應該生活實用導向與心靈成長安頓並重（61.8%）；談生論死話題時，應可以輕鬆自在（68.4%），且不排斥負向情緒產生（80.5%）；在安全氣氛與適宜時機中分享生命經驗與生活體驗，讓自己的經驗智慧成為課程中的學習資源（86.3%）；活動人數多約15至30人為適宜（34%）；高達85.1%參與此類課程意願很高。

又根據教學與活動等的實務經驗與研究發現，「敘說」與「生命回顧」和「生命回饋」確實能夠讓高齡者產生很大的迴響。敘說是呈現及瞭解個人生命經驗的最佳方式（Clandinin & Connelly, 2000）。透過敘說的生命回顧，回顧生命中的任何一個時期，回饋別人在己身生命中曾經做過的事，反之將己身的感受回饋到別人的生命裡，進而理出自我統整的故事，包括他們對生命關鍵性事件的情緒調節、問題解決與意義建構，並在年老時展現出安處、獨立、自在、自信、圓融、助人、積極社區參與、老年生活安排與更新等自我狀態以及對死亡的思考與準備（紀潔芳，2004；陳麗娟，2017）。

上述這些國內相關研究調查說明了學術界對生死教育議題的關照，也說明臺灣民眾，包含高齡者對於己身的生死問題的漸趨重視與接受。因此，休閒專業人士必須擔負起提供高齡者在設計上具有實質效益產生的生死教育活動。為了因應高齡社會靈性層面的需求，生死教育相關的特殊休閒活動日趨重要。

二、圓夢「生死教育」方案架構

本節從高齡者的優勢觀點，即善用其百態人生結晶智慧經驗，透過團體中的敘說，進行避諱生死話題的談論與分享，以及牽引出積累的內隱情感。臺灣殯葬資訊網自103年10月起，為正向推展死亡教育，呼應

英國「死亡咖啡館」活動，開辦一系列銀髮長輩生死教育課程。死亡這個話題，在華人社會自古被視為一種禁忌的話題，如今，因全球化及數位科技資訊傳播而打破僵局，加速了談論死亡、自製棺材，例如「死亡靈魂聊天室」、「生前告別式」、「身後事我作（囑）主」，以及環保葬禮，例如穆斯林的「簡葬」、日本現流行的「歸零葬」等的浪潮湧至而來，再加上電影《非誠勿擾》、《遺憾拼圖》的生前告別式劇情，以及真人（如資深體育主播傅達仁和癌末麻醉師曹惠美等人）實際付諸行動，皆帶動臺灣高齡生死教育的發展與倡導「樹葬」等的社會運動。

上述這三種形式，都是一種提前為死亡做的準備，同時也是一種系列生命回顧（life review）的歷程。生命回顧的觀點與途徑，可用來說明死亡和老人的關係及死亡對老人的影響。生命回顧是種正常且必要的過程，它可幫助我們以理性客觀的態度來審視自己以及過往的生命經驗，使我們更瞭解某些事件的重要性，並幫助我們尋找自己生命的意義，透視生命的本質。因此回顧生命並非讓老人生活在過去，而是協助老人整合人格與經驗，使其重返現實，展望未來，並能安詳地面對死亡（Butler, 1974）。

這呼應了艾瑞克森（Erik H. Erikson）在老年研究報告中的重點：老年人在其老年期必然的退隱（disinvolvement）狀態中仍然存有新的潛能，這些潛能可以讓他們進行最後的互動及「活躍」（即使有點似是而非）參與。這是一種極具智慧的生命統整，和諧性格的完善，以及與絕望感取得平衡。在人生最後的階段，以不同形式活躍的參與，熱情的投入，證實自己「活著」所帶來高度的覺醒，因而能夠正視死亡的將至，且不再存在於此世間的事實，同時還能成就自我身分的認同，最終保有此智慧並學著傳達己身完整的經驗（周怜利譯，2000）。

三、立基證據的效益活動類型

本節圓夢生死教育方案效益活動以「黑貓冰果室開損舍」為撰述範例，詳細內容表10-5所示。

表10-5　黑貓冰果室開損舍

定義活動
1. 活動命名：黑貓冰果室開損舍
2. 傳說中的黑貓，能通靈，能避邪，雖不會帶來死亡，但卻具有預知生死的特殊能力。冰果室，是除了寺廟之外，在40到60年代臺灣民眾平常聚集的地方，是阿公阿嬤年輕時吃冰、吃水果同時幽會之處。它與在地居民生活唇齒相依，可以作為嬰兒潮世代的一種飲食文化代表。
3. 在每場次三個小時的黑貓冰果室裡，自由報名的高齡者，點喜愛的果汁及冷熱品，在輕鬆的氛圍裡，「自我選擇性」發言或回應他人的生命經驗故事，或述說自己埋藏心中已久的悲痛故事。過程中不論認同與否，都必須尊重多元差異的故事與觀點。
4. 「生命故事書」的製作。

準則	要素	說明
WHO	對象特性	1. 確認潛在參與者的人數、預估暢言死亡的可能性，以及對死亡所持的態度、再次確認參與的目標、人口背景特徵。（量表填寫）
WHAT	確定需求	1. 確定有興趣參與的人數（二至三人〔含〕以上即可進行活動）。
WHY	評估價值	1. 個人：瞭解死亡的自然特性、舒緩對死亡恐懼的壓力、解開無法走出失親之痛的結、增進團體社會情感支持、調整心智狀態。 2. 社區：營造社區對死亡的正向態度、提升殯葬環境保護共識。
WHICH	分析可用資源	1. 供給：設計一份個人參與觀察日誌，須考量不識字的長者，可設計一份以圖案為主的剪貼簿。 2. 場域：社區冰果室、茶館或活動中心交誼廳。 3. 人力：(1)活動行政協調者，(2)執行活動的專業指導者（同理包容心強，且具有口述歷史、高齡生死學、社會工作、護理與心理諮商等專業），需瞭解在第一層級觀賞型活動中的自我角色（生命情境劇或生死電影的觀賞）、第二層級社交活動（敘說故事與回饋）與第四層級體能型活動中自我的角色（生命故事書製作）。(3)活動後的質、量評鑑者。
WHEN WHERE	規劃與設計操作	1. 依據所有資料擬定方案綱領，再依方案綱領擬定操作細項，包含實質情境、休閒事物與規則的考量。

	裁決繼續 與否	1. 前述準則與要素都確認無誤後，參加的人數也確定後，即可執行方案
HOW	執行方案	1. 確定決定方案無需修改。 2. 準備好所需資料的資料袋，包括死亡議題表單、個人參與觀察日誌、剪貼簿、生命經驗大富翁（依通用設計為原則）。 3. 每期維持五週，固定星期和時段，每週三小時（上午時段約8:15至11:15、下午時段約14:15至17:15），以確保每位成員的敘說權與時間，以及議題確實地被討論。 4. 活動流程包括說明活動目的與目標、歷程與進行方式，包含影片賞析、生死教育相關遊戲、議題的討論、個人的敘說故事、綜合回饋。 5. 每階段的時間，要依當下參與者的參與情形，彈性調整時間的長短。不過過程要注意參與者的身體狀況，或休息次數多一點。 6. 盡可能讓參與者直言不諱大聲地談論參與動機。
	終止活動 與評價	1. 很有可能會有高齡參與者欲罷不能地發言，三個小時的活動至多延半小時，以顧及大多數參與者的身心狀況及個人作息習慣。 2. 第三週活動結束前，可先行階段性的討論會議或臨時性的分享聚會，蒐集相關（質量）資料，以改善、修正方案或填補不足之處，同時公開表揚達到階段性目標的參與者，以茲鼓勵繼續下去。 3. 第五週，即最後一週，根據參與者的參與觀察日誌或剪貼簿等不同形式的活動歷程記錄成果，專業指導團隊即可建議參與者參加下個活動，同時重新與參與者共同訂定新的效益目標。例如：「生前告別式俱樂部」、「身後事我作囑茶坊間」，藉由同好者的協助，完成整個儀式歷程，無動機、興趣減弱或歸零發生時，即該考量活動終止。
重新定義活動：每階段或每次活動的質量評鑑與回饋，都是作為下個階段或下次活動的設計修正方針，再次循環此高齡者休閒活動規劃的流程。		

製表者：郭金芳

結語

　　社區高齡休閒規劃至關重要，係因建立一個老有所為、所屬、所依的社會，發展自我與社區認同感，提升正向生活感受，以達成社區高齡者活躍老化、成功老化的目標，是社會為社區高齡者首要實踐的願景。社區發展的基本假設是個人有能力去計畫、建構和實現自己與社區的休閒服務，社區居民可以互相成為夥伴關係，以共同規劃高品質的休閒生活，因此，社區發展是一種間接的服務傳遞，其目的在幫助社區居民，使其具有自主、自助的能力。社區發展策略的中心思想是：要認同社會中多元價值的需求，尊重不同的生活方式是影響未來服務的重要因素。社區發展責無旁貸的四個功能：鼓勵個人思考，因為參與的意義不僅是個人的成長，也是整體社區的發展；能培養社區領導人的才能；提供能夠改變社區的方法與步驟；支持並達成個人價值觀的建構與評估自己進步的情形。

自我評量題目

1. 請闡述社區高齡者休閒規劃的重要性。
2. 請闡明需求幅度理論的要點。
3. 請闡明高齡者創意效益取向遊憩規劃模式的流程要項。
4. 請著手調查所屬社區的高齡者之需求且設計一個可以滿足此需求的活動。

第十一章
機構高齡者的休閒規劃

郭金芳

學習目標

1. 瞭解臺灣機構高齡者身心失能的類型與症狀
2. 敘明治療式遊憩介入高齡者復健的意義與角色
3. 區別治療式遊憩不同治療取向的目的、方式與效益
4. 明瞭高齡者治療式遊憩的階段與循環模式
5. 描述創意效益取向治療式遊憩規劃流程的案例

摘　要

　　本章節將闡明休閒規劃對不同機構高齡群體之特殊復健需求的重要。第一節將介紹臺灣各種機構中，高齡者身心失能的類型與症狀；第二節針對機構中，高齡群體的特殊性而發展的治療式遊憩，對其復健需求的意義與角色進行敘述；第三節則說明不同治療取向的目的、方式與效益；第四節闡述治療式遊憩的階段循環與模式；最後敘明創意效益取向遊憩規劃與治療式遊憩模式的整合表，再根據整合出的創意效益取向治療式遊憩規劃流程提出範例。

　　能夠想像2013年臺灣65歲以上高齡者，罹患有慢性病二項以上占68.6%；自述「有任何一項日常生活活動（ADL）有困難」的失能者占全部的15.7%嗎？能想像截至2015年臺灣的失智人口已高達24萬多

人，比2016年的彰化市23萬人還要多嗎？能想像的到2050年全球失智人數將高達1億3150萬人嗎？為了因應如此高居不下的數據，且不斷成長的高齡失能現象，世界人權宣言（Universal Declaration of Human Rights）特別強調失能者的休閒權的行使，以增加回歸社區與社會的機會（Kennedy, Horner, & Newton, 1989）。各國政府相繼呼應高齡失能群體的休閒權與落實，臺灣也緊追在其中。除了傳統藥物治療外，還有非藥物性治療方式的實行。例如美、日等國已有休閒治療協會，政府和醫院設有休閒治療專業部門，而且與物理治療、心理治療及職能治療等復健治療方法融合運用，提供兼具治療性的休閒、遊憩、運動或觀光旅遊等的服務（沐桂新，1995；Austin & Crawford, 1996），藉由此整合形式提供患者的復健服務，以達個別化具體效益，同時降低機構高齡住民醫療費用的支出。截至2017年6月底，臺灣已有313家醫療院所及照護服務成為「高齡友善健康照護認證機構」，能夠提供符合機構內的高齡住民們多樣性的復健服務需求。因此本章著重在復健服務需求中的休閒治療層面，以一種有別於健康高齡者休閒規劃的治療式遊憩介入方法。治療式遊憩的程序是一種循環模式，通常以活動介入類型。此外本章基於學理證據與調查數據，以運動治療的類型為案例，鎖定機構失智高齡住民為對象，詳述創意效益取向治療式遊憩規劃模式流程，與特別要注意的細部內容。

第一節　臺灣機構高齡者身心失能的類型與症狀

國民健康署2013年「國民健康訪問調查」，百分比經加權處理，具全國代表性的65歲以上高齡者樣本數3,204人（男性1,526人、女性1,678人）中，罹患有慢性病一項以上占86.3%、二項以上占68.6%、三項以上占47.3%；自述「有任何一項日常生活活動（ADL）有困難」，其活動項目包括進食、洗澡、穿脫衣服、上廁所、上下床、與室內走動等六項的失能者占全部的15.7%（衛生福利部，2016）。

國際失智症協會（ADI）於2015年8月發佈全球失智症報告，全球失智症人口為4680萬人，到了2050年人數將高達1億3150萬人；依衛生福利部2011年委託臺灣失智症協會進行之失智症流行病學調查結果，以及內政部105年9月人口統計資料估算：臺灣65歲以上老人共3,051,893人，其中輕微認知障礙佔18.45%；失智症人口佔7.98%。也就是說65歲以上的老人每13人即有1位失智者，而80歲以上的老人每5人即有1位失智者。失智症（Dementia）分為退化性，例如阿茲海默症（Alzheimer's Disease）、血管性與兩者的混合性，是一群症狀的組合（症候群），它的症狀不單純只有記憶力的減退，還會影響到其他認知功能，包括有語言能力、空間感、計算力、判斷力、抽象思考能力、注意力等各方面的功能退化，同時可能出現干擾行為、個性改變、妄想或幻覺等症狀，這些症狀的嚴重程度足以影響其人際關係與工作能力（臺灣失智症協會，2017）。

　　根據中華民國老人福利推動聯盟（2017）的資料，機構式服務依不同的高齡服務對象可分為下列五大類機構型態：⑴長期照顧機構型態以長期看護型、養護型與失智型三種類型機構為主。以罹患長期慢性病，且需要醫護服務之高齡者為照顧對象的長期看護機構；以生活自理能力缺損需他人照顧之老人，或需要鼻胃管與導尿管護理服務需求之高齡者為照顧對象的養護型機構；以神經科、精神科等專科醫師診斷為失智症中度以上、具有行動力，且需受照顧之老人為對象的失智照顧型機構；⑵安養機構，指以日常生活能自理之高齡者為主，此不包含健康型老人機構式照顧；⑶護理之家，照顧罹患長期慢性疾病且需要醫護服務之病人；⑷身心障礙福利機構，提供身心障礙者托育養護照顧；⑸榮譽國民之家，以提供榮譽國民之安養、養護與失智照顧。

　　此外根據高齡憂鬱症的流行病學，兩筆臺灣研究顯示機構中的住民患有憂鬱症的比例分別約為43%（Tsai, Chung, Wong, & Huang, 2005）與52.05%（Lin, Wang, Chen, Wu, & Portwood, 2005），其中約有六至七成的患者並無受到適切的處理或治療，因而導致失能、併發症與自殺身

亡的比例增加（張耀文、高東煒、黃宗正，2006）。現今的醫療體系除了生物醫療之藥物治療和光照治療（Sumaya, Rienzi, Deegan, & Moss, 2001），還有非藥物性治療方式也實行於慢性病、失能者、憂鬱症與失智者高齡者身上。機構內不論何種類型，高齡住民症狀或其失能程度不論為何，皆享有參與社會、宗教及社區活動的權利，因此機構應該依據不同類型失能高齡者的興趣及需求，提供各式健康促進與文康休閒活動方案。

第二節　治療式遊憩介入高齡者復健的意義與角色

根據臺灣健保局1997年統計，僅占人口8%左右的65歲以上老年人口之醫療費用，卻占全部醫療費用的四分之一，而藥費的支出又是醫療費用的主要部分，因此顯現出老年用藥的頻繁性（黃盈翔、盧豐華，2003）。從生理機制來看，藥物進入人體後的途徑與其他食物或環境物質並無不同，一樣會經歷吸收、血液循環分布、器官代謝及排除體外的流程。但是，這些流程與藥物的療效或副作用息息相關，是藥物研發中至為關鍵的一環（高雅慧，2015），更是服藥者必須關切之事。此外食補、藥補的觀念，致使臺灣高齡者多重用藥的情形相當普遍，然而在多重服藥的過程中，醫師應同時注意相關併發症的防範，且應加強宣導健康的生活型態，如運動、飲食、體重調節，並鼓勵患者落實於日常生活之中，以減少不當多重用藥的機會（吳岱穎等，2010），及降低對醫藥治療完全的依賴。

非藥物治療的身心維護與改善的介入方案，例如音樂律動（張彩音，2016；賴意櫻、吳嘉昀，2016），國內外研究皆證實休閒治療或治療式遊憩（本文以後者著稱）具有其效益。目前在臺灣治療式遊憩仍屬萌芽階段，一般人對於休閒，著重在個人的空閒時間之應用及放鬆方式，很少探討休閒的療癒功能。在國外，休閒不但是每個人生活中非常重要的角色，在醫療及特殊群體之健康照料更扮演重要任務。此類寓醫

療於休閒的遊憩式治療，在美國被評為前三十大快速成長的專業領域，美、日等國已有休閒治療協會，發展也頗具規模（陳美芬，2009）。此外，外國大型醫院已有專業部門，而且與物理治療、心理治療及職能治療等復健治療方法，提供兼具治療性的休閒、遊憩、運動或觀光旅遊等服務（沐桂新，1995；Austin & Crawford, 1996），藉由此整合形式提供患者復健服務，以達個別化具體效益。

復健服務是復健醫學（Rehabilitation medicine）利用物理療法如運動來治療慢性疾病，和使殘障恢復正常生理功能的醫學專科，其目的在使因傷病致殘的患者恢復正常身體運動功能。復健工作包括止痛、改善或保持功能（如肌力和活動度）。用最有效的方法來訓練基本的動作和檢查各部位的功能（如肌力、關節活動度、呼吸肌能力和肌肉協調性等）。最常用的物理療法包括熱療、按摩、運動、電療和功能訓練。1970年代始又添加了心理諮詢、職業技能療法和其他能使患者恢復最大能力的多種新法。二十世紀晚期隨高科技的發展，使得下半身癱瘓、四肢癱瘓和其他嚴重運動功能障礙的復健，可利用精密的微電腦送出模擬神經衝動的協調性電波至肌肉，使病人做出站、坐、走，甚至精細的手部動作。

高齡失能者能融入且回到社區生活各層面的現象越趨普及亦是個不爭的事實，此為人權落實的一大進步，其中亦包含世界人權宣言（Universal Declaration of Human Rights）強調的失能者的休閒權的行使，因為沒有持續的社會接觸，個人被社會中社群成員接受的機會是少之又少（Kennedy, Horner, & Newton, 1989）。再者若從身體活動與醫療支出的關係而言，經濟個體所處之社會環境，及社會資本對醫療服務利用，與個人健康產生相當重要的影響力。2013年臺灣國民醫療保健支出占國內生產毛額之比率已接近7%，因此如何降低醫療費用支出，乃為重大課題之一（林翠芳、蔡飴倫，2013）。又研究指出：機構住民每人每年門診住診醫療費用，高出非機構住民18%醫療支出，對現行健保支付確實帶來不小之負擔（陳雪妹、蔡淑鈴、黃欽印，2009）。

人有聽、視、觸、嗅、味覺等身體感官，失能者亦是，只是功能性的程度差異不同，也因為如此，更需營造一個促進感官刺激的環境，並由專業人士與社工等人與之互動，可使身心失能者得到刺激。更重要的是，讓他們如一般人一樣，可以感受到身為人的存在感。源於1980年代歐美精神障礙者復健服務於此世紀，重申重視精神障礙者作為一個「人」，而非等同於「疾病」的宣言（宋麗玉，2005）。因此，機構中的休閒專業人士、職能與物理治療師針對高齡失能者，提供最適切的休閒活動是責無旁貸的事。

國民健康署於2010年開始推動「高齡友善健康照護機構」認證，係希望透過醫療保健服務介面，使整個環境可以讓長者覺得在心理或行動上，都沒有就醫障礙，創造符合長者需要的友善、支持、尊重與可近的療癒環境，營造讓長者能獲致最大健康可能的照護環境，縮短失能持續時間，提高個人生命價值，截至2017年6月底，臺灣已有313家（170家醫院、77家衛生所、1家診所及65家長照機構）醫療院所及照護服務成為「高齡友善健康照護認證機構」（衛生福利部，2017）。

上述這313家「高齡友善健康照護認證機構」就是高齡失能者接受最適切休閒活動的服務環境，休閒專業人士、職能與物理治療師在這樣的環境裡，能夠更有創意地改良活動，以符合機構內的高齡住民們（不論是中風、失智、憂鬱、長期慢性疾病、精神障礙或生活自理能力缺損者等）多樣性的復健需求。

第三節　治療式遊憩的定義與方法效益取向

有別於健康高齡者的休閒規劃，治療式遊憩最常作為介入高齡失能者的休閒規劃方式。治療式遊憩是將休閒活動施以專業的手法，應用在特定對象和特定目的的介入上，並使特定對象之不佳的身體狀態與負面情感，或社會偏差行為等方面有所改善或恢復穩定，進而促進個體的成長及潛能的充分發展（O'Morrow& Reynolds, 1989; Carter, Van Andel,

& Robb, 1990; Austin, 1998）。換言之，治療式遊憩就是利用動靜態休閒活動方式，透過休閒專業人士或休閒治療師針對在生理、心理、精神與社交方面或行為上，有不能達到平衡及健康狀態的個體之需求，進行評估、擬定與規劃，一種含有目的性的介入方案（郭金芳，2002）。Meyer（1980）提出治療式遊憩目的，包含提供體驗休閒的機會、相關疾病與障礙的治療與改善、提升休閒經驗的效益、消除休閒阻礙、提供休閒技巧、灌輸正向態度以及能使個體有獨立自主的休閒機會和再創造的經驗（引自Carter, Van Andel, & Robb, 1990）。

　　高齡者復健的心理社會本質與心智及個人和社會的關係有關，對於身心失能的高齡者需要及時且有效的心理社會治療，以盡可能恢復獨立或維持他們當下的獨立狀態。治療式遊憩在心理社會治療取向包含刺激、行為和心理治療。此種以吸引所有身體感官（聽、視、觸、嗅、味覺）為成功效益的治療，是利用高度組織的團體以改善整體功能，或改善對環境的認知、身體活動、知覺統合、注意力、日常生活技巧及與環境互動的程度，介入的活動可以使用高齡者熟悉的人事物，以提高安全感、支配感及正向知覺的改變，可以重新與他人互動和重拾自尊；而活動計畫的成功高度取決於活動執行者的知識、創意及熱忱，以及活動類型的選擇（Austin & Crawford, 2001）。

　　此外行為治療是將非功能的行為改變成功能性的行為，行為治療的步驟必須包含分析非功能性行為、定義需要被治療的特定行為及估計行為發生頻率的基準線、建立行為具體目標、全程紀錄等（Nicholson & Blanchard, 1993）。再者根據Erikson心理社會發展的最後階段，高齡者所面對的是自我統整的尊嚴與絕望的危機，若是前者則生命可以圓滿；然而對於失能的高齡者而言，絕望危機的比例是較高的，對此，愈來愈多的研究證實懷舊治療（reminiscence therapy）與生命回顧等具有計畫性與目的性介入的成效（呂寶靜，2012；林儷容、李冠逸，2013）。

　　由於機構中的高齡者被迫離開熟悉生活環境，且揮別與自己過去所擁有的支持體系，必須重新適應一個屬於團體照護的新生活環境及生活

方式（陳明珍，2003）。因此機構相關專業人士在照護過程中，也必須考量高齡者在身、心、靈三方面的平衡，包含其身體功能、機構內外的社交互動、心理健康及機構內生活的調適。進一步言之，透過強化對機構內環境的安全感與控制感、賦予更多選擇權、謹慎處理與他人的衝突以及重視個別化活動設計，提高機構內高齡住民的自主權，使之生命更有尊嚴（陳曉梅、黃美智，2013）。

通常以活動介入類型區分，亦有治療式活動之稱，包含透過藝術治療（art therapy）、遊戲治療（play therapy）、園藝治療（horticultural therapy）、運動治療（exercise therapy）、溫泉療法（hot spring/SPA therapy）（陳惠美、黃雅鈴，2003；陳美芬，2009）、寵物治療（animal therapy）、烘焙食療法（food-cooking therapy）與科技電玩遊戲或科技寵物治療等類型。

第四節　治療式遊憩的程序循環模式

治療式遊憩的模式通常包含評估、計畫、執行與評價四個階段。透過觀察法、清單及問卷和訪談等評估顧客的健康狀態、需求與優勢等資料，以提供第二階段計畫依據；計畫階段必須設立優先考量事宜，再根據需求清單制定目的、設定可達成目標、詳細說明書、策略及方法，內含預期達成的時間，與決定何時進行、如何進行等評價方式；執行是整個過程實際行動的階段，必須確定顧客（機構高齡住民）的目的與所訂的目標相符合，而且顧客的行為在整個執行活動的過程中有完整紀錄成文件；評價必須針對顧客計畫中的目的與目標，例如顧客對此有計畫性和目的性的活動介入反應如何？是否有成效產生或需要修正與否？即重新評估、計畫、執行與評價的循環過程，如下圖11-1（O'Morrow & Reynolds, 1989）。

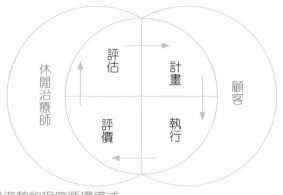

圖11-1　治療式遊憩的程序循環模式
（修改自O'Morrow & Reynolds, 1989）

在整個治療式遊憩的各階段與循環模式中，休閒治療師、職能治療師、物理治療師或社工人員等休閒規劃專業團隊，與顧客，甚至是顧客的家人或重要他人等參與其中，皆對整個具有治療目的的休閒規劃，最終是否能達成預期的價值，以及治療與休閒兩項服務的預期成效影響至極。目前臺灣所修定的「職能治療師法」第十二條，將遊憩娛樂治療列入職能治療師的業務範疇。換言之，凡設有職能治療師的醫療院所與照護機構等，亦將遊憩娛樂治療納入治療的一部分。不過，不能僅就遊憩等活動的參與和體驗的實施，必須有系統性、有結構性，且有目標性的具體內容架構。

休閒規劃專業團隊因與顧客接觸最為頻繁，須負起介入或治療的成敗之責任，若能將自己與顧客和重要他人之間的關係建立在信任、尊重及正向情緒的感覺上，勢必能提高介入的目標成效。因此專業團隊必須於整個治療式遊憩程序循環過程中，善用且發揮己身所擁有的專業知識技能與職業道德，包括休閒（遊憩、運動、觀光等）理論與理解、人類生命健康階段的發展、解剖學與生理學、藥物影響、休閒輔導與技能、人際關係技巧、行為管理技能、醫學及精神術語、治療及復健之理論、應用與方法、慎選活動以符合顧客的需求、設立適當的目的與目標、職業倫理、訪談技巧、休閒治療歷史基礎、評估介入的成果、活動分析程序等（Austin & Crawford, 1996；郭金芳，2002）。

第五節　創意效益取向治療式遊憩規劃的流程

　　本節將治療式遊憩的模式階段，結合第十章創意效益取向遊憩規劃模式的流程，針對機構中各項失能高齡的需求，進行立基於理論證據的休閒活動規劃。表11-1機構高齡者創意效益取向治療式遊憩規劃模式流程表，最左欄即為治療式遊憩的四個階段，第二欄為7W的活動準則，第三欄則為創意效益活動規劃的關鍵要素，第四欄的說明是針對階段、準則與要素前三欄位相對應的定義解說。

表11-1　機構高齡者創意效益取向治療式遊憩規劃模式流程表

定義活動：活動命名＋活動概要＝解釋方案是關於什麼活動的細節內容，包括方案的名稱、議題與關切之事、獨特性與適切性。			
階段	準則	要素	說明
評估ASSESSING	WHO	對象特性	1. 針對機構高齡住民的初步醫療診斷書的診斷結果與身體健康程度，開立適切可幫助住民生理及心理復健的休閒運動處方。休閒規劃專業團隊，再以此處方結合機構高齡住民的文化背景包括年齡、身心狀況、興趣、人格特質、生活習性等，進行下一階段的需求再確定。
	WHAT	確定需求	1. 此階段可透過問卷或訪談的方式，向專家學者、目標機構高齡住民或過去方案的評價回饋等，找出符合目標住民、方案機構與社區真正的需求，而不是規劃者個人的喜好、興趣或單方面的成就追求。（填寫第七章之表7-1、7-2、7-3） 2. ***需有高度技巧進行觀察、溝通與訪談，一旦資料蒐集完畢，問題或潛在問題即可確認，參與者（即目標機構高齡住民）特定目標隨之發展。***
	WHY	評估價值	1. 明確評估將介入的活動是可提供參與者、機構與社區等的何種效益，以達滿足三方需求的平衡。
	WHICH	分析可用資源	1. 首先確認已存在或可改良的資源，哪些是可以應用或符合介入方案所需的資源，再確定是否為方案參與者有效、易接近或便利善加運用的資源。

設計 PLA NN- ING	WHEN WHERE	設計 操作	1. **在為機構高齡住民安排休閒活動的實務上應考量其能力與需要，更重要的是幫助住民將注意力從身體上的限制轉移到剩餘或潛在的能力上。** 2. **撰寫含具體目標與預期成效及風險管理的介入計畫書。** 3. 檢視方案的所有面向，以選擇較適切的領導者、安排最恰當的交通（若有）、備妥暫定行程、決定經費的細項、註冊程序，以及評價與回饋的方式。
執行 IMPL EME NTING	HOW	裁決 繼續 與否	1. 方案是否要繼續進行，取決於前幾個步驟中對每件人事物的評估，若都是正向無負面之處，方案繼續；反之若僅有一兩處為負面，可以從第一個步驟重新評定；若無法修訂或無法克服，則應刪除或停止方案。
		執行 方案	1. 執行方案使之產出結果。**執行者仍蒐集資料以追蹤參與者改變的狀況以及目標達成與否的評鑑。**執行過程要能實踐參與者的自主權和控制感。
評鑑 EVAL UATI NG		終止 活動與 評價	1. 評估參與者對介入活動的回應，是否達成預定目標或部分達成或無成效。若無則重新評估計畫存在的必要性。

重新定義活動：每階段或每次活動的質量評鑑與回饋，都是作為下個階段或下次活動的設計修正方針，再次循環此治療式遊憩活動介入規劃的流程。
*粗斜體為治療式遊憩規劃所強化之處。

製表者：郭金芳

　　特別要提點的是，一般以社區健康高齡者為對象而採取的「通用設計」原則，並不見得全都適用於機構高齡住民，必須經過時間上的巧思，把握好通用設計基底原則，再針對住民個別化的治療性與休閒性目標的需求，進行創意改良式活動設計。創意改良式活動類型包括建立親密性關係的社交休閒活動、發展身體功能性的體適能活動、發展心智成長的手工文藝創作活動、心靈精神表現型繪畫的休閒活動、探索生命奧秘與驚喜的自然景觀活動，以及純粹內在經驗獲取的嗜好與信仰和觀光旅遊活動。

第六節　創意效益取向治療式遊憩案例

本節以機構失智高齡住民為規劃對象，因為截至2015年臺灣的失智人口已高達24萬多人，比2016年的彰化市23萬多人還要多。從一份針對服務失智症相關網站上的輔助科技項目，得知當前服務失智輔助科技類別除了輔助用品、輔助設備、設施之外，還有服務式輔助，含有音樂照顧、寵物治療、園藝療癒、芳香療法、職能治療與遊戲治療等六大項，而其中又以音樂照顧、職能治療與遊戲治療，在受訪的23間失智症服務機構相關服務人員的問卷調查中，在輕、中度失智症者使用狀況較為頻繁，與用品和設備、施所布置的懷舊治療場景同列為高使用率（陳秀靜、林楠凱、林慧琦、游惠怡、陳誼恬、魏江峰，2011）。因此，本節針對機構失智高齡者的復健活動介入的類型，以有組織、有系統的系列運動為主，以補充規律運動在服務式輔助教材中的低使用率。

本章第一節提到全球含臺灣高齡失智人口比例極高，65歲以上的老年人已是世界上人口比例成長最快速的年齡層，而此族群亦是罹患失智症的高風險群。截至目前為止，對於這種令人苦惱的失智疾病尚未開發出有效的治療及介入策略。由於身體活動不足會造成身體功能較差，以及提高心血管疾病的罹病率，而這些因子與失智症卻有間接的關係，適當的身體活動能達到預防失智症的效益，而罹患該疾病的風險會受性別、基因型態、運動型態及社會因素而影響（王駿濠、蔡佳良，2009）。

以失智症類型中最為常見的阿茲海默症為例，根據美國阿茲海默症協會的統計，65歲以上的高齡者每八位就有一位高齡者罹患此症，約占13%，而85歲以上約占了43%，目前尚無藥物可治，不過一項綜合症回顧型研究已證實：身體活動與運動，在心肺適能與肌肉適能的維持與提升上，可以有效地降低此症發生與發展的風險（Bherer, Erickson, & Liu-Ambrose, 2013）。此外研究也顯示經過16週的綜合運動如：在步行訓練中加入對談，有助於提高此症患者正向情緒的滋長（Williams & Tappen,

2008）。另一項綜合性回顧型研究亦指出：規律運動習慣、運動訓練時間愈長，愈能看出效果，而技巧較複雜且需較多策略運用的運動類型，例如桌球，相較於思考成分較少的有氧運動，例如走路與跑步，對認知老化改善的效果會更好（石恒星、洪聰敏，2006）。

Lachman、Nupert、Bertand和Jette（2006）則發現接受中高強度抗阻訓練的高齡者，在控制性別、教育程度、年紀等因素後，其肌力的改變對記憶力的改變具有顯著意義。此外運動介入在減緩長期照護機構輪椅倚賴失智高齡者身心功能退化的發生，研究顯示有其正向效益，例如肺活量、肩臂柔軟度、坐姿體前彎、上肢肌力（手握力）、上肢肌耐力、憂鬱與問題行為，與日常生活功能呈正相關（黃森芳、陳聰毅，2010）。再者在應付日常如廁功能的運動介入也有研究發現：失智症高齡者執行為期8週的步行及下肢負重運動訓練，如廁功能雖無顯著變化，也未見退步，但如廁能力因運動訓練的介入，仍保有某種程度的獨立功能（陳昱合、張素嫻、方妙君、蔡美利，2009）。由此可知，能提升大腦之腦血流量，及腦氧合功能的長期規律的中高強度有氧運動，以及能增加神經傳遞物質，以抵制高齡者認知功能下降的中高強度抗阻訓練運動，對於有認知功能的高風險族群（例如阿茲海默症初期患者、腦血管疾病患者），應可做為藥物治療之外，改善認知功能的輔助療程（陳妍慧、詹美玲、方進隆，2014）。

立基於上述研究成果與發現，本節運動介入的方案命名為「愛智養肌走舞團」，活動類型包括有氧運動、抗阻訓練、平衡訓練、柔軟度。

表11-2　「愛智養肌走舞團」的運動輔療介入規劃模式流程表

定義活動
「愛智養肌走舞團」是透過有結構的協作行為方法，減低失智症者在生理、社會和行為的失能，增加身體活動，改善健康狀態，提升行為與情緒的成效。為了避免機構中認知衰退的高齡者因身體上的失能，而沒有創造性的生活經驗，且置身在高風險的情境底下。介入的目的在於導入和增加身體活動，強化認知功能與應付日常生活功能的身體適能，以降低這些伴隨而來的風險，例如跌倒。

階段	準則	要素	說明
評估 ASSESSING	WHO	對象特性	1. 針對目標對象（機構失智高齡住民）進行初步醫療診斷，包括認知症狀、非認知症狀、與認知退化有關的日常生活功能退化。 2. 確定且處理精神行為問題。 3. 開立運動處方，例如步行的有氧運動、簡易舞步、重心移動的平衡訓練（搭配目標對象喜愛的歌曲）、腿部肌力的強化訓練。 4. 尊重每位失智高齡者的獨特性，瞭解其過去背景及生活經驗，儘量配合長輩的習慣及喜好，多談他熟悉的往事，以維持言語能力並促進愉悅情緒。多與他人互動，可促進其語言能力及人際滿足感。
	WHAT	確定需求	1. 從事運動需要努力和制訂計畫。因為新運動方案的開始，勢必會遭遇不同的阻礙，例如生病、家庭因素、旅行等都必須要克服。一同訂定可達成的運動目標，提供明確的導引給參與者和其運動夥伴，如何監控過程和產生的問題解決，透過這樣的過程，我們得以強調有利成功和趣味的重要性。 2. 以ABC行為管理途徑（A-B-C-approach to behavior management, Teri, Logsdon, & McCurry, 2008），面訪目標對象的親朋好友及照顧者，當然還有目標對象本身，蒐集資料且確定需求。 3. 資料包括確認目標對象的日常行為模式，失智前的嗜好和興趣，以增加每日步行（B-behavior行為）有氧運動為例：過去幾週內多久步行一次？每次步行多長？再確認可能與其步行的特定夥伴有誰？每日的特定時間？在特定的地點，或天氣狀況，或在特定的活動之後，這些資料即可能觸發增加每日步行的行為（A-antecedents前項）。此外也有助於瞭解參與者當下不願再步行的原因，例如運動夥伴是否默許拒絕、爭論、就事論事拉緊參與者的外套且往門口去？或者提議結束後買參與者最喜愛的冰淇淋？每一個回應（C-consequence結果）都會增加或減低步行的愉悅或發生的可能。 4. 協助目標對象將運動納入生活常規，是件令其感到快樂和成功的事，也是長期維持的關鍵要素。

	WHY	評估 價值	1.目標對象：行走時無跌倒、日常生活應付無大礙、提高運動行為且降低焦慮和憂鬱行為。 2.照顧者：獲得照顧護理與陪伴運動的教育機會，習得技能與策略，除去阻礙和解決問題，以協助目標對象順利執行運動方案階段性的目標。 3.社會：減少直接與間接醫療的支出。
	WHICH	分析可 用資源	1.對於重度失能的高齡者而言，通常是無法自行從事身體活動訓練與運動，因此看護家庭成員和朋友與機構中的社工人員一同加入，協助其參與和記得如何安全地一貫性的完成運動。 2.具合格的運動指導員／師與舞蹈治療師 3.機構內外環境的設置和鄰近機構的場所，例如：學校田徑場、公園內的步道。
設計 PLA NN- ING	WHEN WHERE	設計 操作	1.**設計原則** (1) 基本宗旨是讓高齡者確定活動，或符合他們當下的認知與身體功能狀態可以應付的活動為主，又或改良活動以適切他們的身心狀況。 (2) 身體活動與運動作為可以觀察和修改的一連串行為，在目標設定、自我監控、回饋給予、問題解決與強化的原則下，得以開始和持續。 (3) 複雜的行為可拆解成數個步驟，當每個步驟的動作都精熟後，才加入下個步驟的動作。 (4) 視覺信號與提示或其它工具，可用來協助機構高齡者維持個人或團體之間，和治療結果之後的運動方案。 (5) 若不能享受運動則無法持續，因此要盡力讓參與者自行決定要從事的活動，才能樂在其中。 2.**16週日程表** (1) 週一、三、五上午或下午固定時間的三十分鐘步行 (2) 週二、四上午或下午固定時間的肌力抗阻訓練 (3) 週六、日上午或下午固定時間的平衡訓練 3.**成果展現日：「愛智奧林匹克日」** (1) 「愛智奧林匹克日」：經物理治療師、職能治療師、休閒治療師共同研議與評估，再與照顧者和重要他人共同協商，針對失能高齡者平常復健且

				熟悉的運動項目籌組賽事，以適合比賽、趣味性高、又能提升高齡者自信，增加自主感覺的項目為主。即在照顧者或重要他人的鼓勵與協助下盡力表現，發揮速度、準度與協調能力。因活動都是高齡者日常熟悉的，且有信任的重要他人協助與陪同，如此可降低意外及增進社交。此外賽事進行時，配上節奏合適以及高齡者喜歡的音樂，可增加參與誘因，並使運動保持定時、定量、固定強度，提升運動效果。再由還能自由行動的高齡者學習擔任運動指導或裁判，讓高齡者指導高齡者，學習步調相近，溝通容易，發揮人力資源。使高齡者間增加彼此關懷的機會，遠離寂寞。
執行 IMPL EME NTING	HOW	裁決繼續與否	1.醫學診斷書的確定 2.改良式適切運動處方的確定 3.伴動協助者對運動治療的程序認知和技巧訓練完成 4.目標對象瞭解自己要參與此方案
		執行方案	1.提供創意和有趣的指導，讓參與者能融入其中且享有樂趣。例如四頭肌的強化訓練，引導參與者緩慢地站起和坐下，就像母雞般坐在蛋上，力勸他者小心不要弄破他的蛋，或床椅後腿肌群的阻力訓練。平衡訓練包含簡單的舞步，搭配高齡者喜愛的歌曲，練習將重心緩慢從右移轉到左。想像縱列行走在一條繃緊的鋼絲上。心肺訓練完全取決個人的偏好，可以健走、可以騎室內腳踏車機、室內行走或戶外行走，以保有其自決權。 2.改變目標對象正在做的事，以最大化參與活動的快樂。 3.活動執行者仍持續帶領觀察記錄，照顧者與協助者亦持續記載陪伴運動觀察日誌。 4.執行前應再次確定之事：心血管疾病患者應注意運動的環境，避免過冷、過熱或濕度太重的地方；糖尿病患者應先規定服藥，以維持良好的血糖控制，血糖控制不佳時，則不宜開始長時間的運動訓練；關節疾病患者應避免從事對關節負擔過重的活動；服用藥物者應注意藥物對運動的影響等。（臺北榮民總醫院，2017）

評鑑 EVAL UATI NG	終止 活動與 評價	1. 在基線、治療後、六個月、十二個月、十八個月及二年內都要持續進行評核。 2. 身心健康狀況的評量包含目標對象疾病醫學診斷結果分析、疾病影響圖表數據、失智症憂鬱量表、照顧者記述有關參與者受限活動日、失眠日、跌倒與運動參與細節的報告書。
重新定義活動：每階段或每次活動的質量評鑑與回饋，都是作為下個階段或下次活動的設計修正方針，再次循環此活動介入規劃的流程。 *粗斜體為治療式遊憩規劃所強化之處。		

製表者：郭金芳

結語

　　本章先描繪臺灣當今高齡者身心趨勢，與高齡者服務的機構類型，針對此趨勢更強調失能高齡者仍保有其休閒權利，不過重點在於如何讓這個休閒權利付諸實現，這也是機構管理階層責無旁貸要負起的事——提供友善完備的休閒環境，與規劃適切的目標導向休閒運動方案。為此，非藥物的治療式遊憩介入方法也是本章強調的重點，包括其在失能高齡者復健養護時期所扮演的角色意義、階段循環模式以及效益取向方案規劃流程表與內容，最後提供一規劃案例分享。

　　誠如研究發現，如果能延緩失智症晚2年發生，則整體失智症的盛行率會減少20%，如果能延緩5年，則整體失智症的盛行率會減少50%。再者根據臺灣健保資料庫的分析指出，臺灣人平均壽命達到79至82歲，但真正健康狀態平均只到68歲左右，換言之，生命中最後的10幾年都在病苦之中度過。又研究顯示臺灣中部公私立安養機構共百位高齡參與者中，只有36%高齡者有從事規律運動行為，此規律運動行為，會因其進住機構前是否有規律運動習慣，及日常生活活動功能依賴程度屬於輕度依賴或完全獨立有關；而在規律運動行為的自覺健康狀態得分以及上、下肢肌力測試分數，均顯著高於機構中無規律運動的高齡者（李月萍、陳玉敏、邱美汝，2007）。

由此可知，青壯年時期就必須預防失智，應多動腦、多運動、多社會參與、養成地中海飲食習慣和維持健康體重，如此於年老時或許可以降低為此症所苦的機率，享有一個多采多姿的晚年生活（臺灣失智症協會，2017；國立臺灣大學醫學院附設醫院精神醫學部，2014）。

自我評量題目

1. 請描繪臺灣機構式高齡服務的類型。
2. 請闡述非藥物介入活動方案對機構高齡者復健的意義。
3. 請說明治療式遊憩的定義與治療取向途徑的內容。
4. 請繪出治療式遊憩的階段循環圖。
5. 請針對表11-1的規劃流程表為你的目標對象設計適切的方案。

第十二章

休閒包容

余嬪

學習目標

1. 瞭解休閒包容的重要性、相關概念以及與社區、社群或社會發展的關係
2. 瞭解休閒包容實踐的困難與弱勢族群休閒參與的阻礙以及呼籲休閒正義的重要性
3. 瞭解文化多元活動、社區包容的休閒教育以及落實相關政策法規有助於建立社區包容的基礎
4. 瞭解包容的休閒服務目標與作法，能提升組織服務品質、增加受壓迫者或弱勢者的休閒參與以及社區共好
   (1) 瞭解在休閒遊憩領域對失能者包容的重要性與機構落實的行動
   (2) 瞭解培養休閒專業工作者跨文化包容素養的內涵
   (3) 瞭解國際適用的包容服務增能系統模式，並能應用在高齡休閒包容服務中
5. 增加高齡休閒規劃者反思以及產生改變行動的能力

摘　要

　　本章旨在說明休閒包容的概念與意義。「包容」是確保組織成員感到歸屬的一種實踐或價值。在包容的遊憩或休閒服務中，將包容視爲一個無論是態度、語言、行爲，都將所有人包括進來實踐過程。休閒包容的目標必須以開放包容的社會爲前提，政府

與社區的支持與積極的推動落實是休閒包容成敗的關鍵，而休閒包容往往也是眞正產生社會包容性或包容精神的基礎。在世事變化快速，人際接觸頻繁，價值觀與行爲模式多元的當今社會中，休閒包容的困難與阻礙甚多，文化多元活動與民主素養以及相關政策法規有助於建立社區包容的基礎，而學者強調協助受壓迫、被排擠或邊緣化的人破除各類阻礙，以及提供包容的休閒服務目標與作法值得參考。臺灣人口高齡化趨勢，爲避免高齡者受到年齡與失能、貧窮、文化、種族、性別、身分等多重弱勢的歧視，考慮休閒對高齡者健康的影響與鼓勵高齡者成功老化以及社會共創、共享、共好的理想，呼籲社會重視高齡者休閒包容的議題刻不容緩。作者歸納提出休閒包容在高齡者休閒規劃之意義與實務建議，包括：

1. 政府政策與立法支持與落實社會包容。
2. 加強全民對高齡者人權、公民權與休閒權相關認識。
3. 提供有助於增加社會、社群理解與聯結的多元文化休閒活動以提升民眾（包括高齡者）的休閒包容素養。
4. 重視高齡者休閒權，積極提供高齡者多元的休閒參與機會並協助破除各種休閒參與阻礙，而落實高齡者無障礙空間與友善的休閒環境是最基本的包容服務。
5. 認識高齡者的多元背景與休閒需求以及影響因素，有創意地設計代間互動與打破年齡區隔的活動。
6. 提供高齡者休閒教育與休閒輔導的機會，增加休閒覺察、休閒決心與休閒能力。
7. 高齡者休閒規劃要重視社區資源的整合；規劃者要有呼籲與實踐休閒正義的責任與使命。

每一個人都會老、都有失能的可能，除了身體的老化衰退是人類共同的現象外，每一個社會相對也都存在著主流與邊緣、優勢與弱勢的群

體，而在權力及資源分配與選擇上，產生了壓迫與排擠的不平等與不公義現象。包容的休閒服務關係著高齡者與弱勢者及所有人的生活品質，是關於相信人權與服務所有高齡者會帶來社會共好的信念，在談高齡休閒規劃中是不可或缺的課題。

廣義的來看，包容（inclusion）是確保組織成員感到歸屬的一種實踐或價值，或者說是「將範圍中所有的一切包括進來的實踐」，有時也指讓每個人加入並覺得他們對組織的成功是有價值的一個過程。而包容性（inclusiveness）則是指一種包容的品質或存在的狀態。包容有時特別具體指一種企圖或政策，將原來可能會被排擠或邊緣化的人包括進來，如在社會福利、社會學、政府、政治與外交上，特別指不因性別、種族、民族、宗教、社會階層、性取向、失能等排擠任何成員或參與者的一個事實或政策。包容相對是排擠拒絕（exclusion）（余嬪，2010）。

廣義的包容服務無論在語言、態度或行為上都以人為先，沒有人被排除且安全第一。在包容的遊憩（inclusive recreation）服務中，將包容視為一個過程，長年以來，主要針對失能或特別有健康照顧需求的人，能有和沒有失能的同儕一起積極參與遊憩、社會、教育和發展的機會，能提供選擇的機會，提供必要的支持以確保得到遊憩的樂趣及與技能相當的挑戰，使創造有意義的參與環境；這並非是一次性或區隔的服務，而是一個提供能和每一個人在每一個遊憩機會中得到學習、準備、經驗與成長的過程（Hironaka-Juteau & Crawford, 2010）。由於休閒的經驗與個人的行為受到社會的態度與價值觀影響甚劇，休閒包容（leisure inclusion）的目標必須以開放包容的社會為前提，而政府與社區的支持與積極的推動落實是成敗的關鍵，同時社區的休閒包容往往也是真正產生社會包容性或包容精神的基礎。

第一節　休閒包容與社區、社群發展的關係

　　居住的社區往往是高齡者休閒參與最重要與最頻繁使用的場所。有意義的社區生活與良好的人際互動，是高齡者休閒品質的重要指標。休閒是聯結社區或社群成員，帶來社區發展以及建立社會資本的重要脈絡，而發展社區的包容與有利於提升每一位高齡者的休閒經驗。

一、休閒是社群感產生與社區發展的重要脈絡

　　休閒是工作以外的自由時間、活動或一種存在的主觀經驗，是社區文化產生的重要脈絡。個人常因地域、文化、血脈的聯結關係，分享共同的休閒價值信念與偏好，甚至活動技能。「住在一起，容易玩在一起」，就是說明地域接近性對休閒的影響。但也有不是因地域，而主要因共同休閒興趣、利益、價值、信念、認同而結合的休閒社群，又云「玩在一起，緊連在一起」；以心理的感受來看，社區、社群是指活動參與者經驗到社群感（sense of community）的程度，住得近不見得就一定有社群感。寂寞是晚年人多有的經驗，也是健康的殺手。社會互動的機會及有意義與滿意的社群生活對高齡者非常重要，而高齡者背景多元，經歷戰爭與社會快速變遷，他們生命經驗分歧，生活方式也不相同，加上高齡者普遍在行為與態度容易固著，社區提供給高齡者的休閒方案，高齡者彼此間可能都不能完全相容，遑論與社區不同年齡的多元背景居民聯結共融的休閒參與。社區休閒方案規劃者需要對包容服務有一定的認識，才能使社區的高齡者透過休閒產生有品質的互動及社群感，繼而促動高齡者的休閒參與，才能有助於健康與成功老化目標的達成。

　　McMillan與Chavis（1986）指出社群感四要素：成員、影響力、分享情緒的聯結、整合與實現需求。許多實證研究也發現：透過一些休閒活動（如：運動方案、戶外冒險、荒野旅遊、園藝、藝術志工服務）的

參與，會改變殘障者、高齡者、婦女、移民的社群感。研究也發現：並非所有的休閒參與都會產生歸屬感或社群感的正向效果，這和個人背景、過去經驗與休閒活動的規劃安排與帶領有關（余嬪，2010）。近年來資訊科技發達，各種訊息與娛樂都可以透過網路獲得，而網路社群興起，如FB、LINE等與各種網路遊戲社群，更是無遠弗屆地將全世界不同背景的人串聯起來，也成了民眾休閒時重要的活動。許多休閒規劃者也會利用網路提供休閒訊息與拉近成員的關係。對高齡者虛擬網路社群各種現象的認識還需要很多相關的研究，但一般來說，分享知識、心得與互動關係的品質是成員停留在網路社群的主要原因。換言之，休閒是社群感產生與社區發展的重要脈絡，社區、社群缺乏對高齡者或弱勢者的休閒包容將產生排擠與拒絕，會降低其社群感與社區生活品質。

二、促進休閒聯結的活動有助於形成強大的社會資本與社會包容

社群的溝通與聯結形成重要的社會資本（social capital），是社會發展與壯大的基礎。Putnam（2000）定義社會資本為「所有社會網絡的集體價值」。他指出有強大的社會資本的好處是：1.讓公民容易解決集體的問題；2.建立信任與值得信賴感、提升共同生活的品質與富裕的資源，讓社區運作更流暢；3.擴大我們對個人的好與他人的好的關係之覺察，投入並鼓勵容忍、同理與減少冷嘲熱諷；4.從生理與心理的過程來看，活在豐裕社會資本的人活得較久且較快樂、較能與疾病對抗及較能成功調適創傷。

社區的休閒互動與社會資本有正相關，休閒是社區或社群聯結的橋樑。但並非所有休閒活動都能增加社會資本，缺乏休閒包容的活動會帶來社會的撕裂與壓迫。Putnam強調社群聯結而非排擠的休閒活動才是增加社會資本最有用的公民參與，他特別建議透過運動團隊以及藝術與文化活動。而不僅於此，其他在社區中參加露營的小孩，參與運

動、特別活動或賽會的人，婦女參與休閒社團，社區花園志工，退休者成為社區休閒服務者或深度休閒者（serious leisure）都有助於累積社會資本。Blackshaw與Long（2005）指出在休閒追求時，提供一個空間練習創造分享的意義與社群的慶祝，讓一個人在活動裡聚集，並在其中找到共好（common good），是社會進步發展不可缺少的。而提供個人自主自由活動與人際互動的休閒空間，如公園、遊戲場、餐廳、電影院、體育館，甚至各種社區居民遊玩閒蕩或聚集場所，都十分重要（余嬪，2010）。有鑑於此，一些先進國家，政府將遊憩與文化、體育、社區等其他的部門服務整併或跨部門合作聯結的方案甚多，以便能提供更豐富、更可及與更民主的休閒服務與社會聯結的機會，而這樣的聯結能累積強大的社會資本，有助於社區發展，也成為高品質社區生活的指標。近年來，許多國家呼籲與支持高齡者或弱勢者的社會包容與參與，退休者與高齡志工能透過休閒維持健康與社會參與，而社會也包容累積更多彼此支持的能量，形成強大的社會資本，繼而更有助於社會照顧更弱勢的族群與促進社會正義的落實。

第二節　休閒包容的困難與阻礙

　　在社區或社群中常面臨「我族、非我族」的排擠與區隔，尤其是在社會價值較為單一或威權的文化背景下，休閒時很容易在語言與行為中表現出歧視與偏見。為避免休閒成為複製主流意識型態的工具，休閒專業工作者必須理解休閒如何被用來增強某一種價值信念以及如何馴化民眾。高齡休閒規劃者要有敏感度，瞭解自己、社會以及高齡者自身對「高齡者」與「老化」的刻板印象，以及對種族、國家、性別、宗教、政治、社經地位、失能等各種不同背景身分的人存在的多重偏見與歧視。休閒規劃不只是提供休閒活動，還需要積極理解休閒行為的脈絡與限制，能檢視工作中包容的阻礙與更細緻的施作、鼓勵與納入各種背景民眾，使能更多元、更深入與更普及的休閒參與，才能避免透過休閒

建立的社會資本過度集中少數人或團體帶來社會發展的負面影響。**休閒包容的阻礙**（**leisure inclusion barriers**）包括：**交通的、結構的、經濟的、社會與態度的、心理的、溝通的、膳宿問題、區隔及人員缺乏經驗或培訓**（**Metcalf-Tobin, 2012**），其中任何一項都需要很多的努力。因年老退化常有行動或其他生理功能降低的高齡者，以最基本參與休閒活動需克服膳宿問題的阻礙來說，就明顯關係到組織調整硬體與相關服務的財力、接納失能者的行政負擔、活動改變的需求、對高齡者自己或其他人的安全等困難，遑論再加上其他種類的阻礙。包容關注受壓迫者，是整體社會的議題，因此實施包容的休閒規劃時，通常是以民主開放的社會為前提，以及政府公權力與資源的積極介入才容易做到。

第三節　文化的民主（cultural democracy）、社區休閒教育與相關政策法規建立社區包容的基礎

　　以多元文化與休閒活動培養民主素養，推動扎根的社區休閒教育以及具體有效的法規政策，都是許多先進國家實踐休閒包容的重要作法，而社區休閒規劃工作者往往必須認同與配合。也有在缺乏休閒正義（leisure justice）的環境裡，休閒規劃者甚至成為呼籲者，以具體行動帶領改變組織、社區或社會。

一、文化的多元與民主

　　社會發展必須要包容每一個人，使能溝通分享價值、興趣與情感，能因此建立認同與社群感，並能欣賞差異、建立聯結，與累積社會資本。透過多元文化活動的分享、文化分權的過程，使每個人都有權利接受文化，可以認識與欣賞多元價值與尊重人的不同方式存在的權利，而理解民主多元的必要與美善。「文化的民主」特別指的是以藝術為生活重要部分的高級文化，與流行文化、勞工階級文化、少數族裔文化之

間並無價值上的差異，只是它們所表現的形式有所不同。政府建設的藝術中心、文化中心、博物館、戲院、劇場、社區圖書館內的文化多元活動，提供了民眾包容、欣賞及參與不同文化活動的共融機會。更進一步，在民主分權的概念下，各種運動與其他休閒活動過去被認為是屬於某一特定背景或族群的人參與，也都大量的被介紹引入，讓民眾學習、欣賞及投入。在多元休閒活動參與過程中，也同時培養出自由、人權、理性、容忍，以至社會公義等民主社會的概念，奠定社會包容高齡者或其他背景差異者的基礎，而高齡方案規劃者引進多元文化活動，也有助於高齡者培養休閒中對多元的包容、接納與欣賞。

二、促進社區發展的休閒教育

社區在提供休閒機會與資源上舉足輕重，社區中的休閒深刻地受到已設立機構或制度的影響，其中一個至關重要的影響是公眾教育機構，其與社會、經濟、文化趨勢結合的累積效應，這也反映在一般民眾的休閒參與行為與態度中。社區休閒教育推廣的一個嚴重問題是這些機構經常不將休閒教育明確列為他們的目標，因此也不會或無法去評量它的成效與對社區發展的貢獻。提供民眾覺察自我的休閒興趣價值、覺察休閒的社會脈絡以及欣賞多元休閒文化，並能學習從事休閒活動所需的技能，都是一般休閒教育的重要課題，而社區休閒教育更強調與社會的聯結整合，有助於創造社區對高齡休閒的包容環境。Fache（1995）提出社區休閒教育的七個目標，包括：1.增加對社區可獲得的多樣休閒資源與機會的覺察；2.產生對休閒的正向態度；3.鼓勵在朋友的網絡中，社會的接觸與整合；4.增加對休閒限制的覺察與改善限制的能力，使能參與所選擇的活動；5.增加自動自發與自我仰賴；6.增加對時間規劃的能力與責任；7.使個人休閒場域（repertoire）擴大與多元化。針對高齡者，可以透過社區休閒教育的實施，幫助高齡者融入社區。

世界休閒與遊憩學會（World Leisure and Recreation Association, WLRA）呼籲與期許休閒教育專業者更宏觀地看待社區休閒教育，1993

年提出八個社區休閒教育目標，包括：增能、可及性、公民及道德的責任、社會參與、消除限制、包容性、促進終身學習、加強保育及保存自然及文化資源的意識。另外也提出社區休閒教育實施的六個原則及策略：呼籲倡導、聯結性、持續及改變、社會的介入、有效的投入以及整合。這些都有助於打破休閒中對不同族群的區隔與排擠，以及高齡與弱勢族群休閒參與的各種結構、人際與個人的阻礙。WLRA並強調：實施休閒教育最好有全時專業人員來辦理，由專業人員到義工、當地領導人、在社區中休閒組織的管理者及專案人士都需要認同休閒教育的重要性。秉著民主人本的精神，教與學的方法重視寓教於樂，利用遊戲、藝術形式、特殊事件等活動，強調適性尊重、自我引導與自我管理，建議社區推廣者應加強呼籲技術、市場學、溝通策略及推廣方案。2000年WLRA又再強調終身學習、深度休閒與包容聯結的重要性，也不斷強調政府、公家機關組織的重要角色，並對政府機構組織提出了多項一般性的建議，期待教育系統與社區聯結以及各種延伸服務都能透過休閒教育積極接觸社區，增能不同年齡層與不同背景的居民，讓居民對休閒資源做最佳的利用與有最大的可及性，鼓勵針對社區、社群聯結與包容提出減少區隔、敵對、歧視與排擠的一些實施具體建議，各地或各機構可因時因地置宜，以最合適的作法逐步推動。高齡休閒規劃者應有社區休閒教育概念，多利用社區資源，規劃活動時，能結合社區不同組織與人員，將高齡者與社區民眾聯結起來，使大家都能得到滿意的服務。

三、包容的政策與法規

社區休閒教育能有長遠深刻的影響，但政策和法規最能有效實踐社會的包容。如美國在1990年通過失能法案（Americans with Disabilities Act, ADA）規定將所有失能者包括到遊憩方案中，這不但要求所有建築與設備都需要調適讓輪椅者可以使用之外，還要有許多積極促進使融入團體的行動。這樣明確的規定與要求，使得輪椅使用者的生活便利性與休閒參與立即得到改善的契機。相關機構如美國全國失能者體能活動中

心（National Center for Physical Activity and Disability, NCPAD）重視失能者休閒不參與、被區隔化或特殊化的嚴重問題，立即回應融入行動，更進一步提出將失能者包含進來的休閒教育，並指出家人需要更積極透過包括覺察、技能學習與演練以及自我決心等三個方向的加強或治療性的遊憩（therapeutic recreation）服務來幫助失能者（余嬪，2010）。

　　現代社會，休閒已成為消費主義與個人主義，高齡者經常是低體能活動休閒參與者與經濟貧困者，唯有透過政府與民間不同機構組織整合方案的實施，才能使各種背景的高齡者都能夠積極參與休閒，有活躍老化或成功老化的機會。

第四節　包容的休閒服務專業增能

　　休閒包容與社區健康發展有密切關係，休閒專業人員需要以休閒教育為手段來幫助社區發展，而這也成了有使命感的高齡休閒規劃者新的挑戰。高齡休閒規劃者應教育居民與社區團體組織成員認識休閒遊憩遊戲對高齡者生活品質與社區發展的潛在價值，同時幫助高齡者瞭解公共場域以及社區休閒機會與服務並鼓勵參與。同時高齡休閒規劃者還要扮演呼籲的角色，使改善既有的休閒環境與方案、破除阻礙及提供不同背景的高齡者休閒參與的機會，支持不歧視，呼籲不同年齡、種族文化、性別、能力者都有權力享受遊戲場、公園、游泳池、露營區等社區休閒服務，並且積極與其他機構合作增加社區成員參與的機會。

一、基本包容服務及跨文化包容素養增能

　　休閒工作者也需要透過培訓與增能，以具備包容覺察與實踐能力。

　　Hironaka-Juteau與Crawford（2010）在休閒或遊憩領域提及對失能者包容的重要性時，通常有下列的理由：第一，認為這樣做是對的，因為：1.失能者也是人，有希望與夢想；2.人應當相互尊重；3.每一個人都會失能（如老化、意外）。第二，這樣的作法讓每一個人都能受益。

第三，國家法律的規定，如美國公民權法案（1964 Civil Rights Act），規定不可歧視，人人有參與公共教育與服務的權力；美國失能法案（1990 Americans with Disabilities Act）明文要求必須要提供失能者合適的膳宿；美國教育校外活動參與政策（2012 US Dept. of Education Policy on Outside of School Activity Participation）等等。基於相關的法規與信念，在休閒遊憩服務中，帶來明顯的改變行動，如：要求整個組織要有包容覺察，上位者要買單、管理者要督導、組織的整個規劃與預算要加入；組織員工要受相關培訓。社區與組織都強調失能者參與開放給大眾的遊憩可及性，對所有人參與活動時都合適的膳宿調整，針對失能者調整參與的活動、設施、設備與服務，讓失能或健康有特別需求的人有與其他人一樣能積極參與遊憩、社會、教育與發展的活動機會。

針對遊憩、公園與旅遊專業者，美加多所大學中有遊憩包容培訓方案與認證課程，如舊金山州立大學遊憩包容培訓方案（Recreation Inclusion Training Program, RITP），目的在訓練休閒機構相關工作人員，幫助增加將所有的人都能包容到規劃的遊憩方案來，培訓依序有七個重要步驟：1.方案呼籲推廣；2.註冊與評估；3.膳宿與支持；4.員工培訓；5.方案實施；6.檔案紀錄；7.評鑑。許多治療性遊憩的概念與作法也加入包容的方案規劃中。這步驟項目清楚、工作具體，能提供第一線工作人員明確的指引，能有效提升現場工作，尤其針對失能者的包容服務。根據估計，臺灣65歲以上失能的高齡者約有1/3，高齡方案規劃者本身不能沒有上述服務高齡失能者的能力。

由於現代社會，不同文化背景者接觸頻繁，Berryman與Lefebvre（1995）以Mundy與Odum（1979）的休閒教育模式為基礎，提出一個跨文化的休閒教育模式（cross-cultural leisure education model）來培養休閒專業工作者的文化包容素養，對休閒專業者的視野與呼籲及規劃帶領能力十分有幫助。其中有五個重要的元素：1.休閒教育：增加休閒、自我、休閒技能與休閒資源的覺察；2.文化自我覺察：加強個人歷史與個人價值聯結的覺察以及人際覺察；3.教與學的方法與策略：整合需求

評量、課室教學、現場經驗與自我引導的學習；4.文化知識：注意基本文化概念、地理歷史觀點、語言或溝通、文化信念與價值與瞭解文化相關的遊戲、遊憩與休閒型態；5.跨文化能力：重點在文化溝通技巧、個人服務、呼籲技巧與文化銜接（轉引自Edginton et al., 2004）。面對多元文化社區或服務不同文化背景的高齡休閒規劃者，應積極培養上述跨文化服務的素養。

二、國際性休閒包容服務目標與作法

社區愈來愈多元化是世界的趨勢，臺灣也不例外。許多人將此多樣性視為健康活力的象徵，但國際間多種的語言、文化與能力差異的存在挑戰今日的專業工作者，也因此有各種遊憩方案提供給不同興趣與特質的人，工作者必須要瞭解文化、種族、年齡、能力、經濟資源不同的人，他們在參與休閒時，使他們不能快樂、興旺有活力時，經驗到的各種阻礙原因。Dattilo（2017）在《包容的休閒服務（*Inclusive Leisure Services*）》一書中，十分詳盡具體地提出一個國際性的包容服務增能系統模式，來幫助教育與休閒專業工作者能做到將所有人包容進來的休閒服務。此模式指出對受壓迫的人正向態度的行動，以及休閒包容服務中如何減少社會、心理、身體與環境阻礙的策略，提供一個架構引導全世界的專業者發展道德感與頌揚共融，擁護人類公民權利，與鼓勵社會、心理與身體的休閒參與，可提供高齡規劃者參考。分三部分說明如下：

(一)認識弱勢族群休閒參與阻礙

弱勢族群主要被排擠無法參與休閒的阻礙有社會、心理、身體與環境的三類阻礙。社會性阻礙是覺得不被接受、被歧視，因個人或團體的種族、社經地位、宗教等，被貶低而感到被邊緣化或負面壓力。對社群成員的負面態度會阻礙他人共融的努力與減少自己的協助。同時，遇到負面的社會態度也會使當事人經驗心理的阻礙。此外，各種健康與失能的狀況阻礙了個人的休閒追求，而這也會限制了他們的社會互動與移動力，身體與環境的阻礙常常更加深了心理與社會的限制，以上三種阻礙

相互關聯造成複雜的影響，而瞭解各種阻礙因素可以提升包容的休閒服務有關的覺察與行動。

(二)包容服務的目標與作法

在Dattilo模式中的核心目標是要透過包容的遊憩服務，來促進受壓迫的人身、心與社會的參與。五項具體要達成目標與具體作法如下：

1. 具有道德感與頌揚包容共融

   「具有道德感」是指認識到「壓迫」（oppression）和不平等，在工作中設定與遵守道德準則，對自己的同理有承諾，覺得共融與世界的多樣性是美好良善的，當與人互動時減少忽略與表現慈悲，並認同提供所有的人都能享受休閒服務是對大家都有益，而覺得有很大的責任感要這樣做，認為我們應該考慮不同觀點與批判思考是有利於建構一個正義的社會。「頌揚包容」是指考慮每一個參與者獨特的需求，去創造一個合適的休閒環境，培養參與者之間的互惠往來，使產生接受與受歡迎的感覺。認同每一個人在社區裡都應該得到成為一分子的機會和責任是共融的核心，體認包容的休閒服務是合於倫理與人權的，如果社區中的人都這樣想，共融才可能做到。

2. 支持人權、公民權與立法

   「壓迫」是個人或團體的權力超過另一個人或團體而運用過多的權力使對方受到不正義的對待。壓迫導致違反如自由、正義、和平等權利或價值。人權、公民權的呼籲強調人不分國籍種族、性別、年齡、宗教、語言或地位，都應該享有基本的自由權，而當某些背景的人在社會、政治受到壓迫，不能自由表達時，往往也會延伸到休閒的場域，1948年聯合國提出《人權宣言》，強調違反人權將負面影響人與團體的健康與發展，指出促進所有人的休閒健康要在支持人權、公民權與立法的保障下。

   遵守相關法規是最基本的包容服務，而在不同社會中，人權與公民權的落實方式有時是相對的，高齡休閒規劃者的包容素養影響

個人對人權的詮釋與可能作法。

3. 加強社會參與

在休閒規劃與實施時，有許多作法有助於破除「包容的休閒服務」阻礙，如：加強自己的態度、改變他人的態度、語言文字使用的敏感、培養與多元背景參與者的正向接觸、呼籲對人要公平、平等、正義。增加休閒參與的機會，要鼓勵接近、培養熟悉度、促進相互支持。本文之前提及文化分權的概念，Dattilo亦建議可透過如戲劇、藝術活動或一些材料與設計，帶來不同價值觀的分享、欣賞及接納，同時安排小組正向社會接觸與瞭解、合作學習、創造互助與建立關係，有助於學習民主包容及產生社群感。

4. 激發心理投入

指破除心理障礙，創造環境（如交通、友善環境、機會、氛圍）增加參與者或潛在參與者的自我決心，有助於提升個人得到最大的享受經驗以及感到值得努力投入，讓人對自己休閒重視的價值能夠掌控。另外是提供休閒教育，這對增加不同背景的參與者休閒權（leisure rights）與追求美好休閒經驗的自我決心很有幫助。

5. 促進親身參與

有兩個策略有助於破除身體參與的限制：

(1)推行通用設計：包容的環境相關訊息要能反映在合適的設計中，讓環境與產品可以讓所有人接近與使用。設計者要能評估、檢視建築、設施、設備與產品，並在設計與維護的過程中能掌握公平、彈性、簡單、直覺、容易瞭解與操作、不費力、大小空間合用的通用設計原則。

(2)調整改變活動、材料、環境、帶領活動的方式與參與者。經過調整與改變使所有人都能積極參與。在休閒參與中工作人員必須積極的調整，建議或幫助參與者能增加投入的機會與移動能

力，如注意調整材料大小、空間、重量與安全、無障礙設施安排、視覺與聽覺的輔助等，有效率的滿足需求及增加移動與參與的機會。

這些要和有需求的參與者、他們的家人、朋友、其他專家、倡導者一起合作努力，包容的休閒服務理想才能實現。

(三)考慮五個重要因素對包容對象的影響

在模式中，包容服務目標與阻礙之間，Dattilo建議必須考慮下面因素的影響與作法：

1. 文化：重視種族、宗教、性別、性取向等背景變項，倡導人權，提供共容的機會與正向互動經驗以及休閒教育。

2. 經濟資源：要使貧窮的人也能夠參與，方案收費能付得起，重視可及性與社會支持及相關政策。

3. 年齡：在成功老化的概念下，鼓勵個人休閒參與以及相關知能技巧的學習，科技運用、社會互動、加強代間方案以及SOC能力發展與鼓勵成為志工，以促進身心靈與社會全方位均衡發展與健康。

4. 能力：加強溝通對話與調整改變的可行與安全，採取盡可能行動幫助融入社區休閒方案的服務。

5. 家庭：將家人也包括進來是有幫助的，家人的接觸有助於相互瞭解與尊重，也給規劃者有學習及珍惜不同家庭型態與價值的機會。

第五節　結語——休閒包容在高齡者休閒規劃之意義與實務建議

在世事變化快速，人際接觸頻繁，價值觀與行為模式多元的當今社會中，休閒包容的困難與阻礙甚多，休閒包容的議題在先進國家很早就被提出，而在國內此議題的重要性過去常被低估。臺灣人口高齡化趨

勢，為避免高齡者受到年齡與失能、貧窮、文化、種族、性別、身分等多重弱勢的歧視，並考慮休閒對高齡者健康的影響與鼓勵高齡者成功老化以及社會共創、共享、共好的理想，呼籲社會重視高齡者休閒包容的議題刻不容緩。高齡休閒專業工作者有絕佳的機會改善與促進受壓迫者的生活經驗，規劃者應該理解自己的影響與積極看待自己的角色，懷抱帶動社會向上發展的使命感與責任感，自我期許要為每一個人創建一個健康共好的社會環境有所貢獻。以下歸納提出休閒包容在高齡者休閒規劃之意義與實務七項建議，其中第一、二項是強調休閒離不開社會脈絡，積極建立社會包容為休閒包容的基礎；第三項強調要普遍建立民眾休閒包容素養；第四、五、六、七項提出高齡者休閒包容規劃與服務的重點，以及規劃者呼籲與實踐休閒正義的使命。

一、休閒包容需要在民主開放的社會，以及有政府政策與立法的支持才可能真正實現

　　高齡者因為年老漸漸失去社會角色、權力與資源，加上生理功能的退化，甚至貧窮、失能、失智、缺乏使用科技產品或數位能力與社會脫節等等，高齡者普遍容易受到許多偏見與歧視，若再加上原來背景如種族、國家、性別、性取向、教育程度、社經地位等弱勢身分，許多高齡者根本是多重弱勢，在社會中非常容易被邊緣化，而多個背景變項相互關聯的複雜交織，造成了他們的休閒參與多重的力量（壓迫）。近年來由於人口高齡化的趨勢，使得許多先進國家考慮高齡者照顧衍生的經濟與社會的負荷，並肯定高齡者休閒參與對成功老化的重要，紛紛提供許多活動方案，使高齡者能積極參與社區休閒，融入社會、保持健康，甚至晚年仍能積極服務貢獻。高齡者閒暇時間多，但休閒參與的特質不同，限制也較多，有品質的服務相關環境設施都需要對應調整，也需要專業的人力，所需經費與資源相當龐大，談到包容與普及的高齡休閒服務，最基本如交通的可及性、無障礙的公共建設與友善環境的落實，若無政府支持，民間很難有明顯成效。

我國高齡者無障礙環境之建構，主要依據中華民國憲法及1980年同時頒布的「老人福利法」與「殘障福利法」。殘障福利法至2007年再更名為「身心障礙者權益保障法」其中第57條（無障礙設備之設置規定）、88條（罰則）是公共場所推動無障礙的核心條文。內政部又於2008年公布、2014年修訂「建築物無障礙設施設計規範」，使建築物、空間為行動不便者可獨立到達、進出及使用。

　　2015年第八次修訂之「老人福利法」，清楚指出針對都市計畫、建設、工務、交通等主管機關之相關權責，更積極建立高齡族群公共生活的便利與安全無障礙環境。另外為提升高齡家庭照顧老人之意願及能力，提升老人在社區生活之自主性，也明訂在社區中要提供高齡者休閒服務，給於長者交通與休閒文教活動參加票券半價及免費之優待，以及提供老人教育措施、鼓勵參與志願服務等增加高齡者自主與公共參與機會。針對高齡者休閒需求，特別規定主管機關應自行或結合民間資源，辦理下列事項：1.鼓勵老人組織社會團體，從事休閒活動；2.舉行老人休閒、體育活動；3.設置休閒活動設施（第27條），更是清楚顯示政府對高齡休閒生活的重視，未來可期待將有更多高齡者休閒活動參與機會。

　　法令施行象徵著政府的決心，它提供高齡社會一個友善環境的藍圖以及努力的目標，然而法令的積極推動與落實關鍵在「人」，針對各種提供老人福利機構之業務，從1980年初始的老人福利法中，就說明「應擇用專業人員辦理之」，2015年老人福利法更規定各級政府為提高老人福利專業人員素質，相關業務應「遴用專業人員」、應訂定服務提供者資格要件及服務準則，以及辦理專業人員之訓練。而目前長照人力的培養仍是國內高齡服務重點，未來高齡休閒服務專業人員的提升還有待更多的努力。此外，包容是更廣義的「無障礙」，休閒中普遍可見對高齡者或老化的迷思，以及對年齡與各種不同身分的多重偏見、歧視、區隔、排擠或特殊化的問題，國內仍缺乏相關的人權法、反歧視法或平等法等明確法令規定與要求，未來都還需要積極建構，才能照顧到所有高齡者基本休閒權益。

二、民眾與休閒專業工作者普遍對高齡者人權、公民權與休閒權的認識不足，需要加強相關教育

因應人口高齡化趨勢，近年來臺灣政府多個部門與民間企業相繼在社區高齡者相關機構中提供高齡者許多休閒學習與活動參與的機會，然而供不應求，品質亦有待加強；同時參與者多數是能自由活動行走的健康或亞健康高齡者，退休軍公教人員與中產階級及以上背景的高齡者，也常常是各種高齡休閒活動參與的主流，這些人雖然比較能夠融入社區與社會，但也未必都能得到滿意的融入經驗，一般民眾，包括休閒專業工作者，普遍對「老」的刻板印象與偏見以及對人權、公民權的認識不足，仍然嚴重地限制或區隔了許多不同需求與背景的高齡者的休閒參與機會與經驗，也限制了方案規劃者的想像與對應的行為。社區民眾人權、公民權教育需要加強，需要培養對弱勢者的同理心、慈悲心與正義感的道德素養，年長與多重弱勢的高齡者才能有機會得到休閒參與及發展甚至貢獻的機會。而這社會並不是一切以老為尊，高齡者在權利義務的關係中，也要學習接受與付出的均衡，對人權、公民權等議題的認識，也普遍有諸多需要加強之處。

三、提供有助於增加社會、社群理解與聯結的多元文化與休閒活動，有助於提升民眾（包括高齡者）的休閒包容素養

以各種文化與休閒活動呈現多元價值與特色，吸引社區不同背景的人參與，在活動中融入包容的精神，使民眾能相互理解交流融合，從中發展對多元價值的包容文化與休閒開放的態度，另一方面，也積極提供機會讓多元背景的高齡者的休閒技能或表現被更多的民眾看到，打破社會對高齡者的刻板印象與偏見以及各種因之而來的區隔與排擠，使民眾與高齡者都有更多的休閒選擇之外，也讓社會豐富多彩，在休閒中彼此欣賞，相互合作支持，體認共好。

四、積極提供高齡者多元的休閒參與機會並協助破除各種休閒參與阻礙，而落實高齡者無障礙空間與營造友善的休閒環境是最基本的包容服務

　　休閒包括在時間和空間上能自由選擇及負責任的經驗。個人的自我決心是十分重要，但環境因素（例如：機會、安全問題、優越感、公共政策和法律）對個人的休閒行為與經驗有很大的影響，任何的休閒體驗是無法從其體驗發生的場域或從他們先前的行動中抽離，休閒可能成為抗拒或再製造不公平和不平等的場景。休閒正義（leisure justice）指所有人不論年齡、能力、性別、社會階級、種族、族群、出生背景或其他有身分標記的人，都有休閒的權利。Henderson（2014）指出休閒權具有社會和環境正義的涵義，它一定要向前走，讓休閒成為一股正面的社會變革力量，促進公共利益和抵制不公義的文化價值觀和規範，而重新再生新的風貌。

　　提供高齡者無障礙與友善的休閒環境是休閒包容服務最基本的實踐。規劃者要能檢視提供服務的休閒工作者與社區工作者是否具備包容服務相關專業素養，能瞭解不同身分位置的高齡者在社會中的弱勢處境，以及他們被排擠或拒絕，而無法參與或得到滿意休閒的社會、心理、身體與環境的三類阻礙，並有能力協助他們克服阻礙。Dattilo（2017）的《休閒包容的服務》一書中提出國際皆適用的如何做到包容服務的系統架構，以及相關建議可提供參考。

五、認識高齡者的多元背景與需求以及影響因素，有創意地設計代間互動與打破年齡區隔的活動，促進世代共融的社會和諧

　　高齡者並非相同特質的群體，彼此的差異性很大，有時或許同質性相同的高齡者一起參與休閒更加愉快，這樣的機會對某些高齡者也很重要，但同時也必須注意其他可能的影響，如資源分配不公平、對不同

背景的人的排擠、社會區隔或標籤等，方案規劃須顧及每一位需要服務的高齡者需求與福利，許多高齡者並不希望只能和同齡的高齡者一起休閒，他們仍期望不與社會脫節，仍期待參與年輕人的活動，期待有機會感受年輕的活力與孩童的純真快樂。家庭結構快速改變，臺灣傳統三代同堂的家庭愈來愈少，核心家庭的子女少有和祖父母互動的機會，對彼此十分陌生，難以建立同理關愛，甚至子女離家後也與年邁的雙親甚少相聚。許多在高齡者身上重要的文化與社會價值漸漸流失，他們豐富的生命經驗與智慧也難以傳承，而年輕人的看法與日新月異的知識技能也無從交流，代間鴻溝愈來愈大，偏見、誤解、疏離與排擠時有所聞，帶來家庭、社區的衝突與不和諧，也增加家庭或社區高齡者與年輕世代相互照顧與扶持的困難與壓力。面對社會中愈來愈多的年齡歧視與不同世代相處的困擾，增加代間休閒互動或不同世代混齡的活動規劃，將有助於不同世代的人，透過休閒參與彼此相互理解欣賞、共學同樂、建立親密關係，提升晚年生活品質與促進個人、家庭、社區健康的成長。

六、提供高齡者休閒教育與休閒輔導的機會，增加休閒覺察、休閒決心與休閒能力

社會包容對高齡者健康影響甚大，高齡者退休失去社會角色與資源，以及相關的社會聯結，往往健康急速走下坡。而因各種因素受困在家裡或機構中的高齡者，有著各種休閒的阻礙，沒有動力、沒有機會、不能參與或只有很少的休閒選擇，他們往往是多重弱勢，需要感受到與他人的聯結，渴望得到是屬於社會與社群一分子的歸屬感，但事與願違的情況太多。偶爾行動不便、多重弱勢的高齡者能得到象徵性的休閒服務被報導看見，實際上他們平日並沒有多元的休閒參與機會，更難得有和其他健康的同儕或一般社區居民一起享受休閒的安排。或者也很常見鼓勵經濟弱勢或身心弱勢高齡者參與的補助方案，但來參加的幾乎全是中產階級背景的高齡者，相對弱勢的高齡者根本不出來參加。雖然每個人都會期待美好與有意義的生活，但許多長期在不利處境中的高齡者習

得很大的無助感，根本沒有認識到休閒有很大的潛在效益與參與的可能性，他們非常需要休閒教育與輔導的相關服務，增加休閒覺察、自我決心以及休閒能力，而他們的家人對他們的參與行為往往有極大影響，也應加入相關休閒服務中。

七、高齡者休閒規劃要重視社區資源的整合，規劃者要有呼籲與實踐休閒正義的責任與使命

社會快速變遷，社區中個人的經驗多樣複雜，休閒興趣、需求與價值觀各異，休閒場域可能是產生社會對立與抗拒的地方，實踐將所有高齡者都包括進來的休閒服務，是高齡者休閒規劃很大的挑戰。這工作需要整合社區公共、民間各類型機構與多種資源，如交通接送、餐飲、合適的活動空間與設施設備、專業師資人力、經費補助等，才能達成休閒包容服務的目標，而方案規劃者的道德感與正義感是包容服務的關鍵。方案規劃者要能覺察體認到社會對高齡者的不公義，對個人、家庭、社區、社會的負面影響以及改善的必要，要能將包容的休閒服務視為使命與社會責任，能將包容的精神融入在每一個休閒方案規劃與實施的過程，並具有呼籲的技術，能集結資源與影響他人及做決策，能促動社會立法與相關政策推動，帶來社會的變革與進步。

自我評量題目

1. 請說明何謂包容？何謂休閒包容？為何休閒包容很重要？休閒包容與社區或社會發展有何關係？又不容易做到休閒包容的原因是什麼？

2. 請說明何謂休閒正義？有哪些因素會阻礙弱勢族群的休閒參與？又休閒規劃者在呼籲休閒正義上扮演什麼角色以及應具有什麼能力？

3. 請說明國外及國內與休閒包容有關的法規及作法有哪些？社區休閒包容的目標為何？應如何落實？

4. 請舉例說明面對社區中的失能者或多元背景的高齡者，休閒規劃者如

何在工作中落實包容的理念，將他們都包括在服務中並有滿意的參與？

5. 請說明Dattilo（2017）提出的國際性的包容服務增能系統模式有哪些核心的概念與作法？

第十三章

高齡休閒規劃的未來

郭金芳

學習目標

1. 明瞭未來學之前瞻性思維對高齡休閒規劃的重要性
2. 描述當前臺灣社會人口結構與高齡休閒服務之間的關係
3. 瞭解社會價值觀的翻轉對高齡休閒規劃的影響意涵
4. 掌握政治政策的指導方針對高齡休閒規劃的影響意涵
5. 知悉數位科技的發展對高齡休閒規劃的影響意涵
6. 闡明高齡休閒規劃專業服務倫理的原則

摘　要

　　本章首先針對未來學之前瞻性思維，對高齡休閒規劃的重要性進行闡述，以因應當前和將來社會所面臨的多方危機。其次描述當前臺灣社會人口結構，與家庭結構的改變，對高齡休閒服務的影響，以及兩者之間的共存關係。此外提出當前正在翻轉的社會價值觀，對高齡休閒規劃的影響與意涵。再者除了提出既存及當局的政治政策的指導方案之外，亦聚焦在數位科技的發展，如何影響高齡休閒規劃。最後則闡明在多元變動的社會時局，高齡休閒規劃的專業服務倫理原則。

　　每個世紀都有屬於自己的未來學範疇，21世紀的今日也有著一本屬於它的未來學。21世紀的未來學關注的是一個5G網路、人工智慧、

社交VR，互聯網、不用現金的變革時代；「黃金高齡經濟」是它的代名詞；「熟年橘色商機」的目標顧客群是它主要的服務對象；「新年齡文化典範」、「老化概念策略性的轉移」、「老有所為的銀響力」，與「生死觀的轉變」等新的社會價值觀則充斥其中；社會人口與家庭結構的改變，所引發出的不同形式（例如養老翻轉新風潮）自主生活休閒需求正在大量成長；社區和機構中的健康、亞健康與失能高齡者，還有長期照顧失能者的照顧群體等，也被列入了政治政策的白紙黑字裡，因為高齡者不再是「需求導向」（Needs-based approach）依賴者的形象，而是積極且「權利導向」的主體，這個終極目標正是一個逐漸發展中的全球新趨勢。這樣的一個全球性的新趨勢，正催生高齡跨領域專業團隊（Inter-Disciplinary Team, IDT）的時代來臨，更肯定了「人的價值」在休閒服務專業倫理之人才培訓的生態系統裡，必須貫穿於服務的整個歷程，為迎接新世代樂齡族群做好準備，滿足其高品質、有尊嚴的休閒生活。美國人類學家瑪格麗特‧米德（Margaret Mead, 1901-1978）從人類學的視角提出她的未來主義觀點，告知我們必須要理解發生在現在社會，與未來中的變遷本質與特性，以及變遷本身的速度與面向，因為未來可以作為重建我們思維的工具，意即從現在及過去的資料中，分析及判斷可能的未來。因此，專業的高齡休閒規劃從業人員的前瞻思維該何去何從？未來的策略歸屬何方？亦是本章所要闡述的重點。

第一節　多面向未來危機的前瞻思維

　　休閒服務始終處於一個持續變動的時代。從20世紀跨入21世紀時，就已面臨了新的挑戰。劇烈變動正快速地在我們生活周遭發生著，而這些變動將影響休閒遊憩的角色與縣市政府休閒服務的趨勢。這些影響是什麼？他們對於休閒計畫和規劃的意涵又是什麼？所有類型的計畫和規劃都需要思索未來。趨勢的覺察能讓相關單位更理解他們將面臨的挑戰，致使相關單位在決定未來方向上扮演一個積極的角色（Alberta

Recreation & Parks, 2017）。

未來，相對於過去、現在言之。它在線性的時間軸上，與將要發生的秒、分、時劃上等號。當它與空間結合時，所有的萬物萬事與大自然形成一種密不可分的共存關係。隨著歷史上幾次世紀大變遷，人類逐發展出了現今21世紀「IT革命」、「數位時代」的生活、工作與遊戲的面貌。但與此同時也正面臨許多正在發生、持續發生與將會發生的危機，如環境污染、生態失衡、少子女化、人口老化、國家人口衰減等。

美國人類學家瑪格麗特·米德（Margaret Mead, 1901-1978）從人類學的視角提出她的未來主義觀點，認為人類無可避免地要正視且面對這些危機，因為必須要理解發生在現在社會及未來中的變遷本質與特性，以及變遷本身的速度與面向而未來可以作為重建我們思維的工具，意即，從現在及過去的資料中，分析及判斷可能的未來（Cornish, 1993）。再秉持未來學的三項研究特性，即「動態變遷性、未來導向性、科技整合性」，以萬變應萬變，以未來導向的思維解決現在的問題，整合多元科技以培育能夠應付未來整體性社會所需的通才與需求（賴金男，1990）。

因此，專業的休閒活動規劃團隊必須以未來學之前瞻思維，作為今日與明日的高齡休閒活動規劃的基石。高齡休閒活動規劃者必須將自己的角色定位在積極創造未來的參與者與引領者，勇於挑戰預測未來的思維且樂在其中。如此，中長期休閒活動規劃所需的整體環境才會更受到重視，以及中長期休閒活動規劃的構思與目標才能更適切地擬定，以滿足高齡者未來的休閒需求。

第二節　社會人口結構的改變

根據行政院國家發展委員會（2016）推估，臺灣自1993年起邁入高齡化社會（高齡人口比率超過7%，149萬801人），2018年進入高齡社會，高齡人口比率將達14.5%（343.4萬人）；2026年高齡人口比率將

達20.6%（488.1萬人），邁入超高齡社會，由高齡社會轉為超高齡社會之時間僅8年，預估將較日本（11年）、美國（14年）、法國（29年）及英國（51年）快，而與韓國（8年）及新加坡（7年）等國之預估時程相當；2061年65歲以上高齡人口所占比率將由13.2%續升高至38.9%（715.2萬人）；老化指數將由98.8增加為406.9；年齡中位數將由40.4歲增加為56.9歲。

根據臺灣婦產科醫學會指出，2017年新生兒驟減，1月到5月出生人數直落，平均每月僅約1萬5千多人，較往年同期月平均減少近2千人，這是繼金融風暴後，近10年來月平均出生人數第二少。若按照這樣趨勢下去，2017全年度新生兒恐怕將低於20萬人，至2061年，高、中、低推估之出生數將分別減少為14萬人、10萬人及6萬人，較2016年分別減少8萬人（或36.5%）、11萬人（或52.6%）及14萬人（或69.2%）。未來，臺灣將是一個少子女高齡的社會（國家發展委員會，2016），連帶促使臺灣家庭結構大大改變。

與此同時也透露出，未來社會受到少子女化高齡的影響，家庭生命週期中的空巢期也提前到來。在家庭生命週期理論中，空巢期一般被看作是家庭生命週期中發展的最後一個階段，是指子女不在身邊的高齡者家庭，包含二種類型：一是純空巢家庭，例如單身空巢和配偶空巢家庭；二是類空巢家庭，例如雖然子女不在身邊，但其他親友在身邊的空巢家庭（張雨明，2008）。

家庭空巢期大約是落在人類中年時期，此時兼具父母身分的成人除了在個人方面面臨生理上的更年期，身體健康狀況上逐漸退化、產生變動，於職場上屆齡退休之外，家庭結構上也在親子關係方面，面對子女離家、父母角色轉換的時期，如能順利完成此發展階段任務，則將能更好地銜接至高齡期的圓滿（鄧筑霞，2017）。除了角色的轉換，若遇喪偶，獨守空房，很容易陷入人生無意義的困境，或者讓好屋好房變成雜物與灰塵共生的閒置空間。

因此為因應因社會人口與家庭結構的改變，導致獨居高齡者的獨

伴需求、隔代共生的休閒教育需求、高齡共寓與養生村高齡者和機構失能高齡者，不同形式的自主生活休閒需求，都將影響休閒專業人士在針對各類高齡者需求而訂定目標時的重要因子。進一步言之，養老翻轉新風潮，即高齡族共居（co-living, co-housing）的新生活休閒型態（不論是代間家庭混齡模式，或者是高齡同儕年紀相仿群居）已成為一新趨勢，從歐美到東亞的日本，已開啟高齡者共同合作居住的新局面（Galiana & Haseltine, 2016），而臺灣最新的長照2.0就是主打城市聚落型（village）的照護。這勢必影響未來高齡照護與休閒健康需求的服務與管理上的改變，同時也考驗著建築房產業者及休閒規劃專業團隊的創新思維與多元技能。

第三節　社會價值觀的轉變

　　二十一世紀社會價值觀轉變，表現在「新年齡文化典範」、「老化概念策略性的轉移」、「老有所為的銀響力」與「生死觀的轉變」。

　　法蘭克‧施爾瑪赫（Frank Schirrmacher）藉著新的科學研究知識，以及《聖經》裡活最久的人──瑪土撒拉（969歲）作比擬，設計出一套對抗高齡歧視的密謀，對高齡化社會提出新的觀點及建議，建立「新年齡文化典範」，創造出完全相反的年齡觀點：不論在藝術、生活或科學上，高齡是一種變化，而不是一種災難（吳信如譯，2006）。老化是一種衰退的過程，但衰退並不代表無能。在一份關於智力效能的研究結果發現，從25至69歲成人階段到70歲以上高齡階段，只有一部分智力會退化，例如反應速度，但視覺與聽覺感官方面的智能事實上並沒改變，甚至是提升（Baltes & Lindenberger, 1997）。

　　以往全球對於高齡族群需求，多視為弱勢和危機，因此多以社會福利的角度來提供解決方案。不過近年來已經逐漸轉變為正向積極的做法，除了提供照護醫療等社會福利外，更進一步規劃協助高齡者自立、自尊生活，不致成為社會負擔，甚至發揮他們的智慧與貢獻，讓高齡族

群成為國家競爭力的一部分（張慈映，2014）。於是高齡者不再是「需求導向」（Needs-based approach）依賴者的形象，而是積極且「權利導向」的主體。

呼應上述老化概念策略性轉移，高齡者亦需維持社會上的生產力，持續對社會進行貢獻，即老有所為（Productive Ageing）的概念。「老有所為」是國際社會自1990年代以降積極推動的新理念，此理念一方面基於生命歷程的觀點（life course perspective），認同「人終其一生都應享有尊嚴與價值」的信念，另一方面則受到全球性的平均壽命延長，以及健康高齡者人數的持續攀升的推力，使得高齡者福利與服務領域的工作者，繼「健康老化」、「成功老化」、「活躍老化」之後，發展出更具體運用高齡人力資源，持續其對個人、家庭、社區、國家與人類全體可能的貢獻，甚至在身心理狀況衰弱或退化的情況之下，仍能不斷精進，朝向Maslow需求金字塔中更高層次的超越性需求（Transcendence）邁進（楊培珊，2011）。

臺灣在邁入高齡社會的前夕，隨著國外「死亡咖啡館」、「生命咖啡館」的興起，臺灣也吹起生死教育的風潮。社會高齡者對於談論死亡不再像過往那麼排斥與顧慮，對於殯葬環保的議題也漸受高齡者重視與接受。死亡這個話題，在華人社會自古被視為一種禁忌的話題，如今，因全球化及數位科技資訊傳播而打破僵局，加速了談論死亡、自製棺材，例如「死亡靈魂聊天室」、「生前告別式」、「身後事我作（囑）主」，以及環保葬禮如穆斯林的「簡葬」、日本現流行的「歸零葬」等的浪潮湧至而來，再加上電影《非誠勿擾》、《遺憾拼圖》的生前告別式劇情，以及真人（如資深體育主播傅達仁和癌末麻醉師曹惠美等人）實際付諸行動，皆帶動臺灣高齡生死教育的發展與倡導「樹葬」等的社會運動。

因此為了因應上述這些社會價值觀的轉變，更新的照顧服務則是以增加高齡者的能力為導向。正向積極的做法，除了提供照護醫療等社會福利外，更進一步規劃協助高齡者自立、自尊生活，不致成為社會負

擔，甚至發揮他們的智慧與貢獻，讓高齡族群成為國家競爭力的一部分（張慈映，2014）。亦是成就一種老有所為的銀響力：高齡族的第二人生，在於有產值的二度就業以及有價值的活躍投入，即不為生計而工作，以個人的智性、微勞力作為社會資源，回饋社會。這是一種重視高齡的生命背景、生活歷史，如興趣、職業、技藝等的「優勢取向」策略的實踐。

總而言之，休閒服務傳達體系應建立銀領人才媒合平臺，以提供高齡者就業機會，與時與社會同進，共同打造友善年齡環境，激起代間團結的重要，以提高高齡者仍保有的勞動力，鼓勵其積極參與社會活動，扮演起貢獻社會的角色。針對臺灣社會對於生死觀的轉變，休閒規劃者必須將開拓高齡生死教育機會納入計畫的重點工程之一。

第四節　新經濟模式的生成

生活科技化與科技生活化時代的來臨，同時意味著人類進入了無人經濟與共享經濟的年代。未來處在5G網路、人工智慧、社交VR，互聯網、不用現金的變革時代，行動支付生態系統所開創的全面智慧化生活，未來智慧家庭（Smart Homes）和戶外活動輔助設備將成為新趨勢，大量的商機與產品蓄勢待發，使得各方使用者，尤其是目標市場具體明確的高齡族（health-related user）的生活型態將大大改變（Darby, 2010; McLean, 2011; Cook, 2012; Wilson, Hargreaves, & Hauxwell-Baldwin, 2014）。

下世代高齡族群是「熟年橘色商機」的主要目標顧客群。世界衛生組織推估2025年全球65歲以上高齡族將近有6.9億人，日本產經省以此估算，高齡族食衣住行娛樂產業帶來1122兆臺幣商機，是21世紀最具發展潛力的五大產業之一（陳亮恭、楊惠君，2015）。又工研院報告指出，2025年臺灣高齡產業商機預估3.6兆新臺幣，包括醫療保健、觀光旅遊、3C科技與數位APP、網路購物、金融保險與財務管理、接送陪伴服務、

生活消費、學習教育、住宅等具有安全、便利、獨立等共通價值的九大需求產業。

　　根據尼爾森2014年臺灣消費者研究顯示，目前臺灣50歲以上的「未來高齡族」，上網比例18%相較2012年的15.2%，是全體成長率的兩倍。2015年尼爾森虛擬購物行為研究報告指出，投入網購成長速度最快的族群是40歲以上的消費者，以50至65歲的嬰兒潮世代領先，從5.2%成長至6.4%，其次為40至49歲，從25.9%成長至30%，都以雙位數速度成長，而針對臺灣手機遊戲玩家觀察報告指出，掌上世界50歲至65歲的中高齡玩家比例越趨成長中，而且女性（10%）高於男性（7%），但不論如何，數據都顯示未來的中高齡者是無紙幣的高使用族群（Nielsen, 2015）。國內研究從優勢觀點分析22位成功上網的高齡者經驗，發掘其成功上網的優勢能力，同時提出三點建議：(1)持續深耕社區高齡者的上網活動，縮短年齡數位落差；(2)推動代間數位文化反哺活動，增進家人支持；(3)進行高齡者上網安全之評估研究，以降低可能的風險（黃誌坤，2012）。事實上，只要符合樂齡切身生活需求而設計出的數位遊戲，學習科技並同時享受愉悅不是問題。

　　生活科技數位化將再次翻新高齡人際互動的模式。個人與家用人工智慧機器人於2012年全球銷售量達300萬臺幣，產值約12億美金；個人與家用機器人可細分為居家和娛樂休閒兩項應用；而娛樂休閒機器人則聚焦趣味、教育等產品應用，IFR預估在未來20年內高齡照護及失能支援的市場需求量將大幅增加（蘇冠同，2014）。有鑑於建構一個活躍及愉悅之高齡社會型態已成為全球焦點，工研院引用新加坡對於60歲以上世代的尊稱「樂齡人士」，以及結合中高齡族群對於休閒生活樂齡悅活的期待，遂將高齡或高齡產業定義與命名為「樂齡休閒產業」，希望透過各種科技應用及服務體系的創新，提供高齡者自主、尊嚴的休閒生活型態，讓子女和照護者都能成為樂活喜悅的世代。

　　因此設置社群社交平臺與教育訓練活動課程、線上認知遊戲的自我挑戰過關活動、建構休閒健康行動應用系統之休閒旅遊，與身體適能資

訊相關的教育訓練活動課程等，將是社區與機構高齡者休閒規劃高度需求取向的內容。此外針對宅在家中以智慧手機或電機線上購物，足不出戶的高齡者，增加其社交互動的機會活動，亦挑戰休閒規劃者的創意點子。換言之，休閒規劃團隊的服務價值將在於提供高齡者自主無障礙且具保障的觀光旅遊、運動健身與活化腦袋、網路消費、虛擬社交世界的參與。

第五節　政治政策長照2.0的影響

　　隨著高齡人口快速成長，慢性病與功能障礙的盛行率將急遽上升，相對的失能人口也將大幅增加，其所導致的長照需求也隨之劇增。整體而言，長期照顧是提供給需要協助的個人（因身體或心智失能）多元性的、持續性的健康及社會服務；服務可能是在機構裡、護理之家或社區之中提供；且包括由家人或朋友提供的非正式服務，以及由專業人員或機構所提供的正式服務。長照十年計畫2.0規劃服務項目補助，在預防或延緩失能之服務項目包括肌力訓練、生活功能重建訓練、認知促進；服務對象主要以衰弱及失能高齡者為主，衰弱高齡者為經評估無ADL失能、但有IADL失能，且經SOF評估3項指標中有1項以上者。

　　針對上述長照2.0規劃服務對象的特徵與需求，提出對此服務對象進行休閒規劃的基準點：以團體方式進行，每次團體活動約10人，每期課程平均12週，視需要再調整週次，每次課程為2小時，包含多項創新服務，針對失能風險預防設計具多元性及趣味性之活動課程。而產官學界的休閒規劃者如何整合資源，以最大化公共閒置空間有效利用、私人資金的挹注、高知識技能人才的投入，針對低收入與多元弱勢族群中的失能與亞健康高齡者或健康高齡者，提供易接近參與的休閒活動或教育活動或志願服務，以保有其休閒權的同時，也能更新活力與能力，負起照顧自己的責任。

第六節　關照高齡長期照顧服務人力的休閒需求

　　長期照顧失能者的照顧者（包括失能者的家人，以及被納入長期2.0制度照顧服務人力中的專業照顧服務人員，包括社工人員、護理人員、物理與職能治療人員及傭護等），長久以來總是被漠視的一群高風險的「隱形病人」，其人數隨著高齡人口的高漲而不斷攀升。他們長期處於一個高度「壓力性負荷」的情境裡，內疚的經驗（guilty experiences）因素總讓他們掉進無底深淵的負面情緒，總自覺照顧工作做得不夠好（feeling of inadequacy）、達不到孝道義務的自我期許，也苦於內心的拉扯與煎熬（胡幼慧、郭淑珍、王孝仙，1996；Spillers, Wellisch, Kim, Matthews, & Baker, 2008）。

　　由於照顧者長期於照顧環境中，心理經歷高壓、生理出現功能損害，因此健康狀況大受影響，生活滿意度直落遞減（Winslow, 2003），而為了能夠再度恢復或提升生活滿意度，休閒活動的參與則是首要建議（Dupuis & Smale, 2000）。然而長期照顧者的休閒參與，事實上也因所有的生活重心改變而改變，尤其是對沒有將休閒整合於照顧工作的照顧者而言，休閒的意義與重要相對顯得微不足道（Rogers, 1997）。這點經常受到人們的忽視。這通常歸因於照顧者將一倍的時間挪用於照顧上，導致休閒時間的缺乏，此外還牽涉到照顧者本身的人格韌性（例如健康狀況、意志力），以及照顧的經驗（care-giving experiences），尤以後者最為重要（Dunn & Strain, 2001）。

　　為了能夠顧及照顧者參加社交活動（外出透氣、旅遊）、健康促進與維護、情緒支持（參加照顧者經驗分享團體）與照顧過程各種工作的兼顧等需求（邱啟潤、許淑敏、吳淑如，2003），更應提供一個可以讓他們感同身受而且完全無顧忌地大肆宣洩負面情緒、活躍身心、撫慰心靈的場域。同時相關單位例如社區醫護人員及休閒專業人士，必須將人格韌性較低的照顧者篩選出來，提供個別化的護理諮詢及需求評估，加強照顧者的人格韌性度，再進行照護知識技能的傳授，以及休閒教育與

活動的介入，以增進照顧者運用個人內在及環境資源的動機，並強化主要照顧者維護及促進自我健康的信念，多予以肯定、正向的鼓勵，協助照顧者正向看待自己的人生，運用可用資源改善生活品質，以增進照顧者生活品質之滿意度（陳麗如、邱啟潤、高金盆，2005；Dunn & Strain, 2001）。

第七節　休閒規劃者的專業服務倫理

高齡休閒規劃者的專業服務倫理表現在對服務對象、對自己、對同事及其他專業、對機構、對本身專業、對社會等面向上。高齡休閒規劃者是為年長者群體而存在，負責規劃、組織、執行活動，以滿足此群體多元性、個別化、人性化、整合性的休閒需求與體驗，因此不論是第一線服務帶領者、行政監督者、專案管理者或是經營決策者，本身具有的領導特質，例如誠實、能力、前瞻性、熱誠、創造力、魄力、公正、自制以及慈善，都是引領休閒服務組織能夠有效地達到服務目標的承諾，並超越年長者顧客的期望需求的主要動力（顏妙桂譯，2002）。

休閒服務專業人員的專業責任需與時共進，因此必要再精進時代所需的科技應用與程式學習的能力，以因應高齡社會的科技應用休閒健康需求與挑戰；同時擁有面對高齡挑戰下在地化的創新思維，掌握高齡各族群與群體及性別差異性的休閒消費心理需求、喜好與行為，以符應世界衛生組織（WHO）方於2016年第六十九屆世界衛生大會中通過決議（第三號決議文，WHA 69.3），提出了「老化與健康之全球策略及行動計畫（Global Strategy and Plan of Action on Ageing and Health）」中的五項指導原則：1.人權原則，包括高齡者有權利達到最好的健康；2.性別平等原則；3.平等與無歧視原則；4.公平原則；5.代間連帶原則。（WHO, 2016）如此因餘命差異（2014年時，男性平均餘命為76.72歲，女性83.19歲，兩者差距增為6.47歲），但生命歷程中受到社會性別階層化的影響，而成晚年「貧窮祖母」的現象才能減少。

　　休閒服務專業人員除了必須培養及彰顯己身的領導特質，以及執行與時共進的專業責任之外，還必須認清休閒規劃者具有的三種角色（顏妙桂譯，2002）。首先是活動帶領者，可能因情境的改變而成為領導者、教師、團體帶動者、代言人、仲介者、諮商員、外援工作者、主辦者和教練；在運作上以團體動力互動模式進行活動的執行和參與，促使高齡者每次的活動參與都能夠成為日常生活經驗的一部分。其次是活動協調者，亦是專案服務管理者與監督者，其職責包括發展多元方案顧及年長特殊團體、無障礙設施安全管理、區域分散服務、釋權分配以及工作職責的整合。再者是社區發展者，此角色正是高齡社會長照2.0（衛生福利部，2016）實現在地老化，提供從支持家庭、居家、社區到住宿式照顧之多元連續服務，普及照顧服務體系，建立以社區為基礎之照顧型社區（caring community），期能提升具長期照顧需求者（care receiver）與照顧者（caregiver）之生活品質目標中所欠缺但迫切需要的遊憩與運動輔助治療人力。

　　此外為了將休閒服務服務到位，「溝通的素養」極具關鍵。意即使照顧者對人有興趣、願意接觸人，以及怎樣溝通以充分掌握被照顧者的想法，破解障礙達到目標，是休閒治療師、運動復健師、休閒遊憩運動指導專員等工作者，出師前非常重要的訓練學習歷程。以北歐經驗為例，對於高齡者或身心障礙者的照顧中，「詢問當事人」是照顧品質的重要關鍵，因為那代表對當事人自主意識的尊重與肯定，彰顯無比珍貴的價值（周傳久，2016）。同樣地，受照顧者應該以平等對待照顧者，不論對方是晚輩、外傭或者專業照顧者。因此，休閒服務專業倫理在人才培訓的生態系統裡，必須將「人的價值」貫穿於服務的整個歷程。

結語

　　臺灣戰後嬰兒潮的定義為自1946年到1966年的二十年間出生的人口，在2011年正好是45至65歲，也就是未來二十年將要面對的新世代

高齡族群。以臺灣平均退休年齡61歲計算,目前全臺約有330萬退休人口,未來20年內退休人口數將呈現兩倍以上的增幅,約可達770萬退休人口。其中超過400萬的下世代高齡族群,不只數量龐大,財富、教育程度及思想觀念都比現在的高齡族群更開放,甚至可以說擁有資產與品味是下世代高齡族群的新形象(蘇孟宗,2015)。

因此,營造一個「老有所為」、「老有所屬」與「老有所依」的高齡社會願景乃是刻不容緩之事。「老有所為」是一種工作成就感,奠基在公開且容易接近的就業資訊管道、擁有基礎數位能力,以及給予一個友善的勞動環境等面向。「老有所屬」是一種社區認同感,表現在社區投射出的關懷,一個極佳的行動環境,以及活力充沛的左鄰右舍等層面。「老有所依」則是一種身心依靠感,它相當大程度仰賴智慧居家照護、平時親友的虛實往來聯繫,以及提供適切地休閒運動娛樂使之主動參與和投入。

進一步言之,活躍老化社會的形塑而成與否,則需視就業、社會參與、獨立與健康和安全生活等面向上的各種指標,以及活躍老化能力與有利環境是否達成而定。例如55至59歲或60至64歲或65至69歲或70至74歲的就業率是否達到預估的指數?社會參與方面,投入志願活動、照顧(孫)子女與其他親屬,或者政治參與是否達到一定的比例?在健身活動、健康情形、獨立生活、財務安全、身體安全與終身學習等指標,是否真能顯示獨立與健康和安全生活的實現?此外各年齡層的健康或亞健康之餘命、心靈福祉、使用資訊科技、與社會聯結以及教育程度等能力的指數是否符合活躍老化能力的標準?

這些問題事實上正催生高齡跨領域專業團隊(Inter-Disciplinary Team, IDT)的時代來臨(休閒服務傳達體系+智慧健康生活服務體系+醫護心療輔具照護體系+交通物流服務企業+老服社工照顧體系),為迎接新世代快樂高齡族群做好準備,滿足其高品質、有尊嚴的休閒生活。

自我評量題目

1. 請闡述未來學前瞻性思維的重要性。
2. 請解釋時代變動的因素。
3. 請描繪未來高齡者的休閒新形象。
4. 請論述老有所為的理念。
5. 請闡明新年齡文化典範的意義。
6. 請檢視自己的生死觀。
7. 請列舉休閒服務專業倫理的要項。

參考文獻

一、中文部分

1. 中華民國老人福利推動聯盟（2017）。老人養護補助。臺北市：中華民國老人福利推動聯盟。下載日期：2017/8/15，取自：http://www.oldpeople.org.tw/ugC_Care_Detail.asp?hidCareCatID=4。

2. 文崇一（1997）。問卷設計，楊國樞等人編，社會及行為科學研究法（pp. 405-438）。臺北市：東華書局。

3. 王秉泰、簡桂彬（2012）。法式滾球是人類所發明最有趣的遊戲。大專體育，121，9-16。

4. 王嵐、于魯璐、宋美、趙曉川、許順江、安翠霞、高媛媛、韓克艷、王學義（2014）。社區老年人感覺器官功能缺陷與認知功能障礙的關係。神經疾病與精神衛生，14（4），349-352。

5. 王駿濠、蔡佳良（2009）。以運動與身體活動預防失智症：文獻回顧。臺灣公共衛生雜誌，28（4），268-277。

6. 王馨婉、黃奕清、陳順義、陳竑文（2015）。中老年人滾球參與動機及生活滿意度之探討。文化體育學刊，20，49-62。

7. 石恒星、洪聰敏（2006）。身體活動與大腦神經認知功能老化。臺灣運動心理學報，8，35-63。

8. 江滔、陳玉萍、李協吉（2011）。湘潭市社區中老年婦女廣場集體健身舞發展現狀及對策研究。赤峰學院學報，3（12），136-138。

9. 行政院主計處（2013）。臺灣地區社會發展趨勢調查報告。臺北：行政院主計處。

10. 行政院全球資訊網（2016）重大政策資訊—高齡社會白皮書。檢自：http://archives.ey.gov.tw/01ey/20160110/www.ey.gov.tw/News_Content4fdac.html?n=0AD1AB287792C301&sms=4ACFA38B877F185F&s=AD43B6E1D7406D7C#

11. 行政院國家發展委員會（2016）。中華民國人口推估（105-150年）報告書。

12. 何青蓉（2009）。參與讀書會對於高齡者的意涵：從讀書會本質論析。臺灣圖書館管理學季刊，5（3），1-10。

13. 余利珍（2015）。老年人懷舊感量表的編制（未發表碩士論文）。天

津師範大學，天津市。

14. 余嬪（2010）。休閒教育與社區的包容與排擠、溝通與聯結。載於中華民國社區教育學會（主編），社區休閒學習文化，33-57。臺北市：師大書苑。

15. 吳方瑜、黃翠媛（2016）。林麗嬋、蔡娟秀、薛桂香等編，老年護理學。臺北市：華杏出版股份有限公司。

16. 吳孟恬、陳惠姿、詹元碩（2009）。六週知覺動作訓練對高齡者平衡控制能力之影響。輔仁大學體育學刊，*8*，198-209。

17. 吳岱穎、楊榮森、季瑋珠、簡國龍、林光洋、黃惠娟、郭冠良（2010）。老年人過度多重用藥與藥物不良反應：個案報告。臺灣老年醫學暨老年學雜誌；*5*（2），130-138。

18. 吳明城（2015）。臺灣年長者功能性體適能現況評估研究。臺北市：體育署。

19. 吳易謙、熊昭、陳慶餘、吳名祥、許志成、台灣肌少症轉譯研究團隊成員（2014）。台灣社區老人肌少症流行病學初探，台灣醫學，*18*（3），290-302。

20. 吳信如譯（2006），瑪土撒拉的密謀—顛覆高齡化社會的迷思。法蘭克·施爾瑪赫（frank schirrmacher）著。新北市：臺灣商務。

21. 吳貴琍、武為瓊（2004）。太極拳對中老年人平衡能力的影響，運動生理暨體能學報，*1*，90-98。

22. 吳雅汝、周怡君、詹鼎正（2014）。文獻回顧—肌少症與衰弱症，內科學誌，*25*，131-136。

23. 吳聰賢（1997）。態度量表的建立，楊國樞等人編，社會及行為科學研究法（pp. 463-491）。臺北市：東華書局。

24. 呂力為（2010）。免疫系統的衰老及其機制。實用老年醫學，*24*（3），181-183。

25. 呂寶靜（2012）。懷舊團體介入對增進社區老人福祉成效之初探。臺灣社會工作學刊，*10*，119-152。

26. 宋麗玉（2005）。精神障礙者之復健與復元—一個積極正向的觀點。中華心理衛生學刊，*18*（4），1-29。

27. 李月萍、陳玉敏、邱美汝（2007）。安養機構老人規律運動行為現況及預測因子之探討。實證護理，*3*（4），300-308。

28. 李柏慧（2006）。姥姥的健走經驗歷程探討。體育學報，*39*（2），85-94。

29. 李茂興、余伯泉（譯）（2011）。Aronson, Wilson, and Akert著，社會心理學。新北市：揚智文化。

30. 李茂興、余伯泉譯，Aronson, Wilson, & Akert著（1999）。社會心理學。新北市：弘智文化事業有限公司。

31. 李晶、姚大偉、羅雅馨（2012）。不同高齡者活動參與類型之休閒效益體驗差異分析。設計研究學報，*5*，90-102。

32. 沐桂新（1995）。休閒治療—休閒活動的醫療及心理輔導效能之探討，學生輔導通訊，*39*，38-44。

33. 周怡利（譯）（2000）。Erikson, E. H., Erikson, J. M., Kivnick, H. Q.著，Erikson老年研究報告—人生八大階段。臺北市：張老師文化事業股份有限公司。

34. 周傳久（2016）。北歐銀色新動力：重拾個人價值的高齡者照顧。新北市：巨流圖書股份有限公司。

35. 周業謙、周光淦（譯）（1998）。Jary, D., & Jary, J.著，社會學解典。臺北市：貓頭鷹出版社股份有限公司。

36. 周學雯（2014）。休閒與成功老化。劉吉川與張樑治編，休閒心理學。新北市：國立空中大學。

37. 林正祥、陳佩含、林惠生（2010）。臺灣老人憂鬱狀態變化及其影響因子。人口學刊，*41*，67-109。

38. 林季緯（2010）。老年人的生理變化。義大醫訊，*39*（4），4-6。

39. 林啟禎（2003）。身體活動與老人的肌肉骨骼系統。臺北市：財團法人國家衛生研究院。

40. 林翠芳、蔡飴倫（2013）。社會資本、國民健康與社會福利政策。當代財政，*33*，20-26。

41. 林麗惠、高玉靜（2016）。高齡教育社會效果之調查。人文與社會科學簡訊，*17*（3），47-54。

42. 林麗惠、蔡侑倫（2009）。培養高齡者閱讀習慣之探究。臺灣圖書館管理季刊，*5*（3），31-37。

43. 林儷容、李冠逸（2013）。運用休閒生命回顧課程協助輕中度失智症患者自我統整之研究。體育學報，*46*（4），459-474。

44. 邱啟潤、許淑敏、吳淑如（2003）。居家照護病患之主要照顧者綜合性需求調查，醫護科技學刊，*5*（1）：12-25。

45. 侯慧明、陳玉敏（2008）。長期照護機構老人孤寂感及其相關因素探討。實證護理，*4*（3），212-221。

46. 柯華葳（1991）。遊玩、遊戲與同儕。蘇建文編，發展心理學（pp. 295-326）。臺北市：心理出版社。

47. 洪蘭（2008）。腦神經與生命科學的奧秘。臺北市：沙鷗國際。

48. 紀潔芳（2004）。銀髮族臨終關懷之探究。現代生死學理論建構生命教育研討會。南華大學。

49. 胡幼慧、郭淑珍、王孝仙（1996）。老人長期病患照顧者對取代方案之考量：潛在需求與困境之分析。中華公共衛生雜誌，*15*（4），275-288。

50. 夏文賢、蔡崇濱、顏克典（2010）。運動介入對老年人平衡能之影響，運動健康休閒學刊，*18*，77-88。

51. 徐治（2016）。老年人呼吸系統心身疾病的診治進展。實用老年醫學，*30*（9），717-720。

52. 高雅慧（2015），藥物研發面面觀，科學發展，505，4-5。

53. 國立臺灣大學醫學院附設醫院精神醫學部（2014）。失智症與精神健康。臺北市：衛生福利部。

54. 國家發展委員會（2016）。中華民國人口推估（105-150年）。臺北市：國家發展委員會。

55. 張兆曙（2016）。個體化時代的群體性興奮——社會學視野中的廣場舞和「中國大媽」。人文雜誌，*3*，116-121。

56. 張坤（2010）。中醫世家不外傳的長壽方：300條老年人手邊養生經。北京市，中國：金城出版社。

57. 張雨明（2008）。社區「空巢」家庭中老年婦女個案資訊庫的建立與探索──以上海市為例，*Journal of US -China Public Administration*, 5, 1 (Serial No.38) 38-43。

58. 張俊一（2008）。老年人運動休閒互動建構的社會意義。體育學報，*41*，105-118。

59. 張春興（1998）。張氏心理學辭典。臺北市：東華書局。

60. 張彩音（2016）。音樂動作治療於復健照護之運用。臺灣老人保健學刊，*12*（1），37-47。

61. 張淑美（2001）。中學生命教育手冊─以生死教育為取向。臺北市：心理出版社。

62. 張淑美、謝昌任（2005）。台灣地區生死學相關學位論文之分析。生死學研究期刊，*2*，1-44。

63. 張慈映（2014）。關注高齡社會的科技新商機。工業科技，19-21。

64. 張樑治（2013a）。休閒方案設計。林連聰、宋秉明、王志宏、張樑治編，休閒活動設計（pp. 83-103）。新北市：國立空中大學。

65. 張樑治（2013b）。休閒方案執行。林連聰、宋秉明、王志宏、張樑治編，休閒活動設計（pp. 105-119）。新北市：國立空中大學。

66. 張樑治（2013c）。休閒方案評鑑。林連聰、宋秉明、王志宏、張樑治編，休閒活動設計（pp. 121-144）。新北市：國立空中大學。

67. 張樑治（2014）。休閒內在動機。劉吉川、張樑治編，休閒心理學（pp. 59-82）。新北市：國立空中大學。

68. 張樑治（2015）。社會參與。李淑娟、杜政榮、林高永、林連聰、唐先梅、張歆祐、張德聰、張樑治、劉嘉年編，生活科學概論（pp. 255-275）。新北市：國立空中大學。

69. 張樑治、余嬪、蔡志堅、劉吉川（2006）。運用迴歸作用機制圖重探老人勝任感、自我決定感與休閒滿意關係之研究。戶外遊憩研究，*19*（4），65-81。

70. 張樑治、劉吉川、余嬪（2004）。安養機構老人心流體驗與生活滿意關係之研究，戶外遊憩研究，*17*（3），19-36。

71. 張耀文、高東煒、黃宗正（2006）。老年憂鬱症。長期照護雜誌，*10*（3），207-215。

72. 莊婷婷（2013）。臺灣地區老年人參與休閒活動狀況與影響因素之探討（未發表碩士論文）。國立臺灣師範大學社會工作學研究所，臺北市。

73. 許洪文、聶勝男（2010）。莆田市廣場舞開展現況及發展對策研究。西昌學院報‧自然科學報，*24*（4）。

74. 郭金芳（2002）。美國休閒治療之分析。中華體育季刊，*16*（4），110-117。

75. 郭惠娟（2014）。生死學概論。臺中市：華都文化。

76. 陳人豪、嚴崇仁（2003）。老年人之生理變化與檢驗數據判讀。台灣醫學，*7*（3），356-363。

77. 陳妍慧、詹美玲、方進隆（2014）。運動對老年人腦氧合功能及認知功能的影響。中華體育季刊，*28*（4），269-276。

78. 陳秀靜、林楠凱、林慧琦、游惠怡、陳誼恬、魏江峰（2011）。機構中服務輕、中度失智症患者的輔助科技使用狀況分析。社會發展研究學刊，*9*，1-18。

79. 陳明珍（2003）。機構失能老人活動方案規劃與辦理。長期照護雜

誌，*7*，197-201。

80. 陳亮恭、楊惠君（2015）。*2025*無齡世代：迎接你我的超高齡社會。臺北市：天下生活。

81. 陳建廷，蘇慧慈，李壽展（2011）。老年人休閒生活之探討─以民間宗教活動為範疇。屏東教大體育第14期，524-532。

82. 陳昭彥、鄭夙芬、鄭期緯（2010）。社區高齡婦女參與滾球運動之行動研究。屏東教大運動科學學刊，*6*，197-212。

83. 陳昱合、張素嫻、方妙君、蔡美利（2009）。運用運動訓練維持失智老人如廁功能之探討。護理暨健康照護研究，*5*（4），265-272。

84. 陳柏青（2004）。宗教團體的經濟策略，發表於真理大學第二屆宗教與行政學術研討會，臺北市。

85. 陳美芬（2009）。休閒治療之應用與發展─兼論日本奧熱海療院案例，農業推廣文彙，*54*，119-134。

86. 陳桂敏（2014）。臺灣長期照護發展的困境與出路。2017/08/30取自 http://www.kmuh.org.tw/www/kmcj/data/10304/8.htm

87. 陳真怡、林晏如、翁毓菁、袁素娟（2015）。健走介入對社區慢性病老人體適能之影響。澄清醫護管理雜誌，*11*（1），39-48。

88. 陳清惠、顏妙芬（2002）。太極拳運動對慢性疾病症狀控制之成效，護理雜誌，*49*（5），22-27。

89. 陳雪妹、蔡淑鈴、黃欽印（2009）。長期照護機構住民醫療利用分析─以中部四縣市為例。臺灣衛誌，*28*（3），175-183。

90. 陳惠美、黃雅鈴（2003）。遊想治療理論與應用之發展─掌握學術新趨勢接軌國際化教育國際學術研討會。桃園市：銘傳大學觀光學院。

91. 陳惠美、鄭佳昆、沈立譯，Rossman & Schlatter著（2003）。休閒活動企劃（上）：企劃原理與構想發展。臺北市：品度出版社。

92. 陳惠美、鄭佳昆、沈立譯，Rossman & Schlatter著（2003）。休閒活動企劃（下）：執行策略與效益評估。臺北市：品度出版社。

93. 陳瑞菊（2012）。〈健康城市結合推動高齡友善城市〉，「2012臺灣公共衛生學會、臺灣流行病學學會暨臺灣事故傷害預防與安全促進學會聯合年會」論文。臺中市：中山醫學大學，10月6日。

94. 陳曉梅、黃美智（2013）。失能老人非自願入住機構自主權的提升。長期照護雜誌，*17*（1），57-66。

95. 陳麗如、邱啓潤、高金盆（2005）。居家照護病患主要照顧者人格韌性、健康狀況與生活品質相關性探討。長期照護雜誌，*10*（1），

53-67。

96. 陳麗娟（2017）。生命的結與覺—高齡老人自我統整經驗之敘說探究。南投：國立暨南國際大學諮商心理與人力資源發展學系輔導與諮商研究所博士學位論文。

97. 彭駕騂、彭懷真（2014）。老年學概論。新北市：威仕曼文化事業股份有限公司。

98. 游麗裡（2015）。臺灣高齡志工的現況，2015年兩岸社會福利論壇。

99. 黃盈翔、盧豐華（2003）。老年人之用藥原則。臺灣醫學，7（3），385-395。

100. 黃荷瑄（2008）。感官與走路功能對老人跌倒之因果關係性研究。臺中市：中山醫學大學公共衛生研究所碩士論文。

101. 黃富順（1995）。老人心理行為模式。成人教育，28，11-17。

102. 黃富順（2002）。老人心理問題與輔導策略。成人教育，67，37-44。

103. 黃森芳、陳聰毅（2010）。運動對腦神經幹細胞、學習與記憶與老人痴呆症之影響。中華體育季刊，24（3），141-151。

104. 黃誌坤（2012）。「不要叫我數位文盲！」—老人上網經驗之優勢觀點分析。高雄師大學報，32，135-158。

105. 楊月穎、李鳳屏（2012）。護理之家老年住民失落感之概念分析。護理雜誌，59（4），99-103。

106. 楊培珊（2011）。活化老年角色：活化歷史方案的成功範例。老有所為在中國的發展國際研討會：實證，實踐與實策，China。

107. 溫婉吟、張瑞泰（2013）。北歐式健走對老年人身體功能之探討。高師大體育，11，17-27。

108. 臺北榮民總醫院（2017）。高齡醫學復健系列銀髮族的運動安全守則。臺北市：榮民總醫院，下載日期：2017/9/27，取自：https://wd.vghtpe.gov.tw/pmr/files。

109. 臺灣失智症協會（2017）。認識失智症。臺北市，臺灣失智症協會，下載日期：2017/8/20，取自：http://www.tada2002.org.tw/tada_know_02.html。

110. 趙健儀、尹建忠（2012）。嗅覺腦功能成像檢測嗅覺功能損害在阿爾茨海默病早期診斷中的作用。中華臨床醫師雜誌，6（24），8210-8212。

111. 劉丹、萬浪、王桃姣、岑瑞祥（2015）。鼻內鏡手術對老年慢性鼻竇炎鼻息肉患者嗅覺功能的影響。實用老年醫學，*29*（5），433-434。

112. 劉作揖（2014）。生死學概論第三版。臺北市：新文京。

113. 劉淑媛、陳佳慧（2014）。老年人的肌肉質量流失，台灣醫學，*18*，99-103。

114. 劉麗娟（2014）。臺灣建立健康及高齡友善城市之歷程、評量系統與未來趨勢。城市學學刊，*1*（5）87-114

115. 樂國安、韓威、周靜（譯）（2008）。Shaie, K. W., & Willis, S. L.著，成人發展與老化。臺北市：五南圖書出版股份有限公司。

116. 蔡妍妮（2017）。高齡者的學習需求與學習壓力之調查研究，福祉科技與服務管理學刊，*5*（2），97-108。

117. 蔡明昌、顏蒨榕（2005）。老人生死教育教學之研究。生死學研究，*2*，129-174。

118. 蔡英儀、許雅娟、楊燦（2013）。護理之家老人身體功能、社會活動與孤寂感之相關因素研究。長期照護雜誌，*17*（3），267-282。

119. 衛生福利部（2013）。中華民國102年老人狀況調查報告。

120. 衛生福利部（2014）。老人狀況調查報告。

121. 衛生福利部（2016）。長期照顧十年計畫2.0（106～115年）。取自 www.ey.gov.tw，20170806。

122. 衛生福利部（2016）。高齡友善健康照護機構成果與展望。行政院第3494次院會會議，1028AE810217C977。

123. 衛生福利部（2017）。高齡友善健康照護機構。臺北市：衛生福利部，下載日期：2017/8/20，取自：https://www.hpa.gov.tw/Pages/List.aspx?nodeid=331。

124. 鄧筑霞（2017）。父母自我分化程度與家庭空巢期適應。諮商與輔導，*35*，377，35-38。

125. 賴金男（1990）。未來學概論。臺北縣，淡江大學出版部。

126. 賴意櫻、吳嘉昀（2016）。認知復健對於失智症患者成效之統合分析初探。健康生活與成功老化學刊，*8*（1），29-39。

127. 駱紳、朱迺欣、曾思瑜、劉豐志（2012）。創齡：銀色風暴來襲。臺北市：立緒。

128. 薛承秦、曾敏傑（2002）。中高齡退休生涯規劃與影響因素之研究，勞資關係論叢，*11*，33-67。

129. 薛曼娜、葉明理（2006）。社區老人權能激發過程之概念分析。護理雜誌，*53*（2），5-10。

130. 顏妙桂（譯）（2002）。Edginton著，休閒活動規劃與管理。臺北市：桂魯出版社。

131. 顏妙桂譯（2002）。休閒活動規劃與管理。臺北市：麥格羅希爾。

132. 魏惠娟（2012）。台灣2008年樂齡學習實施之前高齡教育實踐的問題與省思。成人及終身教育學刊，*17*，1-32。

133. 魏惠娟、胡夢鯨、陳冠良（2010）。臺灣樂齡學習中心課程之分析：McClusky需求幅度理論的應用，成人及終身教育學刊，*12*（15）：115-150。

134. 竇彥麗、竇彥雪（2013）。廣場舞文化溯源與發展瓶頸。四川體育科學，*4*（2），92-94。

135. 蘇孟宗（2015），高齡服務科技與週邊產業之發展。工研院產業經濟與趨勢研究中心報告。臺北市：工研院，下載日期：2017/8/8，取自 http://www.economic.ntpc.gov.tw。

136. 蘇冠同（2014）。服務型機器人潛力無窮—臺灣廠商積極佈局。智慧自動化產業，14-19。

二、英文部分

1. Adams, K., Lelbbrandt, S., & Moon, H. (2011). A critical review of the literature on social and leisure activity and wellbeing in later life. *Ageing and Society,* 31(4), 683-712.

2. Addy, C. L., Wilson, D. K., Kirtland, K. A., Ainsworth, B. E., Sharpe, P., & Kimsey, D. (2004). Associations of Perceived Social and Physical Environmental Supports With Physical Activity and Walking Behavior. *American Journal of Public Health*, *94* (3), 440-444.

3. Alberta Recreation & Parks (2017), In *Arpaonline.ca*. Retrieved from http://arpaonline.ca/

4. Allen, L. R. (1996). Benefi t-based management of a recreation service. Parks & Recreation. 31: 64-76.

5. Anderson, D.H., R.G. Nickerson, T.V. Stein, and M.E. Lee. (2000). Planning to provide community and visitor benefits. P. 197-211 in Trends in outdoor recreation, leisure, and tourism, Gartner, W.C. and

Lime, D.W. et al. (eds.). CABI Publishing, allingford: UK.

6. Andrews, G. J., Cutchin, M., McCracken, K., Phillips, D. R., & Wiles, J. L. (2007). Geographical gerontology: The constitution of a discipline. *Social Science & Medicine, 65*, 151-168.

7. Ashida S. & Heaney A. (2008) Differential Associations of Social Support and Social Connectedness With Structural Features of Social Networks and the Health Status of Older Adults. *Journal of Aging and Health, 20*(7), 872-893

8. Aspinall, P.A., Thompson, C.W., Alves, S., Sugiyama, T., Brice, R., Vickers, A., 2010. Preference and relative importance for environmental attributes of neighborhood open space in older people. Environ. Plan. B Plan. Des. *37* (6), 1022-1039.

9. Aspinwall, L. G., & Taylor, S. E. (1997). A stitch in time: Self-regulation and proactive coping. *Psychological Bulletin, 121*, 417-436.

10. Atchley R. C. (1989). A continuity theory of normal aging. *Gerontologist, 29* (2), 83-190.

11. Atchley, R. C. (1976). *The sociology of retirement.* New York: Schenkman/Halsted Press.

12. Austin, D. R. (1998). The Health Protection/Health Promotion Model. *Therapeutic Recreation Journal, 32*(2), 109-117.

13. Austin, D. R., & Crawford, M. E. (1996). *Therapeutic recreation: An introduction (2ⁿᵈed.).* Boston: Allyn & Bacon.

14. Austin, D. R., & Crawford, M. E. (2001). *Therapeutic recreation: An introduction (3ʳᵈed.).* NeedhamHeights, MA: Allyn & Bacon.

15. Baltes, P. B., & Baltes, M. M. (1990). Psychological perspectives on successful aging: The model of selective optimization with compensation. In P. B. Baltes & M. M. Baltes (Eds.), Successful aging: Perspectives from behavioral science (pp. 1-34). New York: Cambridge University Press.

16. Baltes, P. B., & Baltes, M. M. (1990). Psychological perspectives on successful aging: The model of selective optimization with compensation. *Successful aging: Perspectives from the behavioral sciences, 1*(1), 1-34.

17. Baltes, P. B., & Lindenberger, U. (1997). Emergence of a powerful

高齡者休閒規劃

connection between sensory and cognitive functions across the adult life span: A new window to the study of cognitive aging? *Psychology and Aging, 12*(1), 12-21.

18. Baltes, P. B. & Mayer, K. U. (1999). *The Berlin Aging Study: Aging from 70 to 100.* UK: Cambridge University Press.

19. Barrett, A. E., Pai, M., & Redmond, R. (2012). "It's your badge of inclusion": The Red Hat Society as a gendered subculture of aging. *Journal of Aging Studies, 26,* 527-538.

20. Beck-Ford, V., & Brown, R. I. (1984). *Leisure training and rehabilitation: A program manual.* Springfield, IL: Charles C. Thomas.

21. Beck-Ford, V., & Brown, R. I. (1984). *Leisure training and rehabilitation: A program manual.* Springfield, IL: Charles C. Thomas.

22. Berke, E. M., Koepsell, T. D., Moudon, A. V., Hoskins, R. E., & Larson, E. B. (2007). Association of the built environment with physical activity and obesity in older persons. *American Journal of Public Health, 97*(3), 486-492.

23. Berkman, L. F., & Kawachi, I. (2000). A historical framework for social epidemiology. In L. F. Berkman, & I. Kawachi (Eds.), Social epidemiology. New York: Oxford University Press.

24. Berkman, L. F., Leo-Summers, L., & Horwitz, R. I. (1992). Emotional support and survival after myocardial infarction: a prospective, population-based study of the elderly. *Annals of internal medicine, 117*(12), 1003-1009.

25. Berryman, D. L. & Lefebvre, C. (1995). "Cross-cultural leisure education model". In C. R. Edginton et al. (2004). *Leisure programming: Service-centered and benefits approach (4th).* Boston, MA: McGraw-Hill. 486.

26. Bherer, L., Erickson, K. I., & Liu-Ambrose, T. (2013). A Review of the Effects of Physical Activity and Exercise on Cognitive and Brain Functions in Older Adults. *Journal of Aging Research,* Article ID 657508, 81-8.

27. Blackshaw, T. & Long, J. (2005). What's the Big Idea? A critical exploration of the concept of social capital and its incorporation into leisure policy discourse. *Leisure Studies, 24* (3), 239-258.

28. Booth, M. L., Owen, N., Bauman, A., Clavisi, O., & Leslie, E. (2000). Social-cognitive and perceived environment influences associated with physical activity in older Australians. *Preventive Medicine, 31*(1), 15-22.

29. Borst, H. C., de Vries, S. I., Graham, J. M. A., van Dongen, J. E. F., Bakker, I., & Miedema, H. M. E. (2009). Influence of environmental street characteristics on walking route choice of elderly people. *Journal of Environmental Psychology, 29*, 477-484.

30. Bourdieu, P., 1986. The forms of capital. In: Richardson, J.G. (Ed.), Handbook of Theory and Research for the Sociology of Education. Greenwood, New York, pp. 241-258.

31. Bowler, D., Buyung-Ali, L., Knight, T., & Pullin, A. (2010). A systematic review of evidence for the added benefits to health of exposure to natural environments. BMC Public Health, 10(1), 456.

32. Bowling, A., & Stafford, M. (2007). How do objective and subjective assessments of neighborhood influence social and physical functioning in older age? Findings from a British survey of ageing. *Social Science & Medicine, 64*(12), 2533-2549.

33. Breyer M. K., Breyer-Kohansal R., Funk G. C., Dornhofer, N., Spruit, M.A., Wouters, E. F., Burghuber, O.C., & Hartl, S. (2010). Nordic walking improves daily physical activities in COPD: a randomised controlled trial. *Respiratory Research, 11*(1), 112. https://www.ncbi.nlm.nih.gov/pmc/articles/PMC2933683/doi: 10.1186/1465-9921-11-112.

34. Briggs, X., (1998). Brown kids in white suburbs: housing mobility and the many faces of social capital. *Housing Policy Debate 9*, 177-221.

35. Brown, P.J. (1984). Benefits of wildland recreation and some ideas for valuing recreation opportunities. P. 209-220 in Valuation of wildland resource benefits, G.L. Peterson & A. Randallet al (eds.). Westview Press, Boulder, CO.

36. Bruns, D., B. L. Driver, M. E. Lee, D. Anderson, and P. J. Brown. (1994). Pilot tests for implementing benefits-based management. Paper presented at the 5th international symposium on society and resource management, 7-10 June 1994. Fort Collins, Colorado.

37. Butler, R. N. (1974). Successful Aging and the Role of the Life Review. *Journal of the American Geriatrics Society, 22*(12), 529-535.

高齡者休閒規劃

38. Buysse, D. J., Reynolds, C. F., Monk, T. H., Berman, S. R., & Kupfer, D. J. (1989). The Pittsburgh Sleep Quality Index: A new instrument for psychiatric practice and research. *Psychiatry Research, 28*(2), 193-213.

39. Callahan, J.J. (1993) Aging in place. Amityville: NY Baywood.

40. Cardenas, D., Henderson, K. A., & Wilson, B. E. (2009). Physical activity and senior games participation: benefits, constraints, and behaviors. *Journal of Aging and Physical Activity, 17*(2), 135-53.

41. Carpiano, R. M. (2006). Toward a neighborhood resource-based theory of social capital for health: can Bourdieu and sociology help? *Social science & medicine, 62*(1), 165-175.

42. Carpiano, R. M. (2007). Neighborhood social capital and adult health: an empirical test of a Bourdieu-based model. *Health & place, 13*(3), 639-655.

43. Carstensen, L. L. (2006). The Influence of a Sense of Time on Human Development. *Science. 312* (5782), 1913-1915.

44. Carstensen, L. L., Isaacowitz, D. M., & Charles, S. T. (1999). Taking time seriously: A theory of socioemotional selectivity. *American Psychologist, 54*, 165-181.

45. Carter, M. J., Van Andel, G. E. & Robb, G. M. (1990). *The therapeutic recreation: A practical approach.* Prospect Heights, IL:Waveland Press. http://dx.doi.org/10.1155/2013/657508

46. Cassel, J. C. (1976). The contribution of the social environment to host resistance. *American journal of epidemiology, 104*, 107-123.

47. Cattell, V. (2001). Poor people, poor places, and poor health: the mediating role of social networks and social capital. *Social Science and Medicine, 52*, 1501-1516.

48. Caughy, M. O. B., O'Campo, P. J., & Muntaner, C. (2003). When being alone might be better: Neighborhood poverty, social capital, and child mental health. *Social Science & Medicine, 57*, 227-237.

49. Chang, L. (2017). Relationships of providing and receiving leisure social support to stress in older adults. *Leisure Studies, 36*(4), 519-529.

50. Chang, L. C. (2012). An interaction effect of leisure self-determination and leisure competence on older adults' self-rated health. *Journal of Health Psychology, 17*, 324-332.

51. Chang, L., & Yu, P. (2013). Relationships between leisure factors and health-related stress among older adults. *Psychology, Health, and Medicine, 18*(1), 79-88.

52. Chang, L., Yu, P. & Jeng, M. (2015). Effects of leisure education on self-rated health among older adults. *Psychology, Health & medicine, 20*(1), 34-40.

53. Chang, L., Yu, P., & Jeng, M. (2015). Effects of leisure education on self-rated health among older adults. *Psychology, Health, and Medicine, 20*(1), 34-40.

54. Chaudhury, H., Campo, M., Michael, Y., & Mahmood, A. (2016). Neighbourhood environment and physical activity in older adults. *Social Science & Medicine, 149*, 104-113.

55. Chen, H., Wigand, R. T., & Nilan, M. S. (1999). Optimal experience of web activities. *Computers in Human Behavior, 15*(5), 585-608.

56. Chen, M., & Pang, X. (2012). Leisure motivation: An integrative review. *Social Behavior and Personality, 40*(7), 1075-1081.

57. Chick, G., & Dong, E. (2003). *Possibility of refining the hierarchical model of leisure constraints through cross-cultural research.* In J. Murdy (ed.), Proceedings of the 2003 Northeastern Research Symposium, Gen, Tech, Rpt. NE-317, Newton Square; USDA For, Serv. NE Res, Stn, pp. 338-344.

58. Chick, G., & Dong, E. (2005). Cultural constraints on leisure. *Constraints to leisure*, 169-183.

59. Chick, G., Dong, E., & Iarmolenko, S. (2014). Cultural consonance in leisure activities and self-rated health in six cities in China. *World Leisure Journal, 56*(2), 110-119.

60. Chou, K.L., & Chi, I. (2002). Financial strain and life satisfaction in Hong Kong elderly Chinese: Moderating effect of life management strategies including selection, optimization, and compensation. *Aging and Mental Health, 6*(2), 172-177.

61. Christie-Mizell, C. A., Steelman, L. C., & Jennifer, S. (2003). Seeing their surroundings: The effects of neighborhood setting and race on maternal distress. *Social Science Research, 32*, 402-428.

62. Clandinin, D. J., & Connelly, F. M. (2000). *Narrative Inquiry: Experience*

高齡者休閒規劃

and story in qualitative research. SF:Jossey-Bass.

63. Coleman, D., & Iso-Ahola, S. E. (1993). Leisure and health: The role of social support and self-determination. *Journal of Leisure Research, 25*(2), 111-128.

64. Cook, D. J. (2012). How smart is your home? *Science 335*(6076): 1579-1581.

65. Cornish, E. (1993). *The study of the future: An introduction to the art and science of understanding and shaping tomorrow's world*. Bethesda, Maryland: World Future Society, 128-132.

66. Coutts, A. & Kawachi. I.,(2006). Social capital, social theory, and the political economy of public health-Commentary: reconciling the three accounts of social capital. *Cities and the Health of the Public, 20*, 49-60.

67. Crandall, R. (1980). Motivations for leisure. *Journal of Leisure Research, 12*(1), 45-54.

68. Crawford, D. W., Jackson, E. L., & Godbey, G. (1991). A hierarchical model of leisure constraints. *Leisure sciences, 13*(4), 309-320.

69. Csikszentmihalyi, M. (1975a). Paly and intrinsic rewards. *Humanistic Psychology, 15*, 41-63.

70. Csikszentmihalyi, M. (1975b). Beyond boredom and anxiety. San Francisco: Jossey-Bass.

71. Csikszentmihalyi, M. (1990). *Flow: The psychology of optimal experience*. New York, NY: Harper and Row.

72. Csikszentmihalyi, M. (1997). *Finding flow: The psychology of engagement with everyday life*. New York: Basic Books.

73. Csikszentmihalyi, M. (1990). *Flow: the psychology of optimal experience*. New York: Harper & Row.

74. Csikszentmihalyi, M., & Csikszentmihalyi, I. (1988). Optimal experience: Psychological studies of flow in consciousness. New York, NY: Cambridge University Press.

75. Cumming, E., & Henry, W. E. (1961). *Growing old: The process of disengagement*. New York: Basic Books.

76. Cumming, E. & Henry, W. Growing Old: The Process of Disengagement. Basic Books: New York, 1961.

77. Damasio, A. (2011). Neural basis of emotions. *Scholarpedia, 6*, 1804.

20171010 derived from: http://scholarpedia.org/article/Emotion.

78. Darby, S. (2010). Smart metering: what potential for householder engagement? *Build Res. Inf.*, 38(5): 442-457.

79. Dattilo, J. (2017). *Inclusive leisure services (4th)*. Urbana, IL: Sagamore Venture Publishing.

80. Davey, J., Nana, G., de Joux, V., & Arcus, M. (2004). *Accommodation options for older people in Aotearoa/New Zealand*. Wellington, New Zealand: NZ Institute for Research on Ageing/Business & Economic Research Ltd, for Centre for Housing Research Aotearoa/New Zealand.

81. Davis, R., Cohen, L., & Mikkelsen, L. (2003). Strengthening communities: A prevention framework for reducing health disparities. California: The Prevention Institute.

82. de Vries, S. (2010). Nearby nature for human health: evidence, theory, and implications. In *Forests for the future: Sustaining Society and the Environment, XXIII IUFRO World Congress, Seoul, Republic of Korea, 23-28 August 2010* (Vol. 12, pp. 464-464).

83. Deci, E. L. (1975). *Intrinsic motivation*. New York: Plenum Press.

84. Deci, E. L., & Ryan, R. M. (1985). *Intrinsic motivation and self-determination in human behavior*. New York: Plenum Press.

85. Deci, E. L., & Ryan, R. M. (2008). Self-determination theory: A macrotheory of human motivation, development, and health. *Canadian Psychology*, 49(3), 182-185.

86. Decker, D. J.; Brown, T. L.; Gutierrez, R. J. (1980). Further insights into the multiple satisfactions approach for hunter management. *Wildlife Society Bulletin*, 8, 323-331.

87. Dominguez, S., & Watkins, C. (2003). Creating networks for survival and mobility: Social capital among African-American and Latin-American low-income mothers. *Social problems*, 50(1), 111-135.

88. Dressler, W. W. (2009). *Intracultural diversity and the measurement of cultural consonance*. Abstracts of the 108th Annual Meeting of the American Anthropological Association, Philadelphia, PA.

89. Dressler, W. W. (2012). Cultural consonance: Linking culture, the individual and health. *Preventive Medicine*, 55(5), 390-393.

90. Dressler, W. W., & Bindon, J. R. (2000). The health consequences of

cultural consonance: Cultural dimensions of lifestyle, social support, and arterial blood pressure in an African American community. *American anthropologist, 102*(2), 244-260.

91. Dressler, W. W., Balieiro, M. C., & Dos Santos, J. E. (2015). Finding culture change in the second factor: Stability and change in cultural consensus and residual agreement. *Field Methods, 27*(1), 22-38.

92. Dressler, W. W., Balieiro, M. C., & Santos, J. E. D. (1998). Culture, socioeconomic status, and physical and mental health in Brazil. *Medical anthropology quarterly, 12*(4), 424-446.

93. Dressler, W. W., Balieiro, M. C., Ribeiro, R. P., & Dos Santos, J. E. (2005). Cultural consonance and arterial blood pressure in urban Brazil. *Social Science & Medicine, 61*(3), 527-540.

94. Dressler, W. W., Balieiro, M. C., Ribeiro, R. P., & Dos Santos, J. E. (2007). Cultural consonance and psychological distress: Examining the associations in multiple cultural domains. *Culture, Medicine and Psychiatry, 31*(2), 195-224.

95. Dressler, W.W., Oths, K.S., Balieiro, M.C., Ribeiro, R.P., Dos Santos, J.E. (2012). How culture shapes the body: cultural consonance and body mass in urban Brazil. *American Journal of Human Biology: the Official Journal of the Human Biology Council, 24*(3), 325-331.

96. Driver, B. (1996). Benefits-driven management of natural areas. Natural Area Journal *16*(2), 94-99.

97. Driver, B. L. (1977). Item pool for scales designed to quantify the psychological outcomes desired and expected from recreation participation. Unpublished Manuscript, Rocky Mountain Forest and Range Experiment Station. Ft. Collins, Co.

98. Driver, B. L. (1994). The benefits-based approach to amenity resource policy analysis and management. Paper presented at: Recreation: Benefits and other positive effects, November 15, 1993. Lillehammer, Norway. 43 pp

99. Driver, B. L., & Tocher, S. R. (1970). Toward a behavioral interpretation of recreational engagements, with implications for planning. *Elements of outdoor recreation planning*, 8, 9-31.

100. Driver, B. L., G. L. Peterson and A. T. Easley. (1990). Benefits perceived

by past participants in the NOLS Wind River wilderness course: A methodological inquiry. Pages 52-63 *in A. T. Easely, J. F. Passineau, and B. L. Driver (eds.),* The use of wilderness for personal growth, therapy, and education. General Technical Report RM-193. Rocky Mountain Forest and Range Experiment Station, Fort Collins, Colorado.

101. Driver, B. L., P. J. Brown, G. H. Stankey, and T. G. Gregoire. (1987). The ROS planning system: Evolution, basic concepts, and research needs. *Leisure Sciences.* Notes 9:201-212.

102. Driver, B. L.; Bassett, J. (1975). Defining conflicts among river users: A case study of Michigans Au Sable River. *Naturalist,* 26, 19-23.

103. Driver, B.; Bruns, D. (1989). Concepts and uses of the benefits approach to leisure. In: Burton, T.; Jackson, E. Leisure studies at the millennium. State College, PA: Venture Publishing, Inc. [In Press]

104. Driver, B.L. and D.H. Bruns. (1999). Concepts and Uses of the Benefits Approach to Leisure. P. 349-369 in Leisure Studies: Prospects for the Twenty-First Century E.L. Jackson and T.L. Burton et al. (eds.). Venture Publishing, State College, PA. Venture.

105. Driver, B.L. and P.J. Brown. (1975). A social-psychological definition of recreation demand, with implications for recreation resource planning. P. 62-88 in Assessing demand for outdoor recreation. *National Academy of Science,* Washington: D.C.

106. Driver, B.L., P.J. Brown and G.L. Peterson (eds.). 1991. Benefits of Leisure. Venture Publishing, State College, PA. 483 p.

107. Driver, B.L., Tinsley, H.E. and Manfredo, M.J. (1991). The paragraphs about leisure and recreation experience preference scales: Results from two inventories designed to assess the breadth of the perceived psychological benefits of leisure. P. 263-286 in Benefits of leisure, Driver, B.L., Brown, P.J. and Peterson, G.L. et al (eds.). Venture Publishing, State College, PA.

108. Dunn, N.J., & Strain, L. A. (2001). Caregivers at risk?: Changes in leisure participation, *Journal of Leisure Research, 33*(1): 32-55.

109. Dupuis, S. L., & Smale, B. J. A. (2000). Bittersweet journeys: Meanings of leisure in the institution-based caregiving context. *Journal of Leisure Research, 32*(3), 303-340.

高齡者休閒規劃

110. Edginton, C. R., Hanson, C. J., Edginton, S. R. & Hudson, S, D. (2004). *Leisure programming: A service-centered and benefits approach (4th).* Boston, MA: McGraw-Hill.

111. Elliott, J. E., & Elliott, J. A. (1991). *Recreation programming and activities for older adults.* State College, PA: Venture Publishing, Inc.

112. Ellis, S. J., & Noyes, K. K. (1990). *By the people: A history of administration as volunteers.* SF, CA.: Jossey-Bass publishers.

113. Erikson, E. H., Erikson, J. M., & Kivnick, H. O. (2000). 老年研究報告（周怜利譯）。臺北市：張老師文化。（原著出版於1994）。

114. Erikson's stages of psychosocial development. 20170830 derived from: *Wikipedia, the free encyclopedia.* https://en.wikipedia.org/wiki/ Erikson%27s_stages_of_psychosocial_development.

115. Everard, K. M., Lach, H. W., Fisher, E. B., Baum, M. C. (2000). Relationship of activity and social support to the functional health of older adults. *Journal of Gerontology: Social Sciences, 55*(4), 208-212

116. Fache, W. (1995). "Leisure education in community systems". In: H. Ruskin & A. Sivan (Eds.). *Leisure education: Towards the 21st century.* Provo, UT: Brigham Young University Press. 51-78.

117. Farrell, P., & Lundegren, H. (1991). *Recreation programming.* State College, PA: Venture Publishing, Inc.

118. Farrell, P., & Lundegren, H. (1991). *Recreation programming.* State College, PA: Venture Publishing, Inc.

119. Fisher, B. J. & Specht, D. (1999). Successful aging and creativity in later life. *Journal of Aging Studies, 13,* 457-72.

120. Fisher, K.J., Li, F., Michael, Y., Cleveland, M. (2004). Neighbourhood-level influences on physical activity among older adults: a multilevel analysis. *J. Aging Phys. Act. 12* (1), 45-63.

121. Fitzpatrick, K., LaGory, M. (2000). Unhealthy Places. Routledge, New York.

122. Fregly, B. J., Lima, D. D., & Colwell, C. W. (2009). Effective gait patterns for offloading the medial compartment of the knee. *Journal of Orthopaedic Research, 27,* 1016-1021.

123. Freund, A. M. & Baltes, P. B. (1998). Selection, optimization, and compensation as strategies of life management: Correlations with

subjective indicators of successful aging. *Psychology and Aging, 13*(4), 531-543.

124. Freund, A. M., & Baltes, P. B. (1999). Selection, optimization, and compensation as strategies of life management: Correction to Freund and Bates (1998). *Psychology and Aging, 14*(4), 700-702.

125. Freund, A. M.; Baltes, P. B. (2002). Life-management strategies of selection, optimization and compensation: Measurement by self-report and construct validity. *Journal of Personality and Social Psychology, 82*(4), 642-662.

126. Freysinger, V. & Chen, T. (1993). Leisure and family in China: The impact of culture. *World Leisure and Recreation, 35*, 22-24.

127. Freysinger, V. (1990). A lifespan perspective of women and physical recreation. *Journal of Physical Education, Recreation and Dance, 61*, 48-51.

128. Fried, L. P., Carlson, M. C., Freedman, M., Frick, K. D., Glass, T. A., Hill, J., McGill, S., Rebok, G. W., Seeman, T., Tielsch, J., Wasik, B. A., & Zeger, S. (2004). A Social Model for Health Promotion for an Aging Population: Initial Evidence on the Experience Corps Model. *Journal of Urban Health: Bulletin of the New York Academy of Medicine, 81*(1), 64-78.

129. Froelicher, V. F., & Froelicher, E. J. (1991). Cardiovascular benefits of physical activity. In B. L. Driver, P. J. Brown, & G. L. Peterson (Eds.), Benefits of leisure (pp. 59-72). State College, PA: Venture Publishing.

130. Frumkin, H., Frank, L., Jackson, R. (2004). Urban sprawl and public health: designing, planning, and building for healthy communities. Island Press, Washington, DC.

131. Galiana, J., & Haseltine, W. A. (2016). Cohousing: Community living for all ages-Interview with Joani Blank. *ACCESS Health International.* Retrieved from http://www.nielsen.com/tw/zh/insights/reports/2015/taiwan-game-player-analysis-2015.html

132. Genoe, M. R. (2010). Leisure as resistance within the context of dementia. *Leisure Studies, 29*(3), 303-320.

133. Gignac, M.A, Cott, C., & Badley, E. M. (2002). Adaptation to disability: applying selective optimization with compensation to the behaviors of

older adults with osteoarthritis. *Psychology and Aging, 17*(3), 520-4.

134. Glass, T. A., & Balfour, J. L. (2003). Neighborhoods, aging, and functional limitations. In I. Kawachi, & L. F. Berkman (Eds.), *Neighborhoods and health* (pp. 303-334). Oxford: OUP.

135. Godby, S., Klassen, A., Carlson, M., Pollak, J. & Schwartz, B. (2012). Environment, Self-Regulation, and Health Behavior in Older Adults. 140st APHA Annual Meeting and Exposition, San Francisco, U.S.

136. Goodenough, W. H. (1996). Culture. In D. Levinson & M. Ember (Eds.), *Encyclopedia of cultural anthropology* (Vol 1: pp 291-299). New York: Henry Hold and Company.

137. Graef, R., Csikszentmihalyi, M., & Gianinno, S. M. (1983). Measuring intrinsic motivation in everyday life. *Leisure Studies, 2*, 155-168.

138. Habibi, A. & Damasio, A. (2014). Music, feelings, and the human brain. *Psychomusicology: Music, Mind, and Bain, 24* (1). 92-102.

139. Hadley-Ives, E., Stiffman, A. R., Elze, D., Johnson, S. D., & Dore, P. (2000). Measuring neighborhood and school environments: Perceptual and aggregate approaches. *Journal of Human Behavior in the Social Environment, 3*(1), 1-28.

140. Hagerty, B. M., & Williams, R. A. (1999). The effects of sense of belonging, social support, conflict, and loneliness on depression. *Nursing Research, 48*(4), 215-219.

141. Han, S. (1988). The relationship between life satisfaction and flow in elderly Korean immigrants. In M. Csikszentmihalyi and I. Csikszentmihalyi (Eds.), *Optimal experience: Psychological studies of flow in consciousness* (pp. 138-149). New York, NY: Cambridge University Press.

142. Hanibuchi T, Kondo K, Nakaya T, Nakade, M., Ojima, T., Hiraiand, H., Kawachi, I. (2011)Neighborhood food environment and body mass index among Japanese older adults: results from the Aichi Gerontological Evaluation Study (AGES). I *nternational Journal of Health Geographics*, 10, 43.

143. Hao, Y. (2008). Productive activities and psychological well-being among older adults. *Journal of Gerontology, SOCIAL SCIENCES, 63B*(2), 64-72.

144. Hao, Y. (2008). Productive activities and psychological well-being among older adults. Journal of Gerontology, SOCIAL SCIENCES, 63B(2), 64-72.

145. Haselwandter, E.M., Corcoran, M.P., Folta, S.C., Hyatt, R., Fenton, M., Miriam, E., Nelson, M.E., (2014). The built environment, physical activity and aging in the United States a state of the science review. J. Aging Phys. Act.

146. Havighurst, R. J. (1963). Successful aging. In R. Williams, C. Tibbits, and W. Donahue (Ed.), *Processes of aging, Vol 1*. New York: Atherton Press.

147. Havighurst, R. J. (1963). "Successful aging". In R. H. Williams, C. Tibbitts, & W. Donahue. *Processes of aging (1)*. New York: Atherton Press. 299-320.

148. Hays, T., Bright, R., & Minichiello, V. (2002). The contribution of music to positive aging: A review. *Journal of Aging and Identity, 7* (3), 165-175.

149. Hendee, J. C. (1974). A multiple satisfaction approach to game management. Wildlife Society Bulletin, *2*, 104-113.

150. Henderson, K. A. (2014). The imperative of leisure justice research. *Leisure Sciences, 36*, 340-348.

151. Heo, J. & Lee, Y. (2010). Serious leisure, heath perception, dispositional optimism, and life satisfaction of Senior Games participants. *Educational Gerontology, 36*(2): 112-126.

152. Hills, P., Argyle, M., & Reeves, R. (2000). Individual differences in leisure satisfactions: An investigation of four theories of leisure motivation. *Personality and Individual Differences, 28*(4), 763-779.

153. Hironaka-Juteau, J. & Crawford, T. (2010). "Introduction to inclusion". In Human Kinetics (Ed.). *Inclusive recreation: Programs and services for diverse populations*. Champaign, IL: Human Kinetics. 3-17.

154. Ho, C. & Card, J. (2001). Older Chinese women emigrants and their leisure experiences: Before and after immigration to the United States. In S. Todd (Ed.), *Proceedings of the 2001 Northeastern Recreation Research Symposium* (pp. 291-297). New York: State University of New York.

155. Hong, L. K., & Duff, R. W. (1994). Widows in retirement communities: The social context of subjective well-being. *Gerontologist, 34*, 347-352.

156. Hughes, C. C., Tremblay, M. A., Rapoport, R. N., & Leighton, A. H. (1960). People of cove and woodlot: Communities from the viewpoint of social psychiatry. New York: Basic Books.

157. Humpel, N., Owen, N., Leslie, E., Marshall, A. L., Bauman, A. E., & Sallis, J. F. (2004). Associations of location and perceived environmental attributes with walking in neighborhoods. *American Journal of Health Promotion, 18*, 239-242.

158. Hung, K. & Crompton, J. L. (2006). Exploration of the agin phenomenon in Hong Kong from a leisure perspective. Proceedings of the 2006 Northeastern Recreation Research Sumptosium.

159. Huss, M. J., (1989). A descriptive study of older person performing volunteer work and the relationship to life satisfaction, purpose in life, and social support, PhD Dissertation of The University of Iowa.

160. Huss, M.J. (1989). Dispersal of cellular slime moulds by two soil invertebrates. Mycologia. *81*, 677-682.

161. Hutchinson, S. L. & Nimrod, G. (2012). Leisure as a resource for successful aging by older adults with chronic health conditions. *International Journal of Aging and Human Development. 74*(1), 41-65.

162. Hutchinson, S. L., Nimrod, G. (2012). Leisure as a resource for successful aging by older adults with chronic health conditions. *International Journal of Aging & Human Development, 74*(1)

163. Hutchinson, S., Yarnal, C. M., Staffordson, J., & Kerstetter, D. (2008). Beyond fun and friendship: The Red Hat Society as a coping resource for older women. *Ageing & Society, 28*, 979-999.

164. Iso-Ahola, S. & St Clair, B. (2000). Toward a theory of exercise motivation. *Quest*, 52, 131-147.

165. Iso-Ahola, S. E. (1980). *The social psychology of leisure and recreation.* W. C. Brown, IA: Dubuque.

166. Iso-Ahola, S. E. (1980). *The social psychology of leisure and recreation.* Dubuque, IA: William C. Brown.

167. Iwarsson, S., (2005). A long-term perspective on person-environment fit and ADL dependence among older Swedish adults. *The Gerontologist,*

45, 327-336.

168. Iwasaki, Y. (2007). Leisure and quality of life in an international and multicultural context: What are major pathways linking leisure to quality of life? *Social Indicators Research, 82*, 233-264.

169. Jackson, E. L. & Walker, G. J. (2006). A cross-cultural comparison of leisure styles and constraints experienced by Chinese and Canadian university students. *Ninth World Leisure Congress Abstracts:Oral and Poster Presentations* (pp. 28). Hangzhou, China: World Leisure.

170. Jackson, R. J., & Kochtitzky, C. (2001). Creating a healthy environment. *The Impact of the Built Environment on Public Health. Washington, DC: Sprawl Watch Clearinghouse.*

171. Jackson, S. A., & Csikszentmihalyi, M. (1999). *Flow in sports.* Champaign, IL: Human Kinetic.

172. Janke, M. C., Nimrod, G., & Kleiber, D. A. (2008). Reduction in leisure activity and well-being during the transition to widowhood. *Journal of Women & Aging, 20*(1-2), 83-98.

173. Janke, M., Davey, A., & Kleiber, D. A. (2006). Modeling change in older adults' leisure activities. *Leisure Sciences, 28*(3), 285-303.

174. Johnson, D. W. (1993). *Reaching out: Interpersonal effectiveness and self-actualization.* Boston: Allyn and Bacon.

175. Jones, C. D., Hollenhorst, S. J., & Perna, F. (2003). An empirical comparison of the four channel flow model and adventure experience paradigm. *Leisure Sciences, 25*(1), 17-31.

176. Jopp, D. & Smith, J. (2006). Resources and life-management strategies as determinants of successful aging: on the protective effect of selection, optimization, and compensation. *Psychology and Aging, 21*(2), 253-65.

177. Joseph, A., Zimring, C., Harris-Kojetin, L., & Kiefer, K. (2006). Presence and visibility of outdoor and indoor physical activity features and participation in physical activity among older adults in retirement communities. *Journal of Housing for the Elderly, 19*(3-4), 141-165.

178. Kaczynski, A., & Henderson, K. (2007). Environmental correlates of physical activity: A review of evidence about parks and recreation. *Leisure Sciences, 29*(4), 315-354.

179. Kahana, E., Kelley-Moore, J., & Kahana, B. (2012). Proactive aging:

a longitudinal study of stress, resources, agency, and well-being in late life. *Aging and Mental Health, 16*(4), 438-451.

180. Kao, I., & Chang, L. (2017). Long-term effects of leisure education on leisure needs and stress in older adults. *Educational Gerontology, 43*(7), 356-364.

181. Kaplan, R., & Kaplan, S. (1989). *The experience of nature: A psychological perspective.* New York: Cambridge University Press.

182. Kawachi, I., Berkman, L. (2000) Social cohesion, social capital, and health. In: Berkman, L., Kawachi, I. (eds). *Social Epidemiology.* New York: Oxford University Press, 174-190.

183. Keeling, S. (1999) Ageing in (a New Zealand) place: Ethnography, policy and practice, *Social Policy Journal of New Zealand, 13*, 95-114

184. Keller, J., & Bless, H. (2008). Flow and regulatory compatibility: An experimental approach to the flow model of intrinsic motivation. *Personality and Social Psychology Bulletin, 34*(2), 196-209.

185. Kelly, J. R. (1996). *Leisure* (3rd ed.). Boston: Allyn & Bacon.

186. Kennedy, C. H., Horner, R. H., & Newton, J. S. (1989). Social contacts of adults with severe disabilities living in the community: A descriptive analysis of relationship patterns. *Journal of the Association for People with Severe Handicaps, 14*(3), 190-196.

187. Kleiber, D. A., & Nimrod, G. (2009). 'I can't be very sad': constraint and adaptation in the leisure of a 'learning in retirement'group. *Leisure studies, 28*(1), 67-83.

188. Kleiber, D. A., Walker, G. J., & Mannell, R. C. (2011). *A social psychology of leisure.* State College, PA: Venture Publishing.

189. Knopf, R. C.,; Driver, B. L., Bassett, J. R. (1973). Motivations for fishing. In: J. C. Hendee & C. R. Schoenfeld (Eds.) Human Dimensions of Wildlife Programs. Washington: The Wildlife Management Institute. pp. 28-41

190. Krause N. (1993)Neighborhood deterioration and social isolation in later life. *International Journal Aging Humen Developmen, 36*, 9-38.

191. Krause, N. (2011) Neighborhood conditions and helping behavior in late life. *Journal of Environmental Psychology, 31*(1), 62-69

192. Kueider AM, Parisi JM, Gross AL, Rebok GW (2012) Computerized

Cognitive Training with Older Adults: A Systematic Review. *PLoS ONE* 7(7): e40588. doi:10.1371/journal.pone.0040588

193. Kurtz, M. E., & Propst, D. B. (1991). Relationship between perceived control in leisure and life satisfaction: A study of non-institutionalized older persons. *Leisure Studies, 10*(1), 69 -77.

194. Kweon, B. S., Sullivan, W., & Wiley, A. R. (1998). Green common spaces and the social integration of inner-city older adults. *Environment and Behavior, 30*(6), 832-858.

195. La Gory, M. L., Ward, R., & Sherman, S. (1985). The ecology of aging: Neighborhood satisfaction in an older population. *The Sociological Quarterly, 26*(3), 405-418.

196. Lachman, M. E., Neupert, S. D., Bertrand, R., & Jette, A. M. (2006). The effects of strengthtraining on memory in older adults. *Journal of Aging and Physical Activity, 14*(1), 59-73.

197. Lang, F. R., & Carstensen, L. L. (1994). Close emotional relationships in late life: Further support for proactive aging in the social domain. Psychology and Aging, *9*, 315-324.

198. Lang, F. R., Rieckmann, N., & Baltes, M. M. (2002). Adapting to Aging Losses: Do Resources Facilitate Strategies of Selection, Compensation, and Optimization in Everyday Functioning? *Journals of Gerontology: Series B, 57*(6), 501-509.

199. Lapointe, M. C., & Perreault, S. (2013). Motivation: Understanding leisure engagement and disengagement. *Society and Leisure, 36*(2), 136-144.

200. Lawler, K. (2001). Coordinating housing and health care provision for America's growing elderly population.

201. Lawton, M. P. (1994). Personality and affective correlates of leisure activity participation by older people. *Journal of Leisure Research, 26*(2), 138-157.

202. Lawton, M.P. (1982). Competence, environmental press, and the adaptation of older people. In: Lawton MP, Windley PG, Byerts TO, editors. Aging and the environment: Theoretical approaches. New York: Springer.

203. Lawton, M.P., Nahemow, L. Ecology and the ageing process. In:

Eisdorfer M, C. Ed. 1973. *The Psychology of Adult Development and Aging,* Washington, DC: American Psychological Association.

204. Lee, H. S. (2016). Examining neighborhood influences on leisure-time walking in older Korean adults using an extended theory of planned behavior. *Landscape and Urban Planning, 148*, 51-60.

205. Lee, M.E. and Driver, B.L. 1992. Benefits-based management: A new paradigm for managing amenity resources. Paper presented at the Second Canada/U.S. Workshop on Visitor Management in Parks, Forest, and Protected Areas. Madison, WI.

206. Leyden, K.M.. (2003)Social capital and the built environment: the importance of walkable neighbourhoods. American Journal of Public Health, *93* (9), 1546-1551

207. Lin, C., & Chow, H-W. (2013). The assessment of the leisure benefits for the elder recreational activities, *International Journal of Enhanced Research in Educational Development, 1*(4), 7-15.

208. Lin, L.C., Wang, T. G., Chen MY, Wu, S. C., & Portwood, M. J. (2005). Depressive symptoms in long-term care residents in Taiwan. *Journal of Advanced Nursing, 51*(1): 30-37.

209. Lin, T. Y., & Sakuno, S. (2012). Successful aging and leisure environment: a comparative study of urbanand rural areas in Taiwan, スポーツ科 研究，*9*, 1-16.

210. Liu, T.W.; Lee, R.P.L.; Yu, E.S.H.; Lee, J.J.; Sun, S.G. (1993). Health status, cognitive functioning & dementia among elderly community population in Hong Kong. Hong Kong: Faculty of Social Sciences, Hong Kong Baptist College.

211. Losier, G. F., Bourque, P. E., & Vallerand, R. J. (1993). A motivational model of leisure participation in the elderly. *The Journal of Psychology, 127*, 153-170.

212. Low, S., & Altman, I. (1992). Place attachment: A conceptual inquiry. In S. Low & I. Altman (Eds.), *Place attachment* (pp. 1-12). New York: Plenum.

213. Lum, T.Y., & Lightfoot, E. (2005). The effect of volunteering on the physical and mental healh of older people. *Research on Aging, 27*, 31-55

214. Lund, H. (2003)Testing the claims of new urbanism: local access,

参考文献

267

pedestrian travel and neighboring behaviours. Journal of the American Planning Association, *69*, 414-428.

215. Maddox, G. (1968). "Persistence of life style among the elderly: A longitudinal study of patterns of social activity in relation to life satisfaction". In B. Neugarten, (Ed.), *Middle age and aging.* Chicago, IL: University of Chicago Press. 181-184.

216. Mannell, R. C., & Kleiber, D. A. (1997). *A social psychology of leisure.* State College, PA: Venture Publishing.

217. Mannell, R. C., Zuzanek, J., & Larson, R. (1988). Leisure states and "flow" experiences: Testing perceived freedom and intrinsic motivation hypotheses. *Journal of Leisure Research, 20*(4), 289-304.

218. Marsiske, M., Lang, F. L., Baltes, P. B., & Baltes, M. M. (1995). "Selective optimization with compensation: Life span perspectives on successful human development". In R. A. Dixon, & L. Bäckman (Eds.), *Compensation for psychological deficits and declines: Managing losses and promoting gains.* Hillsdale, NJ: Erlbaum. 35-79.

219. Maslow, A. H. (1954). Motivation and personality. New York: Harper.

220. Massimini, F., & Carli, M. (1988). The systematic assessment of flow in daily experience. In M. Csikszentmihalyi & I. Csikszentmihalyi (Eds.), Optimal experience: Psychological studies of flow in consciousness (pp. 266-287). New York, NY: Cambridge University Press.

221. McClusky, H. Y. (1970). An approach to a differential psychology of the adult potential. In S. M. Grabowski (Ed.), *Adult Learning and Instruction.* Syracuse, NY: ERIC Clearinghouse on Adult Education. (ERIC Document Reproduction Service No. ED 045 867).

222. McClusky, H. Y. (1971a). The adult as learner. In S. E. Seashore & R. J. McNeill (Eds.), *Management of the urban crises.* New York: The Free Press.

223. McClusky, H. Y. (1971b). Education for the aging. *Florida Adult Education, 21* (Spring), 6-7.

224. McClusky, H. Y. (1978). The community of generations: A goal and a context for the education of persons in the later years, in Sherron, R. H. and Lumsden, D. B. (Eds.) *Introduction to educational gerontology.* Washington, DC: Hemisphere Publishing Corporation, 59-84.

225. Mckeon, P. O., Ingersoll, C. D., Kerrigan, D. C., Saliba, E., Bennett, B. C., & Hertel, J. (2008). Balance training improves function and postural control in those with chronicankle instability. *Medicine and Science in Sports and Exercise, 40* (10), 1810-1819.

226. McLean A. (2011). Ethical frontiers of ICT and older users: cultural, pragmatic and ethical issues. *Ethics Inf. Technol., 13*, 313-326.

227. McMillan, W. D. & Chavis, M. D. (1986). Sense of community: A definition and theory. *Journal of Community Psychology, 14*, 6-23.

228. Menec, V. H. (2003). The Relation Between Everyday Activities and Successful Aging: A 6-Year Longitudinal Study. *Journals of Gerontology: Series B, 58*(2), S74-S82.

229. Metcalf-Tobin, S. (2012). "Barriers to inclusion". In *Recreation Inclusion Training Program*, 20171010 derived from: https://rpt.sfsu.edu/recreation-inclusion-training-program.

230. Meyer, L. E. (1980). Three philosophical positions of therapeutic recreation and their implications for professionalization and NTRS. In *Proceedings of the First Annual Post-Doctorate Institute*. Bloomington: Indiana University Department of Recreation and Park Administration, pp. 28-42.

231. Miller, H., & Kalviainen, M. (2006). Design for Wellbeing. In *Design And Emotion 2006 The fifth conference on Design and Emotion, Gothenburg, Sweden.*

232. Mock, S. E., Shaw, S. M., Hummel, E. M., & Bakker, C. (2012). Leisure and diversity in later life: Ethnicity, gender, and sexual orientation. In H. J. Gibson & J. F. Singleton (Eds.), *Leisure and aging: Theory and practice* (pp. 111-121). Champaign, IL: Human Kinetics.

233. Moore, R. L., & Graefe, A. R. (1994). Attachments to recreation settings: The case of rail-trail users. *Leisure Sciences, 16*(1), 17-31.

234. Moore, S. L., Metcalf, B., & Schow, E. (2006). The quest for meaning in aging. *Geriatric Nursing, 27*(5), 293-299.

235. Moore, S.L. Metcalf, B. & Schow, E. (2006). The quest for meaning in aging. *Geriatric Nursing, 27*(5), 293-9.

236. More, T. A., & Kuentzel, W. F. (1999). Five reasons to have reservations about benefitsbased management. In *Proceedings of the 1999*

參考文獻

Northeastern Recreation Research Symposium (pp. 11-14). Newtown Square, PA: US Department of Agriculture, Forest Service, Northeastern Research Station.

237. Morenoff, J.D. (2003). Neighborhood mechanisms and the spatial dynamics of birth weight. *American Journal of Sociology 108*, 976-1017

238. Morrow-Howell, N., Hinterlong, J., Rozario, P. A., & Tang, F. (2003). Effects of volunteering on the well-being of older adults. *J Gerontol B Psychol Sci Soc Sci.* 58(3), 137-145.

239. Morrow-Howell, N., Hinterlong, J., Rozario, P., & Tang, F. (2003). Effects of volunteering on the well-being of older adults, *Journal of Gerontology, SOCIAL SCIENCES, 58B*(3), 137-145.

240. Mundy, J., & Odum, L. (1979). *Leisure education: Theory and practice.* Chichester, UK: John Wiley and Sons.

241. Mytton, O. T., Townsend, N., Rutter, H., & Foster, C. (2012). Green space and physical activity: an observational study using Health Survey for England data. *Health & place, 18*(5), 1034-1041.

242. Nagel, C. L., Carlson, N. E., Bosworth, M., & Michael, Y. L. (2008). The relation between neighborhood built environment and walking activity among older adults. *American Journal of Epidemiology, 168*(4), 461-468.

243. NCOA (2017), In *Noca.org.* Retrieved from https://www.ncoa.org/national-institute-of-senior-centers/

244. Neugarten, B., J. Moore, & J. Lowe (1968), "Age Norms, age constraints, and adult socialization," in B. L. Neugarten (Ed.), *Middle age and aging.* Chicago, IL: University of Chicago Press., 5-21.

245. Nicholson, N. L., & Blanchard, E. B. (1993). A controlled evaluation of behavioral treatment of chronic headache in the elderly. *Behavior Therapy, 25*, 395-408.

246. Nielsen (2015)。行動購物即時樂—2015年尼爾森虛擬購物行為研究報告。臺北市：尼爾森，下載日期：2017/8/6，取自：http://www.nielsen.com/tw/zh/insights/reports/2015/convenience-and-accessibility-are-fueling-taiwans-online-shopping-boom.html

247. Nimrod, G. & Kleiber, D. (2007). Reconsidering change and continuity in later life toward an innovation theory of successful ageing.

International Journal of Ageing and Human Development, 65, 1-22.

248. Ntoumanis, N., Edmunds, J., & Duda, J. L. (2009). Understanding the coping process from a self-determination theory perspective. *British Journal of Health Psychology, 14*(2), 249-260.

249. O'Moorow, G.S. & Reynolds, R. P. (1989). *Therapeutic Recreation: A Helping Profession (3rd Ed.).* Englewood Cliffs: New Jersey, Prentice-Hall, Inc.

250. Ouwehand, C., de Ridder, D. T., & Bensing, J. M. (2007). A review of successful aging models: Proposing proactive coping as an important additional strategy. *Clinical Psychology Review, 27*, 873-884.

251. Paquet, C., Orschulok, T. P., Coffee, N.T., Howard, N. J., Anne, G.H., Taylor, W., Adams, R.J., Daniel, M. (2013) Are accessibility and characteristics of public open spaces associated with a better cardiometabolic health? *Landscape and Urban Planning, 118*, 70-78

252. Peace, S. M., Holland, C., & Kellaher, L. (2006). *Environment and identity in later life.* New York: Open University Press.

253. Penedo, F. J., & Dahn, J. R. (2005). Exercise and well-being: A review of mental and physical health benefits associated with physical activity. *Current Opinion in Psychiatry, 18*(2), 189.

254. Piliavin, J. A., & Siegl, E. (2007). Health benefits of volunteering in the Wisconsin longitudinal study. *Journal of Health and Social Behavior, 48*(4), 450-464.

255. Podobnik, B. (2002). New urbanism and the generation of social capital: Evidence from Orenco Station. *National Civic Review, 91*(3), 245-255.

256. Pollack, C.E., Knesebeck, O., (2004). Social capital and health among the aged: comparisons between the United States and Germany. *Health & Place 10* (4), 383e391.

257. Pretty, J., Peacock, J., Sellens, M., & Griffin, M. (2005). The mental and physical health outcomes of green exercise. *International journal of environmental health research, 15*(5), 319-337.

258. Prezza, M., Amici, M., Roberti, T., & Tedeschi, G. (2001). Sense of community referred to the whole town: its relations with neighboring loneliness, life satisfaction, and area of residence. *Journal of Community Psychology, 29*(1), 29-52.

參考文獻

271

259. Proshansky, H., Fabian, A., & Kaminoff, R. (1983). Place-identity: physical world socialization of the self. *Journal of Environmental Psychology, 3*, 57-83.

260. Putnam, R. D. (2000). *Bowling alone: The collapse and revival of American community.* New York: Simon & Schuster.

261. Ragheb, M. G. (1980). Interrelationships among leisure participation, leisure satisfaction and leisure attitudes. *Journal of Leisure Research, 12*(2), 138-149.

262. Reuter, I., Mehnert, S., Leone, P., Kaps, M., Oechsner, M., & Engelhardt, M. (2011). Effects of a Flexibility and Relaxation Programme, Walking, and Nordic Walking on Parkinson's Disease. *Journal of Aging Research,* 1-18. doi:10.4061/2011/232473

263. Reynolds, F. (2010). Colour and communion: Exploring the influences of visual art-making as a leisure activity on older women's subjective well-being. *Journal of Aging Studies, 24*(2), 135-143.

264. Richardson, E.A., Pearce, J., Mitchell, R., Kingham, S. (2013). Role of physical activity in the relationship between urban green space and health. *Public Health 127*, 318-324.

265. Rioux, L. (2005). "The well-being of aging people living in their own homes", *Journal of Environmental Psychology*, vol. 25, pp. 231-243.

266. Rodrigues, M. M. S., Gierveld, J. D. J., & Buz, J. (2014). Loneliness and the exchange of social support among older adults in Spain and the Netherlands. *Ageing & Society, 34*(2), 330-354.

267. Rogenmoser, L., Kernbach, J., Schlaug, G., & Gaser, C. (2018). Keeping brains young with making music. *Brain Structure and Function*, 223(1), 297-305.

268. Rogers, A. C. (1997), Vulnerability, health and health care. *Journal of Advance Nursing, 26*(1), 65-72.

269. Rogers, S. H., Halstead, J. M., Gardner, K. H., & Carlson, C. H. (2011). Examining walkability and social capital as indicators of quality of life at the municipal and neighborhood scales. *Applied Research in Quality of Life, 6*(2), 201-213.

270. Roggenbuck, J. W., R. J. Loomis, and J. Dagostino. (1990) The learning benefits of leisure. Journal of Leisure Research *22*(2): 112-124.

271. Romney, A. K., Weller, S. C., & Batchelder, W. H. (1986). Culture as consensus: A theory of culture and informant accuracy. *American Anthropologist, 88*, 313-338.

272. Ross, C. E. (2000). Neighborhood disadvantage and adult depression. *Journal of Health and Social Behavior, 41*(2), 177-187.

273. Rossman, J. R. (1995). *Recreation programming: Designing leisure experiences.* Champaign, IL: Sagamore.

274. Rosso, A.L., Auchincloss, A.H., Michael, Y.L. (2011). The urban built environment and mobility in older adults: a comprehensive review. *J. Aging Res.*, 1-10.

275. Rosso, S.M., Landweer, E. J., Houterman, M. (2003) Medical and environmental risk factors for sporadic frontotemporal dementia: a retrospective case-control study. Journal of Neurology Neurosurgery and Psychiatry *74*, 1574-1576.

276. Rothermund, K., & Brandstädter, J. (2003). Coping With Deficits and Losses in Later Life: From Compensatory Action to Accommodation. *Psychology and Aging, 18*(4), 896-905.

277. Rowe, J. W., & Kahn, R. L. (1987). Human aging: Usual and successful. *Science, 237*, 143-149.

278. Rowe, J. W., & Kahn, R. L. (1997). Successful aging. *Gerontologist, 37*, 433-440.

279. Rowe, J. W., & Kahn, R. L. (1997). Successful aging. *The Gerontologist*, 37(4), 433-440.

280. Rowe, J. W., & Kahn, R. L. (1998). *Successful aging.* New York: Pantheon/Random House.

281. Rowles, G. D. (1993). RowlesEvolving Images of Place in Aging and 'Aging in Place'. *Generations, 17(2),* 65-70.

282. Rubinstein, R. I., & Parmelee, P. A. (1992). Attachment to place and the representation of the life course by the elderly. In *Place attachment* (pp. 139-163). Springer, Boston, MA.

283. Rubinstein, R. L. (1990). Personal identity and environmental meaning in later life. *Journal of Aging Studies*, *4*, 131-147.

284. Ryan, C., & Glendon, I. (1998). Application of leisure motivation scale to tourism. *Annals of Tourism Research*, *25*(1), 169-184.

參考文獻

285. Ryff, C. D. (1989). Happiness Is Everything, or Is It? Explorations on the Meaning of Psychological Well-Being. *Journal of Personality and Social Psychology, 57,* 1069-1081.

286. Ryff, C. D. (1989). Successful aging: A developmental approach. *Gerontologist. 22*(2), 209-214.

287. Ryff, C. D., & Keyes, C. L. M. (1995). The structure of psychological well-being revisited. *Journal of Personality and Social Psychology, 69*(4), 719-727

288. Sajin, N. B., Dahlan, A., & Ibrahim, S. A. S. (2016). Quality of Life and Leisure Participation amongst Malay Older People in the Institution. *Procedia-Social and Behavioral Sciences, 234,* 83-89.

289. Sallis, J., Owen, N., & Fisher, E. (2008). Ecological models of health behavior. In K. Glanz, F. M. Lewis, & B. K. Rimer (Eds.), Health behavior and health education (theory, research and practice) (4th ed., pp. 465-485). San Francisco: Jossey-Bass.

290. Sampson, R J., Stephen, R., and Felton, E. (1997). Neighborhoods and Violent Crime: A Multilevel Study of Collective Efficacy. *Science, 277,* 918-924.

291. Sato, I. (1988). Bosozoku: Flow in Japanese motorcycle gangs. In M. Csikszentmihalyi & I. Csikszentmihalyi (Eds.), *Optimal experience: Psychological studies of flow in consciousness* (pp. 92-117). New York, NY: Cambridge University Press.

292. Sato, I. (1988). Bosozoku: Flow in Japanese motorcycle gangs. In M. Csikszentmihalyi& I. Csikszentmihalyi (eds.), *Optimal experience: Psychological studies of flow in consciousness* (pp.92-117). Cambridge: CambridgeUniversity Press.

293. Schieman, S., Pearlin, L. I., & Meersman, S. C. (2006). Neighborhood disadvantage and anger among older adults: Social comparisons as effect modifiers. *Journal of Health and Social Behavior, 47,* 156-172.

294. Schreyer, R., & Roggenbuck, J. W. (1978). The influence of experience expectations on crowding perceptions and social-psychological carrying capacities. Leisure Sciences, *1*(4), 373-394.

295. Schulz, R., & Heckhausen, J. (1996). A life span model of successful aging. *American Psychologist, 51,* 702-714.

296. Scott, D., Cavin, D. A., & Shafer, C. S. (2007). Toward a New Understanding of Recreational Specialization. In 休閒與遊憩研究, *1*(2), 1-23. 20171010 derived from: http://people.tamu.edu/~dscott/601/Musings%20Folder/2007%20ANNALS_LEISURE%20Specialization.pdf.

297. Searle, M. S., Mahon, M. J., Iso-Ahola, S. E., Sdrolias, H. A., et al. (1995). Enhancing a sense of independence and psychological well-being among the elderly: A field experiment. Journal of Leisure Research, *27*(2), 107-124.

298. Searle, M. S., Mahon, M. J., Iso-Ahola, S. E., Sdrolias, H. A., & Dyck, J. (1995). Enhancing a sense of independence and psychological well-being among the elderly. *Journal of Leisure Research, 27*(2), 107-124.

299. Seeman, T.E., Lusignolo, T.M., Albert, M., Berkman, L. (2001). Social relationships, social support, and patterns of cognitive aging in healthy, high-functioning older adults: MacArthur studies of successful aging. *Health Psychol*ogy, *20*, 243-255

300. Seligman, M. (2011). Flourish: A Visionary new understanding of happiness and well-being. New York: Free Press.

301. Shumway-Cook, A., & Woollacott, M. (2000). Attentional demands and postural control: The effect of sensory context. *Journals of Gerontology Series A-Biological Sciences & Medical Sciences, 55*(1): M10-6.

302. Siegenthaler, K. L., & Vaughan, J. (1998). Older women in retirement communities: Perceptions of recreation and leisure. *Leisure Sciences, 20*(1), 53-66.

303. Siegrist, J., Knesebeck, O., & Pollack, C. E. (2004). Social productivity and well-being of older people: A sociological exploration. Social Theory and Health, 2(1), 1-17

304. Siegrist, J., vd Knesebeck, O., & Pollack, C.E. (2004). Social Productivity and Well-being of Older People: A Sociological Exploration. *Social Theory and Health, 2,* 1-17.

305. Silverstein, M., & Parker, M. G. (2002). Leisure activities and quality of life among the oldest old in Sweden. *Research on Aging, 24*, 528 -547.

306. Son, J. S., Kerstetter, D., Yarnal, C. M., & Baker, B. L. (2007). Promoting older women's health and well-being through social leisure

environments: What we have learned from the Red Hat Society. *Journal of Women Aging, 19*(3), 89-104.

307. Spillers, R. L., Wellisch, D. K., Kim, Y., Matthews, A., & Baker, F. (2008). Family caregivers and guilt in the context of cancer care. *Psychosomatics*, 49(6), 511-519.

308. Stebbins, R. (2009). Serious leisure and work. *Sociology Compass*, *3*(5), 764-774.

309. Stebbins, R. A. (2009). Leisure Reflections. LSA Newsletter, 83, 32-35.

310. Stein, T. V., Anderson, D. H., & Thompson, D. (1999). Identifying and managing for community benefits in Minnesota State Parks. *Journal of Park and Recreation Administration, 17*(4), 1-19.

311. Stein, T., & Lee. M. E. 1995. Managing recreation resources forpositiv eoutcomes:anapplicationofbenefits-basedmanagement. Journal of Park and Recreation Administration 13(3): 52-70.

312. Stevens, R., Petermans, A., & Vanrie, J. (2014). Converting happiness theory into (interior) architectural design missions. Designing for subjective well-being in residential care centers.

313. Strawbridge, W. J., Cohen, R. D., Shema, S. J., & Kaplan, G. K. (1996). Successful aging: Predictors and associated activities. *American Journal of Epidemiology, 144*, 135-141.

314. Sugihara, S., & Evans, G. W. (2000). Place attachment and social support at continuing care retirement communities. *Environment and Behavior*, *32*(3), 400-409.

315. Sugiyama, T., & Thompson, C. W. (2007). Older people's health, outdoor activity and supportiveness of neighbourhood environments. *Landscape and Urban Planning, 83*(2-3), 168-175

316. Sugiyama, T., & Ward Thompson, C. (2008). Associations between characteristics of neighbourhood open space and older people's walking. *Urban Forestry and Urban Greening*, 7(1), 41-51.

317. Sumaya, I.C., Rienzi, B.M., Deegan, J.F., & Moss, D.E. (2001). Bright light treatment decreases depression in institutionalized older adults: a placebo-controlled crossover study. *Journal of Gerontology Sires A: Biological Sciences and Medical Sciences, 56*(6): 356-360.

318. Tak, S. H. (2006). An insider perspective of daily stress and coping in

elders with arthritis. *Orthopaedic Nursing, 25*(2), 127-132.

319. Tak, S. H., Hong, S. H., & Kennedy, R. (2007). Daily stress in elders with arthritis. *Nursing and Health Sciences, 9*(1), 29-33.

320. Takkinen, S., Suutama, T., & Ruoppila, I. (2001). More meaning by exercising? Physical activity as a predictor of a sense of meaning in life and of self-rated health and functioning in old age. *Journal of Aging and Physical Activity, 9*, 128-141.

321. Taylor, M., Belza, B., Walwick, J., Shiu-Thornton, S., Schwartz, S. & LoGerfo, J. (2004). Older adult perspectives on physical activity andexercise: voices from multiple cultures. *Preventing Chronic disease, 1*(4), 1-12.

322. Taylor, S. A. P. (2001). Place identification and positive realities of aging. *Journal of Cross-Cultural Gerontology, 16*, 5-20.

323. Thang, L. L. (2005). Experiencing leisure in later life: A study of retirees and activity in Singapore. *Journal of Cross-Cultural Gerontology, 20*(4), 307-318.

324. Thoits, P. A.& Hewitt L. N. (2001). Voluntccr work and well-being. *Journal of Health and Social Behavior 42,* 115-131.

325. Thoits, P. A., & Hewitt, L. N. (2001). Volunteer work and well-being. Journal of Health and Social Behavior, *42*, 115-131.

326. Tinsley, H. A.; Barrett, T. R.; Kass, R. A. (1977). Leisure activities and need satisfaction. Journal of Leisure Research, 9, 110-120. Tinsley, H. A.; Kass, R. A. 1979. The latent structure of the need satisfying properties of leisure activities. Journal of Leisure Research, *10*, 191-202.

327. Tinsley, H. E., & Kass, R. A. (1979). The latent structure of the need satisfying properties of leisure activities. *Journal of Leisure Research, 11*(4), 278-291.

328. Tsai, Y.F., Chung, J.W., Wong, T.K., & Huang, C.M. (2005). Comparison of the prevalence and risk factors for depressive symptoms among elderly nursing home residents in Taiwan and Hong Kong. *International Journal of Geriatric Psychiatry, 20*(4): 315-321.

329. Tunstall, H., Pearce, J.R., Shortt, N.K., Mitchell, R.J. (2014). Residential mobility and the association between physical environment disadvantage and general and mental health. *J. Public Health, 34* (2), 296-304.

參考文獻

330. Turner, J. C. & Reynolds, K. J. (2010). "The story of social identity". In T. Postmes, & N. Branscombe, (Eds). *Rediscovering Social Identity.* UK: Psychology Press. 13-32.

331. Vaillant, G. E. (2002). *Aging well: Surprising guideposts to a happier life.* Boston, MA: Little, Brown.

332. Van Den Berg, H. A., Dann, S. L., & Dirkx, J. M. (2009). Motivations of adults for non-formal conservation education and volunteerism: Implications for programming. Applied Environmental Education and Communication, 8(1), 6-17.

333. Vanderhorst, R. K., & McLaren, S. (2005). Social relationships as predictors of depression and suicidal ideation in older adults. *Aging and Mental Health, 9*(6), 517-525.

334. Vecina, M. L., Chacón, F., Marzana, D., & Marta, E. (2013). Volunteer engagement and organizational commitment in nonprofit organizations: What makes volunteers remain within organizations and feel happy? *Journal of Community Psychology, 41*(3), 291-302.

335. Voelkl, J. E. (1990). The challenge skill ratio of daily experience among older adults residing in nursing home. *Therapeutic Recreation Journal, 24*, 7-17.

336. Walker, G. J., Jackson, E. L., & Deng, J. (2007). Culture and leisure constraints: A comparison of Canadian and Mainland Chinese university students. *Journal of Leisure Research, 39*, 567-590.

337. Wan, C.Y., & Schlaug, G. (2010). Music making as a tool for promoting brain plasticity across the life span. *Neuroscientist, 16*(5), 566-577.

338. Ward Thompson, C. (2013). Activity, exercise and the planning and design of outdoor spaces. *Journal of Environmental Psychology, 34*, 79-96.

339. Wearing, B. (1995). Leisure and resistance in an ageing society. *Leisure studies, 14*(4), 263-279.

340. Weinstein, N., & Ryan, R. M. (2011). A self-determination theory approach to understanding stress incursion and responses. *Stress and Health, 27*(1), 4-17.

341. Weissinger, E., & Bandalos, D. L. (1995). Development, reliability and validity of a scale to measure intrinsic motivation in leisure. *Journal of*

Leisure Research, 27, 379-400.

342. Wen, M., Hawkley, L. C., & Cacioppo, J. T. (2006). Objective and perceived neighborhood environment, individual SES and psychosocial factors, and self-rated health: An analysis of older adults in Cook County, Illinois. *Social science & medicine, 63*(10), 2575-2590

343. Weuve, J., Kang, J. H., Manson, J. E., Breteler, M. M., Ware, J. H., & Grodstein, F. (2004). Physical activity, including walking, and cognitive function in older women. *Journal of the American Medical Association. 292* (12), 1454-1461.

344. WHO (2007). "Global Age-friendly Cities: A Guide." World Health Organization Website.

345. WHO (2016), *The Global strategy and action plan on ageing and health.* Retrieved from: http://who.int/ageing/global-strategy/en/

346. Wiemeyer, J., & Kliem, A. (2012). Serious games in prevention and rehabilitation-a new panacea for elderly people?. *Europe Review of Aging and Physical Activity, 9*(1), 41-50.

347. Wiles, J. L. (2003). Daily geographies of caregivers: Mobility, routine, scale. *Social Science & Medicine, 57,* 1307-1325.

348. Wiles, J. L., & Rosenberg, M. W. (2003). Paradoxes and contradictions in Canada's home care provision: informal privatisation and private informalisation. International Journal of Canadian Studies: Special Issue, Health and Well-Being in Canada, 28(Fall/Automme), 63-89.

349. Wiles, J. L., Allen, R., Palmer A., Hayman, K., Keeling, S. and Kerse, N. (2009) Older people and their social spaces: a study of well-being and attachment to place in Aotearoa New Zealand. *Social Science and Medicine, 68,* 664-71

350. Wiles, J. L., Leibing, A., Guberman, N., Reeve, J., Allen, R.E.S. (2011) The meaning of ‹ageing in place› to older people. *Gerontologist, 52* (3), 357-366.

351. Williams, C. L. & Tappen, R. M. (2008). Exercise training for depressed older adults with Alzheimer›s disease. *Journal Aging & Mental Health, 12*(1), 72-80.

352. Williams, D. R., Patterson, M. E., Roggenbuck, J. W., & Watson, A. E. (1992). Beyond the commodity metaphor: Examining emotional and

symbolic attachment to place. *Leisure Sciences, 14*(1), 29-46.

353. Wilson, C., Hargreaves, T., & Hauxwell-Baldwin, R. (2014). *Smart homes and their users: a systematic analysis and key challenges.* Pers Ubiquit. Computer.

354. Winslow, B. W. (2003) Family Caregivers' Experiences with Community Services: A Qualitative Analysis. *Public Health Nursing, 20*(5): 339-418.

355. Wong, P. (2017). *Meaning of Life and Meaning of Death in Successful Aging.* 20170730 from http://www.meaning.ca/archives/archive/art_successful-aging_P_Wong.htm

356. Wood, L., & Giles-Corti, B. (2008). Is there a place for social capital in the psychology of health and place?. *Journal of environmental psychology, 28*(2), 154-163.

357. World Health Organization (2002), *Active ageing: a policy framework.* Switzerland: Geneva.

358. Yeh, C.-K. (1993). *Hsiao yao: The Chinese way of leisure.* Unpublished doctoral dissertation, University of Illinois at Urbana-Champaign.

359. Yin, X. (2005). New trends of leisure consumption in China. *Journal of Family and Economic Issues, 26*, 175-182.

360. Yokoya, T., Demura S., & Sato, S. (2009). Three-year follow-up of the fall risk and physical function characteristics of the elderly participating in a community exercise class. *Journal of Physiological Anthropology, 28*(2), 55-62.

索引

高齡者休閒規劃

家圖書館出版品預行編目資料

高齡者休閒規劃／張樑治、余嬪等著. ──初
版. ──臺北市：五南，2018.11
　面；　公分
SBN 978-957-11-9778-4（平裝）

.老人養護　2.休閒活動　3.運動健康

44.85　　　　　　　　　　107008997

1LAN 休閒系列

高齡者休閒規劃

作　　者 ― 張樑治、余　嬪、郭金芳、張伯茹

發 行 人 ― 楊榮川

總 經 理 ― 楊士清

副總編輯 ― 黃惠娟

責任編輯 ― 蔡佳伶

校　　對 ― 蘇禹璇

封面設計 ― 王麗娟

出 版 者 ― 五南圖書出版股份有限公司

地　　址：106台北市大安區和平東路二段339號4樓

電　　話：(02)2705-5066　　傳　　真：(02)2706-6100

網　　址：http://www.wunan.com.tw

電子郵件：wunan@wunan.com.tw

劃撥帳號：01068953

戶　　名：五南圖書出版股份有限公司

法律顧問　林勝安律師事務所　林勝安律師

出版日期　2018年11月初版一刷

定　　價　新臺幣400元